NOS VIES VALENT PLUS QUE LEURS CRÉDITS

Cet ouvrage a bénéficié du soutien du CADTM.

La partie « Comment et pourquoi les femmes s'endettent-elles ? » a été rédigée par Eva Betavatzi, militante du CADTM Belgique.
Le chapitre « Les mobilisations face à la dette et l'austérité » a été rédigé par Anaïs Carton et Beatriz Ortiz Martínez, militantes du CADTM Belgique.

Photographie de l'intérieur de la couverture : Rad Pozniakov.

51, rue Polonceau
75018 Paris
www.lepassagerclandestin.fr

Création et réalisation de la couverture : Quentin Poilvet
Création de la maquette intérieure : Quentin Poilvet
Édition : Vincent Langlois
Corrections : Vladimir Sichler

Camille Bruneau
et Christine Vanden Daelen

NOS VIES VALENT PLUS QUE LEURS CREDITS

Face aux dettes, des réponses féministes

Préface de Silvia Federici, Verónica Gago et Luci Cavallero

PRÉFACE

Une lecture féministe de la dette

La pandémie a accéléré la crise planétaire. La menace envers la vie s'étend, révélant des politiques destructrices à l'œuvre depuis de nombreuses années. Toutefois, nous tenons à souligner qu'aujourd'hui la dette est le véritable fléau qui touche des millions de personnes dans le monde, en particulier les femmes, les lesbiennes, les travesti·es et les personnes trans. Ce livre que nous avons le plaisir de préfacer s'intègre au sein d'une constellation d'interventions féministes qui, ces derniers temps, se sont attachées à montrer l'antagonisme actuel entre la dette et la vie, l'exploitation de nos énergies personnelles et collectives par la dette, mais aussi la nécessité de combattre le capitalisme financier pour libérer nos vies de la violence.

La dette est l'expression d'un moment de grande concentration du capital et de son bond en avant. Même pendant la pandémie, alors que la plupart des activités étaient suspendues, le capitalisme financier ne s'est pas arrêté. Bien au contraire, la pandémie a rendu possibles une augmentation des dettes et même l'apparition de nouvelles dettes, intensifiant les mécanismes de dépossession et d'extraction déjà à l'œuvre depuis plusieurs années. L'endettement des ménages s'est diversifié et accru face à l'urgence de la crise sanitaire, car les dettes « non bancaires », celles liées à la nourriture, aux médicaments, aux loyers, à l'électricité, à l'eau, au gaz et à la nécessité de connexion, ont augmenté très rapidement. Ce phénomène est encore plus marqué dans les foyers monomarentaux – dans lesquels c'est une femme qui a la charge des enfants –, où l'endettement a permis d'intensifier l'exploitation différentielle de certains corps.

Lire l'histoire de l'endettement, des origines du capitalisme à nos jours, ainsi que le fait ce livre permet de comprendre un ensemble de répétitions historiques et de phénomènes qui se produisent simultanément. Comme le proposent les autrices, la dette doit être analysée en tant que mécanisme en relation avec la propriété foncière, les processus de marchandisation du travail et l'accroissement des flux migratoires. Il s'agit là de pistes, à la fois politiques et méthodologiques, pour comprendre comment la dette est liée aux processus de dépossession et d'exploitation. Par ailleurs, comme nous l'avons constaté au sein des mouvements féministes à travers le monde, ces connexions deviennent intelligibles parce que des luttes mettent en évidence le fait que la dette est une violence.

En Argentine, nous avons proposé *Une lecture féministe de la dette*[1], accompagnée d'un slogan commun à clamer dans les rues : « *¡Vivas, libres y desendendeudadas nos queremos!* » (« Nous voulons être vivantes, libres et désendettées ! »). Au Chili, les féministes dénoncent « *¡Nos deben una vida!* » (« Ils nous doivent une vie ! »). À Porto Rico, « *¡Nosotras contra la deuda!* » (« Nous sommes contre la dette »). Aux États-Unis, « *Strike Debt!* » (« Grève de la dette ! »). Différents mouvements féministes,

1 Référence à l'ouvrage *Una lectura feminista de la deuda. ¡Vivas, libres y desendeudadas nos queremos!*, de Verónica Gago et Luci Cavallero (Buenos Aires, Tinta Limón, 2021).

antiracistes et populaires rejettent le système de la dette, faisant partout de la lutte contre la dette publique et des ménages un sujet de slogans mais aussi une façon de lire les violences contemporaines.

Nous voulons mieux comprendre sur quels corps *atterrissent* les dettes publiques et des ménages afin de rompre le charme de leur abstraction. En ce sens, les arguments de ce livre au sujet des femmes en tant que « variables d'ajustement » sont essentiels : appelées sur le marché du travail comme « main-d'œuvre d'appoint » à certains moments, renvoyées chez elles comme « pourvoyeuses non rémunérées de la reproduction sociale » lorsque le commandent les politiques d'austérité, elles sont toujours contraintes de porter ces oscillations dans leur corps.

Aujourd'hui, nous voyons ces dynamiques s'exacerber sous la pression d'un *accélérationnisme* du capitalisme qui n'est autre qu'une accélération de la précarité. Comme il le fait depuis ses débuts, il cherche à mettre en place de nouvelles enclosures, désormais autour de l'alimentation et de la santé, des biens communs et de l'intelligence collective. Des entreprises comme Amazon s'empressent de bâtir des clôtures en s'emparant des circuits de distribution, de logistique et de données. À cela s'ajoute la machine financière s'abattant sur le foncier et le logement : l'augmentation du coût des loyers va de pair avec l'accroissement des prix de l'immobilier urbain poussé par des dynamiques d'expulsion et de spéculation. Non seulement le loyer tend à représenter un coût recouvrant entièrement le salaire (lorsqu'on en a un), mais, comme nous l'avons encore constaté avec la pandémie, s'endetter pour payer son loyer est devenu une solution de secours pour éviter temporairement les expulsions.

La dette, une guerre contre l'autonomie des femmes

Pour le capitalisme néocolonial et patriarcal d'aujourd'hui, la dette est devenue la plus grande machine à accumuler des richesses et, simultanément, une forme de contrôle social au niveau micropolitique. La dette est un outil du capital pour exploiter et confisquer la vitalité sociale et déterminer nos futurs : elle commence par nous appauvrir puis nous oblige à accepter des emplois toujours plus précaires. La dette est un outil persistant du colonialisme : elle est désormais le principal moyen pour le capitalisme international de produire de nouvelles formes d'esclavage. Comme l'explique cet ouvrage, nous devons identifier cette recolonisation spécifique du travail des femmes, des personnes LGBTQI+, des migrant·es et d'autres groupes dévalorisés pour comprendre ce qu'est le néolibéralisme et sa façon de gérer la crise de la reproduction sociale par l'augmentation de la pauvreté et de la dette.

La crise financière de 2008 est le point de bascule, dont on « sort » en multipliant les politiques d'austérité – coupes budgétaires, réduction des politiques sociales, dévaluation des salaires... – qui aboutissent à plus de précarité. Toutes ces mesures intensifient la guerre contre l'autonomie économique des femmes, les obligeant de plus en plus à s'endetter pour survivre et à rester coincées dans des situations où elles subissent de la violence.

Ajoutons que la financiarisation n'est pas un processus qui se déploie pour lui-même : lisant le désir d'autonomie qu'expriment les divers cycles de luttes, elle y répond en le captant. Ainsi, l'invasion de la finance dans la reproduction sociale, ciblant particulièrement les économies féminisées, instrumentalise la contestation féministe pour la reconnaissance de tâches historiquement dévalorisées, sous-payées et invisibilisées et le désir d'autonomie économique des femmes.

L'augmentation massive de la dette des ménages ces dernières années est donc une réponse à la forte présence politique des féminismes dans différentes sphères: aussi bien dans le travail et le syndicalisme qu'au niveau des territoires. L'endettement est un mode particulier de moralisation qui, pour faire face aux coûts de la crise, cherche à limiter et à contenir la remise en cause des injonctions de genre dans les tâches de reproduction sociale et les responsabilités familiales. Les projets visant à transformer les cheffes de famille, les travailleuses précaires et les chômeuses en « indépendantes » ou entrepreneuses par le biais de l'endettement doivent être lus dans ce sens. Pour d'autres couches sociales, notamment les classes moyennes, nous voyons se développer des « prêts pour femmes »: leur désir de changement est transformé et reformulé par les banques en désir de consommation par le crédit. En fonction de leur appartenance de classe, le langage de la finance va les considérer comme des entrepreneuses « par nature », des débitrices responsables ou encore des consommatrices compulsives.

Lors de la pandémie, l'augmentation du travail reproductif a été brutale: prise en charge de la scolarité des enfants au sein du foyer, augmentation du *care* et du nettoyage, télétravail... Paradoxalement, ce travail supplémentaire a généré un accroissement des dettes. Le travail non reconnu dans les foyers se traduit par une inégalité de revenus qui, à son tour, alimente un engrenage d'endettement. Ce contexte contribue à la croissance des secteurs de l'économie illégalisés – pourvoyeurs d'emplois pour une main-d'œuvre en situation de grande vulnérabilité – et, par conséquent, à l'augmentation des violences.

Qui doit à qui ?

Dans le livre que nous avons publié sous le titre *¿Quién le debe a quién? Ensayos transnacionales de desobediencia financiera* (« Qui doit à qui ? Essais transnationaux de désobéissance financière »), nous appelons ce processus « colonisation financière de la reproduction sociale », car il fait des populations les plus appauvries et précaires un territoire à conquérir, obligeant celles-ci à s'endetter pour subvenir à leurs besoins quotidiens. De plus, lorsque le rapport d'endettement se déverse en cascade, ses effets suivent le même mouvement. En d'autres termes, les dépossessions et les privatisations qu'impose l'endettement de l'État se traduisent par un endettement impérieux des secteurs subalternes, rendu nécessaire pour accéder aux biens et aux services. Cela a pour effet de modifier la relation entre le revenu et la dette, mais aussi entre la dette et l'accès aux droits. L'objectif est de transformer la vie en une somme de dettes : celles que nous payons pour nos pays et celles que nous payons chez nous.

Le capitalisme – et les offensives patronales et financières par lesquelles il s'exprime – cherche à profiter de la situation de crise pour reconfigurer les formes de travail, les modes de consommation, les critères de revenus et les relations de genre. Autrement dit, il semblerait que nous soyons face à une restructuration des rapports de classe se déployant principalement dans la sphère de la reproduction sociale. Cette restructuration implique les foyers, mais aussi le travail reproductif qui se fait au-delà des murs de la maison et qui soutient les économies informelles, communautaires et de quartier.

Extractivisme financier

Si, comme nous l'avons dit, l'endettement constitue une réponse à une séquence spécifique de luttes, il est aussi un mécanisme d'exploitation du travail et d'extraction du temps de vie. Nous conceptualisons ce processus comme un extractivisme financier dans la mesure où, en élargissant la notion d'extractivisme, nous voulons mettre en évidence les formes d'extraction de valeur que la dette pratique sans avoir besoin de la médiation salariale, puisqu'il n'est pas nécessaire d'être salarié·e pour avoir accès au crédit (celui-ci étant simplement plus cher), ce qui permet de toucher les formes multiples et hétérogènes de la main-d'œuvre contemporaine. Pour autant, nous voulons également rendre visibles les emplois du temps et les emplois dont se nourrit concrètement la dette : qui sont les plus endetté·es et quelles injonctions de genre sont consolidées par l'obligation financière ? Le néolibéralisme est renforcé par l'injonction familialiste, à la fois conservatrice et cis-hétéronormative, car elle privatise les conséquences des politiques d'ajustement structurel en les faisant s'opérer dans les limites du foyer, à travers le lexique de la responsabilité individuelle et de l'endettement des ménages.

Ce n'est pas un hasard, à notre avis, si c'est à partir du mouvement féministe que se construisent les luttes contre la dette. Il s'agit d'une bataille pour la réappropriation et la libération du temps pour nous-mêmes, contre l'extraction financière et la dévalorisation des emplois féminisés.

L'un des terrains politiques où cet enjeu ressort particulièrement est celui des pensions. Comme l'analyse ce livre, la bataille autour de l'amoindrissement et de la privatisation du système de retraite est essentielle pour comprendre l'orientation des réductions des dépenses sociales et leur impact particulier sur les femmes – qui bénéficient déjà de droits à la retraite inférieurs.

Violence financière

Notre perspective relève un triple défi : premièrement, montrer que, pour appréhender l'endettement dans sa forme contemporaine, il est impossible de se limiter à la question de l'endettement public (la dette contractée par les pouvoirs publics) en laissant de côté l'endettement des ménages au quotidien ; deuxièmement, prendre en compte les pratiques de résistance à la dette dans leur diversité géographique (une internationale contre la dette spoliatrice !) ; et, troisièmement, dans la mesure où parler de l'endettement de la vie quotidienne nous y conduit directement, identifier le lien entre la dette et la violence masculine. Cet ouvrage constitue une contribution clé au mouvement de *politisation* et de *collectivisation* de l'enjeu financier en s'opposant à son enfermement dans la culpabilisation intime.

Désormais, nous disons : ça suffit ! Face à l'accumulation sans limites des richesses, nous devons mettre fin aux nouvelles formes d'esclavage par la dette et à la servitude involontaire auxquelles le capitalisme financier nous soumet.

Le caractère obligatoire de l'endettement, l'injonction qui ne nous laisse pas d'autre choix que de nous endetter pour étudier, pour accéder au logement et aux soins de santé, pour acheter de la nourriture, montre que la dette fonctionne comme un outil de production. Elle nous met au travail. Elle nous oblige à travailler davantage. Elle nous conduit à devoir vendre notre temps et notre avenir. Elle nous impose comme horizon de devoir payer jusqu'à notre mort. Elle veut commander notre effort pendant des décennies et se perpétuer de génération en génération. Des dettes à vie. Présentées comme impératives par une morale culpabilisante nous parlant de notre responsabilité en tant que débitrices, de nos échecs en tant qu'entrepreneuses, de notre charge en tant que donneuses de soins, de nos obligations face au manque de services publics. La dette vampirise notre énergie vitale.

Aujourd'hui, nous voyons comment la finance, après avoir envahi nos territoires, a construit un réseau capillaire capable, d'une part, de pourvoir des financements privés très coûteux pour résoudre les difficultés de la vie quotidienne qui découlent de l'austérité et de l'inflation ; et, d'autre part, de structurer la temporalité d'une obéissance future, en individualisant la responsabilité et la culpabilité des spoliations qui ont vidé les territoires de leurs infrastructures (santé, eau, alimentation...). L'endettement généralisé permet d'amortir la crise en obligeant chacun·e à faire face individuellement à la hausse des prix et à utiliser son temps à travailler de plus en plus pour de moins en moins d'argent. Aujourd'hui, le fait même de vivre « produit » de la dette. Et c'est ainsi qu'apparaît une image renversée de la productivité même de notre force de travail, de notre puissance vitale.

Un diagnostic contestataire de ce que nous appelons la *violence financière* est né dans le brasier des grèves féministes ; mais, surtout, s'est ouvert un champ de recherche sur ce que signifie désobéir à l'invasion de la finance dans nos vies quotidiennes. Nous tenons à souligner que cette dynamique a radicalement changé la manière dont nous interprétons et affrontons les plans d'ajustement structurel imposés, comme toujours, par le Fonds monétaire international sous forme de dettes extérieures publiques.

La révolution féministe ravive la tradition anticoloniale de notre continent[1]. D'ailleurs, ce n'est pas par hasard si, depuis 2020, grèves et mobilisations en Argentine ont adopté un slogan commun, qui synthétise le cheminement du mouvement féministe se confrontant aux diktats de la finance : « *La deuda es con nosotras y nosotres* » (« La dette nous est due »), inversant les rôles entre créancier·es et débiteur·ices et ouvrant un espace d'antagonisme entre mouvement social et finance. Grâce à la révolution du quotidien qu'ils ont portée un peu partout, les féminismes ont actualisé la connaissance des procédés sur lesquels s'appuie le capital pour alimenter sa valorisation, pointant du doigt son besoin d'exercer une violence spécifique à l'encontre de certains corps et territoires. Nous l'avons fait à partir des rues, des maisons et des places, réinventant en même temps les espaces collectifs.

La dette nous est due !

Il existe une histoire des mouvements anti-dettes. Il y a une mémoire pratique du non-paiement. Nous devons continuer à construire des méthodes concrètes pour enquêter sur la dette et la dénoncer comme illégitime, pour lui désobéir et refuser de la payer. Commençons donc par retourner la question : qui doit à qui ? Nous devons leur présenter l'addition. De ce qu'ils doivent,

1 C'est-à-dire l'Amérique latine.

de ce qu'ils n'ont pas payé au cours de l'histoire, et nous réapproprier la richesse collective que nous avons produite.

Nous pensons qu'une lecture qui approfondit et pluralise la compréhension de ce que signifie l'endettement, comme le fait ce livre en parlant notamment de dette écologique et de dette de soins, permet également d'élargir ce que l'on entend par luttes contre la dette. Combattre la dette, aussi bien publique que privée, extérieure qu'intérieure, c'est problématiser et dénaturaliser la médiation financière pour l'accès aux biens nécessaires à la reproduction sociale. Combattre la dette, c'est aussi lutter pour la santé, l'éducation, les retraites et le logement, et exiger l'audit des dettes illégitimes contractées par les États. Combattre la dette, c'est s'emparer du défi d'inventer des formes de financement hors des circuits usuraires des banques et des sociétés financières. Combattre la dette, c'est également déconstruire le sentiment de culpabilité et de honte lié à l'endettement et le moralisme de la figure de la « bonne payeuse » : autrement dit, les injonctions de genre qui nous enchaînent à la sphère domestique et au travail non rémunéré. Combattre le capitalisme financier, c'est affirmer que « nos vies valent plus que leurs crédits ».

Silvia Federici, Verónica Gago et Luci Cavallero, mars 2022
Traduction par Isabel Borja

INTRODUCTION

Les dettes déterminent nos choix, enferment nos possibles,
Toi, comme moi, on en connaît.

La dette, c'est celle qui justifie la fermeture de la crèche ou un licenciement odieux.
C'est celle qui donne la boule au ventre à la fin du mois, qui hante nos nuits.
C'est celle qui est source d'une honte toujours plus répandue, normalisée.
Celle qui a payé des études pour au final accepter un boulot qui ne suffit pas à la rembourser.
Celle qui fait qu'on ne parte pas, qu'on ne se sépare pas, qu'on accepte l'intolérable.
En fermant les maternités, en sous-finançant la santé, la dette nous fait mourir. Nous empêche d'avorter. De nous soigner.

Elle tue, tous les jours.
La dette, c'est celle qui t'expulse violemment de ton logement.
Celle qui fait qu'on s'empoisonne aux pesticides brevetés Monsanto ou Bayer.
La dette, c'est celle qui décide qui a du pouvoir et qui n'en a pas.
C'est celle qui les enrichit alors qu'ils ont pillé.

C'est celle, aussi, qui nous donne la rage.

C'est celle qui nous donne de la force quand on prend conscience de tout ce qu'ils nous doivent !
C'est celle qui est due au vivant, à la Terre.

La dette, c'est celle qui est au centre d'enjeux globaux autant que de nos intimités, de nos quotidiens, de nos peurs, de nos désirs.
C'est celle qui nous empêche de nous concentrer sur ce qui compte vraiment, celle dont nos luttes doivent s'emparer.

Et c'est aussi celle qu'on peut décider de ne pas payer.

Les dettes ont depuis des millénaires une place dans la plupart des sociétés. Comme l'ont entre autres analysé Marcel Mauss et David Graeber, elles sont fondamentales dans la construction des liens et rapports sociaux. Elles impliquent des relations tant d'entraide, de solidarité et de redevabilité – en faisant appel à des valeurs et obligations morales – que d'exploitation et de servitude. Bien qu'elles aient toujours été un vecteur de contrôle individuel, collectif et politique, ce n'est que plus récemment qu'elles ont commencé à primer sur toute autre préoccupation éthique ou sociale.

Avec la généralisation des relations marchandes et du capitalisme, au lieu de contribuer au bien-être collectif et d'assurer les besoins fondamentaux, les dettes deviennent de plus en plus un outil au service d'intérêts politiques et économiques. Les dettes et les crédits peuvent, sous certaines conditions et sans constituer des fins en soi, favoriser l'émancipation et améliorer les conditions de vie des personnes, par exemple en rendant possible l'accès à un logement de qualité, à des financements pour lancer une activité, aux services publics ou encore en accompagnant la transition écologique et en soutenant la diversité associative et culturelle. Ce ne sont néanmoins pas de celles-ci que nous parlons dans ce livre, mais de celles, privées*[1] ou publiques*, qui sont illégitimes*, sources de spéculation*, de profits majeurs, de corruption, de dépossession et d'accroissement des inégalités.

Les dettes illégitimes se situent au cœur même du capitalisme, mode de fonctionnement économique actuellement dominant mais non le seul possible. Ce « système de surproduction [est] basé sur l'extraction par une minorité de la plus-value fournie par le travail d'une majorité, et sur le fait que cette minorité possède les moyens de production (dont la terre)[2] ». En d'autres termes, il se fonde sur et entretient des rapports sociaux inégalitaires de classe. Mais attention : ces rapports inégalitaires ne sont pas les seuls qui le nourrissent. D'autres systèmes de domination tels que le patriarcat et le racisme, en dévalorisant des groupes sociaux entiers – ce qui permet la légitimation de leur exploitation –, lui sont également vitaux.

La plus-value et le profit, essentiels au capitalisme, résultent de processus d'accumulation de capital*. Nous nous intéressons ici plus particulièrement à quatre des principales formes d'accumulation : la dette, l'extraction des ressources naturelles, l'exploitation par le travail salarié et le travail gratuit. Loin d'être des phénomènes séparés, elles sont liées et complémentaires, et peuvent même se renforcer les unes les autres. Chacune d'entre elles est de plus traversée par les rapports sociaux de genre, de race, de classe, etc. On constate par exemple que le travail gratuit est historiquement fourni par les esclaves et par les femmes, et qu'il s'articule principalement autour de la reproduction sociale.

1 Tout au long du livre, les astérisques signalent les termes définis dans le glossaire en fin d'ouvrage.

2 Jérémie Cravatte, « L'effondrement, parlons-en… Les limites de la collapsologie », *Barricade*, 2019, p. 16 [consultable sur urlz.fr/hycD].

La reproduction sociale, au sens des études féministes, renvoie aux activités, rémunérées ou non, qui permettent de produire et de reproduire la vie et la société. Dans une société comme la nôtre, régie par l'économie productiviste, elle a comme fonction notable de renouveler la force de travail, c'est-à-dire les êtres humains jouant le rôle de main-d'œuvre : le capitalisme ne peut donc s'en passer.

Dans sa dimension gratuite, la reproduction sociale inclut des activités telles que le ménage, la confection des repas, faire des enfants et les élever, s'occuper des proches et parmi eux notamment les personnes malades, âgées ou dépendantes. Suivant les contextes de vie, elle englobe également la collecte de l'eau et du bois de chauffe, la gestion des cultures vivrières mais aussi la préservation des écosystèmes.

Les métiers de la santé*, de l'enseignement ou encore du nettoyage contribuent tout autant à la reproduction sociale.

Parce que l'ensemble de ces activités reviennent, au final, à s'occuper des autres et de la société, nous décrivons également la reproduction sociale avec la notion de *care** (terme anglais signifiant « soin »). Cette appellation permet aussi de mieux appréhender toute une série de tâches moins visibles telles qu'anticiper, organiser, célébrer, écouter, soutenir, aimer, sa famille, ses ami·es ou encore ses collègues.

Toutes ces activités de soins, qu'elles soient tangibles (pour qui veut bien les voir…) ou immatérielles, se font au prix d'une « charge mentale[1] », d'un investissement émotionnel et de temps considérable. Cette réalité importante et non sans conséquence sur la vie des personnes qui pourvoient à la reproduction

1 Voir la BD d'Emma, « Fallait demander », dans *Un autre regard 2*, Paris, Massot, 2017 [consultable sur urlz.fr/65nV].

sociale serait restée invisibilisée si elle n'avait été dénoncée et vulgarisée par les féministes.

L'assignation des femmes à la reproduction sociale est l'une des caractéristiques fondamentales du patriarcat, forme d'organisation sociale fondée sur la détention du pouvoir (économique, politique, culturel) par les hommes. Comme il s'agit d'un système, il impacte tout le monde. C'est pourquoi son dépassement n'est pas simplement un combat de « femmes » contre des « hommes », mais bien un combat de société.

Le patriarcat se reproduit d'une part via l'exploitation du travail et la discrimination légale (c'est-à-dire le manque ou l'absence de droits) des femmes, l'omniprésence des violences physiques, morales, institutionnelles et symboliques, et un arsenal de discours permettant de naturaliser ces injustices. D'autre part, il se fonde sur la production d'identités de genre binaires et contraignantes, associées à des valeurs sociales différentes et hiérarchisées. Alors qu'ils sont socialement construits, les rôles de genre sont très souvent naturalisés, on les attribue à l'appartenance à un sexe biologique assigné à la naissance. Ainsi, les « femmes » seraient comme ci et les « hommes » comme ça. Dans un système patriarcal, les femmes ainsi que les minorités de genre ou d'orientation sexuelle font dès lors l'objet de discriminations structurelles tandis que les hommes – surtout blancs et hétérosexuels – jouissent de privilèges.

Dans la suite de ce livre, c'est donc en tant que catégorie analytique que nous utilisons le terme « femmes ». Il ne se veut en aucun cas une essentialisation ni un instrument d'invisibilisation de la multiplicité des identités et réalités de genre, ainsi que des expériences variées et spécifiques de l'oppression hétéropatriarcale, comme celles vécues par les personnes non binaires, queers, a-genres, au genre fluide, trans ou intersexes. Nous utilisons cette catégorie de « femmes » dans une perspective politique, visant à visibiliser les logiques principales des conséquences genrées de la dette.

Les oppressions patriarcales prennent des formes différentes en fonction d'où l'on se situe dans les rapports sociaux : habitant·e du Nord* ou du Sud*, en milieu urbain ou en milieu rural, jeune ou âgé·e, blanc·he ou pas, etc. Entendons-nous : tout comme le genre, la notion de « race » est socialement construite et a évolué conjointement à la colonisation ; elle est au centre du racisme, qui n'est pas « simplement » une idéologie ou une série de discriminations individuelles, mais bien un système de domination global et structurel[1].

Les politiques économiques imposées au nom du remboursement de la dette (à savoir l'austérité aux Nords et les plans d'ajustements structurels aux Suds) s'attaquent justement, de façon spécifique et disproportionnée, aux personnes se situant du « côté perdant » de chacun des rapports sociaux : les personnes racisées, celles faisant partie des classes populaires, les minorités de genre ou sexuelles, les personnes porteuses de handicaps et, bien entendu, la plupart des femmes.

À défaut d'autres appellations convaincantes, nous utilisons les notions de « pays du Sud » et « pays du Nord » très souvent raccourcis en « Suds » et « Nords ». Loin d'être parfaites, ces appellations ont le mérite de souligner les lignes de fractures, les rapports internationaux inégaux, impérialistes et coloniaux qui existent entre pays. Le terme « Suds » n'a pas vocation à uniformiser mais englobe des pays ayant tous une expérience

1 Sur les notions de race, de racisme et de colonialité, voir par exemple les œuvres et travaux de Frantz Fanon, Angela Davis, Françoise Vergès ou encore Aimé Césaire.

– certes différenciée – de domination coloniale aux impacts multiples et encore prégnants. Le revenu des pays et leur pouvoir décisionnel au sein des grosses structures internationales (OMC, FMI*, etc.) constituent un bon indicateur de leur affectation à cette catégorie.

Avant d'aller plus loin, nous tenions à pratiquer l'exercice du point de vue situé pour indiquer où ce livre prend ses racines. Son écriture débute en pleine période d'austérité en Belgique dans le sillage de la crise financière de 2008-2009 et a été motivée par le constat que les logiques austéritaires appliquées en Europe ne sont que la pâle réincarnation des ajustements dévastateurs imposés depuis trente ans au Sud global dans la foulée de la crise de la dette de 1982. Aux mêmes maux, les mêmes remèdes et effets toxiques.

Il s'inscrit dans l'ambition de renforcer l'engagement féministe du CADTM, réseau international pionnier dans la lutte anti-dette, impulsée quelques années plus tôt par Denise Comanne, cofondatrice de l'organisation. Ce travail est progressivement devenu un enjeu collectif et, après sa mort en 2010, s'est mué, entre autres initiatives, en un projet de livre porté par Christine Vanden Daelen, puis réalisé en binôme avec Camille Bruneau et l'aide précieuse de nombreuses personnes.

Le Comité pour l'annulation de la dette du tiers monde (CADTM) est créé en 1990 avec la revendication de l'annulation inconditionnelle des dettes réclamées aux pays du tiers monde. Constatant, d'une part, que d'autres formes de dettes (dette écologique, dette sociale, dettes privées – paysannes, étudiantes, microcrédits, etc.) reproduisent les mêmes mécanismes de transfert de richesses et de contrôle politique et, d'autre part, que la question des dettes illégitimes devient centrale également dans les Nords, le sigle change de signification en 2015 : Comité pour l'Abolition des Dettes illégiTiMes. Cette organisation militante réalise une analyse politique de la dette et remet en cause des notions telles que le développement et l'existence des institutions financières internationales* (IFI) comme la Banque mondiale* et le Fonds monétaire international (FMI).

Les contenus de ce livre se sont forgés au fil d'échanges avec des associations féministes européennes, notamment belges, et au travers de luttes avec les femmes africaines du réseau. Nous ne prétendons pas parler en leurs noms, ni que nos propos soient exempts d'approximations, inexactitudes, généralisations et lacunes. Nous ne pouvons en effet que parler depuis nos positions et vécus spécifiques. Toutes deux blanches, cisgenres et jusqu'à présent hétéros, c'est avec plusieurs privilèges à déconstruire que commencent et continuent nos parcours.

L'une, après avoir été serveuse, factrice, ouvrière dans une usine de confection de médicaments, commence des études en sciences politiques en Belgique, où elle née. Après sa confrontation à d'autres réalités que celles vécues en Europe, elle reprend des études en coopération au développement. Au Sénégal, elle constate que les ONG reproduisent les hiérarchies et inégalités qu'elles prétendent combattre : impossible dès lors de les intégrer. Sa volonté de s'atteler depuis là où elle habite aux entraves à l'émancipation lui fait rencontrer le CADTM. Échanger et se former auprès des femmes des Suds lors de blocages, contre-sommets, forums sociaux mondiaux et rencontres de mouvements tels que la Marche mondiale des femmes (MMF), Via Campesina, Attac, lui a permis de prendre conscience que ce qui relevait encore chez elle d'un discours conceptuel sur la dette était pour ces militantes un obstacle quotidien ancré dans leurs vécus, ressenti dans leurs corps. Ce « déclic féministe », rapidement suivi par l'arrivée de l'austérité en Belgique, l'amène à travailler, en collaboration avec des associations féministes, sur les questions de l'endettement avec des femmes des milieux populaires. Mère d'un petit garçon, elle a été accompagnée et formée par les féministes dans une volonté de toujours vouloir questionner, repenser les rapports aux autres, au monde, au marchand, à ce qui est valorisé ou invisible... mais aussi à soi. Cette déconstruction perpétuelle et forte de propositions est à ses yeux essentielle pour nourrir des mouvements qui veulent faire exploser les structures de domination et ouvrir un futur révolutionnaire.

L'autre se retrouve vite à évoluer simultanément dans plusieurs mondes, parfois considérés comme incompatibles. Rentrer dans les cases n'a jamais été facile, ni son ambition d'ailleurs. Les milieux punks et plusieurs voyages en Afrique l'amènent à questionner le système dominant occidental, les normes, et à s'indigner face aux inégalités et à la destruction environnementale. Elle entreprend alors des études en sciences politiques, de « développement international » et de sociologie rurale en parallèle d'une vie en squats et occupations, habitats légers et écolieux, où elle rencontre les milieux anarcha-féministes et antispécistes. Elle s'implique aussi et travaille dans des dynamiques associatives telles qu'un planning familial et le CADTM, à l'origine de nombreuses collaborations et rencontres militantes, en Europe et ailleurs. C'est d'abord à la ZAD de Notre-Dame-des-Landes et au CADTM que s'opère une prise de conscience plus radicale des enjeux de genre, du lien avec les autres oppressions, et de l'omniprésence des masculinités toxiques dans ces milieux également. Son implication au CADTM, d'abord motivée par la critique du développement, devient vite centrée autour des questions de dettes et de féminismes. Cela l'amène à s'impliquer dans des synergies, notamment autour de la construction de la grève féministe. Ces mobilisations et expériences collectives ont été le lieu de remises en question importantes, entre autres grâce aux paroles de féministes queers ou décoloniales. Nourrie des écoféminismes et de l'anarchisme, elle s'intéresse aux racines communes des dominations, et est convaincue de la nécessaire pluralité des autres possibles et modes de résistance. Amatrice de mécanique poids lourd et d'herboristerie, elle souhaite explorer davantage les pratiques d'économies solidaires, subversives, et questionnant le rapport au marchand.

C'est ainsi à partir de points communs et différences, vécus, expériences et opinions parfois contradictoires, parfois complémentaires que notre propos a évolué, s'est confronté, complété, construit. Notre travail commun – vite mué en amitié complice –, mais également le CADTM ont rendu possible ce travail autour d'une lecture féministe de la dette.

Dettes et féminismes : deux mots qui déclenchent des réactions presque allergiques chez de nombreuses personnes. Deux mots qui, pour d'autres, ne suscitent rien du tout. Deux mots qui interpellent de plus en plus. De fait, la dette est la cause d'incessantes violences, injustices, destructions écologiques irréversibles. Le tout sans être massivement remise en question : elle est normalisée, reléguée au rang de « mal nécessaire ».

Dettes et féminismes sont deux des plus grands enjeux croisés de notre temps, et nous ne pouvons plus nous permettre de les séparer : c'est ce lien, entre autres, que ce livre se propose d'explorer tout en ouvrant des pistes pour bâtir des luttes et autres possibles solidaires dans un contexte où les promesses d'avenir sont de plus en plus individuelles, *connected* mais pourtant déconnectées. Nous espérons que ce livre pourra contribuer à faire de l'endettement un enjeu des luttes féministes et des féminismes une préoccupation fondamentale dans les combats anticapitalistes et anti-dettes, y compris dans les pratiques militantes. Que cette prise de conscience nourrisse et alimente des mobilisations toujours plus nombreuses et inclusives. Nous sommes convaincues de l'importance d'adopter une posture intersectionnelle, de continuer à écouter les voix et de s'inspirer des féminismes radicaux et non blancs.

Les féminismes décoloniaux nous rappellent qu'il n'existe pas de condition sociale de « femme » homogène et unique, et que l'universalisme, dans une société inégalitaire, masque les paroles des personnes moins privilégiées, invisibilisant et hiérarchisant les oppressions. Or, les femmes à la croisée des systèmes de domination vivent non seulement une « addition » de dominations, mais aussi un sexisme spécifique historiquement construit. Par exemple, une femme arabe en Europe n'est pas seulement victime de la superposition du sexisme et du racisme, mais bien d'une discrimination et d'un vécu spécifique socialement et historiquement construit autour de l'imaginaire de « la femme arabe ». De fait, le sexisme qu'elle vit est différent de celui vécu par des femmes noires, asiatiques, blanches, riches, pauvres, handicapées, lesbiennes, etc., qui ne vivent pas non plus le même racisme que les hommes de leurs pays, homosexuels, etc. Le discours mainstream des institutions politiques, économiques et même « humanitaires » est empreint de ce féminisme universaliste. En prétendant venir en aide aux femmes des Suds, les libérer de leurs « traditions », de « leurs hommes », leur apprendre « le » féminisme, il ne constitue rien de moins qu'une carte supplémentaire dans le jeu de l'impérialisme, il justifie depuis des décennies les tendances racistes, islamophobes et interventionnistes des États néolibéraux dans des pays des Suds. Ces mêmes institutions prônent « l'égalité homme-femme », finalité à la peau dure dans beaucoup de milieux. Sans se demander de l'égalité de quelles femmes avec quels hommes il s'agit, cette revendication à la parité, à l'égalité, au droit de dominer, diriger, ne remet en cause ni le genre ni l'exploitation. La présence, même majoritaire, de femmes dans les structures de pouvoir ne signifie pas qu'elles deviendraient féministes ou mettraient fin aux désastres engendrés par la dette, comme en témoigne la direction « féminine » du FMI et de la Banque mondiale. C'est à dépasser ces structures de pouvoir que nous aspirons.

Ces dernières années, les luttes féministes se sont emparées des problématiques de la dette en les « personnalisant », en prenant en compte des vécus spécifiques de personnes jusque-là invisibilisées ou jamais écoutées. Ce sont elles qui, parfois bien plus que les mouvements anticapitalistes eux-mêmes, ont alimenté de manière innovante et percutante l'analyse et la dénonciation des rapports d'endettement.

Et pour cause : la dette mondiale – extérieure publique* – n'arrête pas d'augmenter. En août 2019, parmi les pays à faible revenu, au moins vingt-quatre sont presque en situation de surendettement* et neuf le sont déjà[1]. Durant l'année 2020, la dette mondiale connaît sa plus rapide augmentation depuis la deuxième guerre mondiale et atteint un taux record[2]. La crise

1 Milan Rivié, « Nouvelle crise de la dette au Sud », CADTM, 12 août 2019 [consultable sur urlz.fr/hsQH].

2 Vitor Gaspar, Paulo Medas et Roberto Perrelli, « La dette mondiale atteint un niveau record de 226 000 milliards de dollars », FMI, 15 décembre 2021 [consultable sur lc.cx/Da7IME]

sanitaire fut l'étincelle qui déclencha la bombe à retardement, et ne fait qu'encore confirmer que lorsque des crises économiques et structurelles éclatent, les femmes, et surtout certaines, sont aux premières loges du désastre.

Nous n'élaborons pas cette étude à partir des évolutions consécutives à la gestion politique de la pandémie de Covid-19 mais la fondons plutôt à partir de dynamiques et constats faits au fil de plusieurs années de militance au sein des mouvements féministes et anti-dettes. Ce livre se veut ainsi être un outil pour analyser et comprendre la récurrence des crises et de leurs impacts genrés. Pour tirer des leçons et anticiper les réponses du système, toujours animées par les mêmes logiques : le profit au détriment de la vie.

Nous proposons ainsi dans ce livre de voir comment les femmes sont spécifiquement impactées par la dette et ses conséquences en tant que :

- travailleuses, puisqu'elles sont très largement majoritaires dans les secteurs concernés directement par les politiques d'austérité ;
- usagères, également majoritaires, des services publics et sociaux impactés ;
- personnes assignées au « prendre soin » ;
- premières productrices et agricultrices mondiales, notamment dans l'économie informelle ;
- pourvoyeuses des besoins des proches et du ménage qui s'endettent ;
- cibles des violences sexistes.

La dette doit être analysée en tenant compte des enjeux de genre, et ce de manière intersectionnelle. C'est cette multiplicité d'obstacles à toute émancipation tant individuelle que collective que nous proposons d'explorer à travers une lecture féministe des dettes illégitimes.

Ce livre veut dépasser l'analyse pour contribuer aux alternatives au système dette. Comme le démontre entre autres le CADTM, les dettes illégitimes, qui ne sont pas des fatalités mais bien le résultat de choix politiques, sont parfaitement annulables. Des normes du droit international (comme la suspension de paiement pour état de nécessité, de force majeure et de changement fondamental de circonstances) et différentes doctrines juridiques (comme celle de la dette odieuse*) soutiennent cette nécessité. Un outil existe pour définir quelles dettes sont odieuses, illégitimes, illégales et insoutenables et donc non remboursables : l'audit de la dette. Ces analyses citoyennes, populaires et parfois même parlementaires des comptes publics ont déjà été entreprises dans certains pays comme en Équateur, en Tunisie, en Grèce, en Belgique... L'audit de la dette gagne encore en puissance politique s'il intègre les apports des économies féministes et des écoféminismes. En plus d'apporter des arguments supplémentaires à l'annulation des dettes illégitimes, ces pensées et pratiques nous invitent à concevoir la dette autrement.

Nous espérons que cette contribution servira à alimenter d'autres possibles tant dans la théorie que sur le terrain, dans la rue, au sein des collectifs et collectivités. Appréhender de manière simultanée, non hiérarchisée et imbricationnelle les questions de genre et d'économie n'est aujourd'hui pas seulement une urgence de justice sociale, mais rien de moins qu'une question de vie ou de mort. La dette est la source de leurs profits et du massacre du vivant : nous refusons cela. Nos vies valent plus que leurs crédits.

COMMENT CAPITALISME, DETTE ET PATRIARCAT SE NOURRISSENT L'UN L'AUTRE

LA DÉVALORISATION DES FEMMES ET DE LEUR TRAVAIL

Du Moyen Âge à l'émergence du capitalisme : de profondes transformations sociales dépossèdent les femmes

Un important retour en arrière

Aujourd'hui, la dette joue un rôle déterminant dans le fonctionnement des sociétés, dans les Nords comme dans les Suds. La dette publique définit les conditions d'existence de populations entières, notamment les plus vulnérables et celles déjà sujettes à des discriminations résultant d'inégalités structurelles. Bien qu'elle ait toujours existé et ait toujours servi les intérêts des tenants du gros capital et des puissances impérialistes, c'est plus particulièrement depuis le tournant néolibéral qu'elle cause une explosion des inégalités. Elle est devenue l'excuse privilégiée pour mettre en place le retrait de l'État social et détourner les ressources publiques, ce qui a des conséquences spécifiques et disproportionnées pour les femmes.

Cette position désavantageuse des femmes face aux politiques de la dette s'explique par la place qu'elles occupent dans la plupart de nos sociétés, fruit de siècles d'inégalités structurelles stratifiées. L'imbrication historique des violences capitalistes et patriarcales s'articule notamment autour de la progressive dévalorisation des femmes et de leur travail depuis la période charnière du XVIe siècle.

Casser le mythe du Moyen Âge obscur

Afin de mieux comprendre ces évolutions du rôle des femmes engendrées par l'avènement du capitalisme, il est utile de faire un petit détour par la place qu'elles occupaient précédemment dans l'organisation économique et sociale du Moyen Âge en Europe occidentale. En effet, si le capitalisme n'a bien entendu pas limité son influence destructrice à cette région du monde – tirant parti notamment du commerce triangulaire et de la colonisation –, c'est bien à partir d'elle qu'il a émergé. Et, bien que le patriarcat lui préexiste – de nombreuses sociétés étaient déjà caractérisées par une division sexuelle du travail, des violences et des normes de genre contraignantes qui perdurent aujourd'hui –, le capitalisme l'a transformé et en a renforcé certains traits. Contrairement à ce que le discours dominant prétend enseigner, l'avancement de l'histoire n'est pas forcément synonyme de progrès... surtout lorsqu'on se penche sur les questions de genre! Au Moyen Âge et même avant, certaines femmes pouvaient jouir d'une reconnaissance sociale et intellectuelle, tenaient des rôles de premier ordre sur le plan politique, économique ou encore militaire : cela s'explique notamment par le fait que, selon l'historienne Éliane Viennot, la hiérarchisation et l'influence sociale d'un individu étaient agencées bien plus selon la réputation de sa famille que selon son sexe assigné[1].

Dans ces sociétés féodales prédomine l'autorité des seigneurs, lesquels donnent accès à un lopin de terre aux serfs en échange de leur loyauté et de jours de « corvée », c'est-à-dire de travail sur le domaine du seigneur. Au XIIIe siècle, des luttes paysannes mettent fin à la généralité du servage et différentes conditions paysannes coexistent : personnes libres, sans-terres, salarié·es, serf·ves, etc.

Dans les campagnes, le système de répartition de la terre qu'on appelle « *openfield* » (« champ ouvert ») était courant dans de nombreuses régions d'Europe. Sans entrer dans les détails, une seigneurie était généralement composée du domaine du seigneur, dont il a l'usage exclusif et où travaillent à son service des paysan·nes, et d'autres types de terres utilisées par les familles liées à ce seigneur, les communs (forêts, pâtures, etc.), qui nécessitent une certaine coopération pour en maintenir la fertilité et les tenures (des parcelles délaissées dont font néanmoins usage des paysan·nes sans terre). Plutôt que la propriété privée, c'est à cette époque le droit d'usage (aussi nommé « propriété utile ») qui est la norme. Les femmes, malgré une spécialisation dans les tâches domestiques, jouent un rôle important dans les activités de production, de subsistance et d'entretien des communs. Une grande partie de la production est consommée, l'autre est échangée ou apportée en ville au marché. La division sexuelle du travail était donc moins prononcée que celle que nous

1 Éliane Viennot, « Les femmes dans les "troubles" du XVIe siècle », *Histoire, femmes et sociétés*, n° 5, 1997 [consultable sur urlz.fr/hyeO]. Voir aussi Élizabeth Liris, « Les femmes dans la société française. XVIe-XVIIIe siècle », *Annales historiques de la Révolution française*, n° 340, 2005 [consultable sur urlz.fr/hyeR].

connaissons aujourd'hui, ou en tout cas moins contraignante, notamment car la différentiation entre les sphères dites « privée » et « publique » n'était pas aussi formalisée[1]. Par exemple, l'entretien du « foyer » (littéralement le feu central dans l'habitation) est réservé aux femmes et très valorisé socialement. Tout travail, qu'il soit productif ou reproductif, contribue à la vie de la communauté villageoise. Ce partage des responsabilités limite la dépendance des femmes envers les hommes. Elles travaillent autant au sein de leur communauté que de leur foyer, tirent les fruits de leur labeur, héritent, exercent dans de nombreux corps de métiers[2]...

Dans les villes médiévales, en Italie ou en France, les femmes exercent des professions qui seront considérées plus tard comme masculines (bouchères, brasseuses, forgeronnes, ouvrières, barbières, etc.[3]), sont majoritaires dans certaines filières organisées et fructueuses[4] (par exemple la soie[5]), se rassemblent dans des corporations exclusivement féminines. Elles sont présentes dans l'espace public en tant que commerçantes, notamment depuis les fenêtres de leurs foyers qui sont des espaces de vente

1 Voir par exemple la conférence de Julie Pilorget, « Le travail féminin dans la société médiévale », *Café Histoire Chronos*, 2016 [conférence dont l'audio est accessible sur urlz.fr/hgKI].

2 Didier Lett, « Le corps de la jeune fille. Regards de clercs sur l'adolescente aux XIIe-XIVe siècles », *Clio. Femmes, genre, histoire*, n° 4, 1996 [consultable sur urlz.fr/hyeZ].

3 Andrée Lehman, *Le rôle de la femme dans l'histoire de France au Moyen Âge*, Berger-Levrault, 1952; Michel Rouche, « La femme au Moyen Âge, histoire ou hagiographie ? », *Revue du Nord*, n° 250, 1981 [consultable sur urlz.fr/hyeW].

4 Anna Bellavitis, Virginie Jourdain, Virginie Lemonnier-Lesage et Beatrice Zucca Micheletto (dir.), *« Tout ce qu'elle saura et pourra faire » : Femmes, droits, travail en Normandie du Moyen Âge à la Grande Guerre*, Presses universitaires de Rouen et du Havre, 2015.

5 Claudio Zanier, « La fabrication de la soie : un domaine réservé aux femmes », *Travail, genre et sociétés*, n° 18, 2007 [consultable sur urlz.fr/hyfu].

et de production et pas seulement des espaces privés, intimes : leurs fenêtres sont en effet des « ouvroirs » vers la ville plutôt que des cloisons, comme le rappelle Julie Pilorget, historienne médiéviste spécialiste de la question de la place des femmes[1]. En outre, certaines villes médiévales comme Amiens mettent en place à la fin du XVe siècle un système de sages-femmes assermentées et rétribuées par les villes[2] et dont les maris sont sommés de s'occuper des proches lorsqu'elles pratiquent[3].

Ces quelques éléments n'ont pas vocation à alimenter une idéalisation de la place des femmes au Moyen Âge, qui est une période extrêmement complexe et variée selon les régions et sous-périodes et dont nous ne sommes pas spécialistes. Ils ne visent pas non plus à minimiser les oppressions qu'ont subies de tout temps les femmes en tant que femmes. Ils aspirent plutôt, dans une démarche féministe, à rendre visible ce qu'on a tendance à oublier, à déconstruire ce que l'imaginaire collectif associe au Moyen Âge, à ébranler le mythe d'une période essentiellement sombre où la place des femmes correspond nécessairement à une subordination absolue, où le quotidien des populations n'a pour perspective que famine et misère et où règne sans partage l'obscurantisme religieux. Au contraire, ce fut bien la Renaissance, période pourtant considérée comme une ère libératrice d'avancées intellectuelles débouchant sur les Lumières, qui signe un recul historique et global de la condition des femmes. Or c'est précisément à cette époque que l'on situe l'émergence effective du capitalisme.

1 Julie Pilorget, « Le travail féminin dans la société médiévale », *art. cit.*
2 Céline Ménager, « Dans la chambre de l'accouchée : quelques éclairages sur le déroulement d'une naissance au Moyen Âge », *Questes*, n° 27, 2014.
3 Julie Pilorget, « Le travail féminin dans la société médiévale », *art. cit.*

Enclosures et accumulation primitive : avancées capitalistes et résistances

Les luttes antiféodales, c'est-à-dire contre le servage, qui aboutissent à la mise en place de rapports salariaux dès le XIIIe siècle, ont eu des résultats mitigés : bien que victorieuses en ce qui concerne la fin de l'emprise des seigneurs sur le travail des paysan·nes, elles provoquent une perte d'accès à la terre, une marchandisation du travail et ainsi une transformation des rapports de classe, une augmentation de l'endettement privé, des migrations vers les villes... Parallèlement, on voit se développer les mouvements hérétiques ; ils peuvent être considérés comme l'un des mouvements sociaux les plus puissants de l'époque, émancipateur pour de nombreuses femmes et communautés[1]. La contre-offensive des riches et de l'Église fut puissante. En effet, au XIVe siècle l'emprise de l'Église se renforce, notamment suite aux grandes épidémies de peste noire qui justifièrent la stigmatisation du contrôle des naissances et donc des avorteuses, des homosexuel·les et plus généralement des femmes dans une Europe décimée.

À partir du XVIe siècle en Angleterre et du XVIIIe en France se mettent en place les enclosures, c'est-à-dire l'appropriation des communs et autres parcelles par les grands seigneurs, parfois de manière légale (« actes d'enclosure » et rachats) mais aussi de manière illégale et violente (expulsions forcées, destruction de villages...). Les enclosures sont imposées au nom d'une prétendue meilleure exploitation des terres, d'une modernisation

1 André Vauchez, *Les hérétiques au Moyen Âge. Suppôts de Satan ou chrétiens dissidents ?*, Paris, CNRS éditions, 2014, p. 309 ; Silvia Federici, dans *Caliban et la sorcière. Femmes, corps et accumulation primitive*, Genève, Entremonde/Senonevero, 2017.

et augmentation de la production alimentaire. Elles culminent en 1773 avec l'*Inclosure Act*, une loi votée au Parlement de Grande-Bretagne qui transforme définitivement le cadre traditionnel d'administration communautaire des terres, les *openfields*, en un système de propriété privée de la terre. Entre 1604 et 1914, plus de cinq mille deux cents *Inclosure Acts* individuels ont ainsi été adoptés, affectant 28 000 km² de terres[1]. Les seigneurs féodaux deviennent de gros propriétaires fonciers et les co-usagers de la terre des salarié·es ou des locataires. Cette affirmation de la propriété privée et de l'usage exclusif des terres au bénéfice des propriétaires met, en pratique, fin aux droits d'usage dont jouissaient encore les paysan·nes au sein de la seigneurie, engendrent la perte de moyens de subsistance pour nombre d'entre elles et eux et une vague d'appauvrissement des populations rurales, poussées vers les villes où elles forment le futur prolétariat urbain. Les enclosures sont souvent citées comme l'un des plus importants moments d'accumulation primitive, au même titre que la traite des êtres humains, l'entreprise coloniale (le plus grand accaparement de terres de l'histoire) ou encore, comme nous allons le voir tout au long de ce livre, l'endettement (qui permet par exemple de transformer de l'argent « improductif » dormant dans des banques en capital qui, entre autres via les taux d'intérêt, va fructifier).

L'accumulation primitive

Concept clé développé par Karl Marx dans son analyse des phases du capitalisme, l'accumulation primitive décrit le moment historique ainsi que le procédé par lequel une classe exploitante s'approprie et accumule des ressources initiales (terres, matières premières, travail-

1 « Enclosing the Land », parliament.uk [consultable sur urlz.fr/hyey]

leur·ses, bref, une masse de richesses). C'est une condition préalable au développement du mode de production capitaliste. Elle permet à la bourgeoisie d'accumuler des ressources nécessaires à la création des grandes entreprises, tout en créant une classe dépossédée de futur·es travailleur·ses. Des chercheur·ses tels que David Harvey estiment que, loin d'appartenir au passé, l'accumulation primitive est perpétuée, avec une violence sans cesse renouvelée, par le néolibéralisme sous la forme de « l'accumulation par dépossession[1] ».

Les conséquences des enclosures sont considérables pour les femmes et la société : ce qui était auparavant produit au sein des familles et des communautés par des hommes et des femmes est maintenant accompli en grande partie de façon salariée sur des terres dont tou·tes n'ont plus l'usage tandis que les biens et services réalisés au sein du foyer sont désormais considérés comme non marchands. Les modes de production capitalistes créent ainsi une distinction entre d'un côté le travail effectué à l'extérieur du foyer auquel on peut attribuer une valeur monétaire – dès lors considéré comme productif – et de l'autre celui réalisé à l'intérieur – dit improductif car désormais non marchandisable. Le premier devient ainsi valorisé socialement contrairement au second, en pratique majoritairement effectué par les femmes. Ainsi, elles ont de moins en moins accès à des ressources économiques dans une société pourtant de plus en plus monétarisée. La généralisation de l'économie marchande est donc à l'origine de cette notion de travail domestique gratuit, de plus en plus invisible, dévalorisé et associé aux femmes.

---

1 Pour aller plus loin, voir notamment les chapitres 26 à 33 du *Capital* de Karl Marx (1867), *L'accumulation du capital* de Rosa Luxemburg (1913), *Le nouvel impérialisme* de David Harvey (Les prairies ordinaires, 2010) et l'article de Natalia Hirtz « Le "sauvage", le "vagabond" et la "sorcière". Aux racines du capitalisme » (revue *GRESEA échos*, juillet 2018 [consultable sur urlz.fr/hyeA]).

Il s'agit d'une transformation profonde (et durable) des rapports de classe et de genre. Ce phénomène constitue l'un des aspects les plus importants mais souvent minimisé de l'accumulation primitive. Les éléments patriarcaux préexistants au sein de la société ne sont plus contrebalancés par l'accès aux communs, à des rôles sociaux valorisés, etc., et s'en trouvent renforcés. La privatisation des communs dépouille les populations de leurs moyens de subsistance, érode solidarité et cohésion sociale et décollectivise la production et la reproduction.

Cette transition vers le capitalisme et tous les bouleversements qui la caractérisent ne se sont pas déroulés sans insurrections populaires. Les révoltes contre les enclosures des XVe et XVIe siècles – et, plus généralement, contre la privatisation des terres, la hausse des taxes, l'expansion du contrôle de l'État, l'inflation, l'abolition des droits coutumiers, bref, la destruction des communautés et des communs – furent nombreuses[1]. À travers l'Europe occidentale, les femmes – souvent simples serves mais aussi parfois issues des mouvements hérétiques, de communautés ou de corporations non mixtes – rejoignent ou même dirigent les luttes contre les pouvoirs féodaux et bourgeois. Certaines de ces luttes sont même exclusivement féminines : par exemple celle menée en Angleterre par « Captain Dorothy » contre une enclosure en 1607 et pour la préservation des communs[2]. D'abord en Italie puis en Angleterre et dans la plupart des pays d'Europe occidentale, elles font face à une répression sanglante accompagnée de campagnes idéologiques, menées

1 Silvia Federici, *Caliban et la sorcière, op. cit.*
2 Verónica Gago, « Y a-t-il une guerre "dans" le corps des femmes ? Finance, territoires et violence », *Contretemps*, décembre 2018 [consultable sur urlz.fr/huP8] ; Silvia Federici, *Caliban et la sorcière, op. cit.*, p. 128.

notamment par l'Église, usant de la toute nouvelle imprimerie pour diffuser ses théories misogynes. Cette riposte réactionnaire renforce les rôles de genre et les aspirations à être une « bonne » femme docile, et dès lors à rejeter toutes les autres façons d'être ne se conformant pas à cette nouvelle norme. Petit à petit, le fantasme autour des femmes naturellement enclines au péché, aboutissant à la figure de la « sorcière », se consolide. Il n'est pas anodin de constater qu'en Angleterre, les luttes contre les enclosures coïncident, à quelques années près, aux procès et exécutions de femmes accusées de sorcellerie. Les condamnations (qui concernent à 80 % des femmes) participent significativement à contrecarrer la montée en puissance des femmes au sein des mouvements sociaux, ou sanctionnent tout comportement empreint d'insoumission ou de dissidence face à un ordre patriarcal qui se renforce (dénoncer un homme violent au tribunal, être indépendante financièrement, faire partie d'un groupe non mixte, pratiquer la contraception, avoir des relations homosexuelles, etc.). Cela s'inscrit dans le sillage de la contre-offensive face aux hérétiques qui justifie le contrôle social et consolide l'emprise sur la reproduction (par exemple la vente de plantes abortives était autorisée en France depuis 1353[1]) et sur la production, enjeux centraux pour les capitalistes.

Notons également que beaucoup de femmes condamnées pour sorcellerie étaient en demande d'assistance sociale, vagabondes, pauvres, ne payant pas leurs taxes et leurs dettes par choix ou par nécessité[2]. Elles étaient donc marginales et

1 Jean Verdon, *Les Françaises pendant la guerre de Cent Ans*, Paris, Perrin, 1991.
2 Natalia Hirtz, « Le "sauvage", le "vagabond" et la "sorcière" : aux racines du capitalisme », *art. cit.*

potentiellement subversives. La chasse aux sorcières a vidé des villes entières de leurs femmes. Ce véritable féminicide de masse résulte, rappelons-le, non pas d'une folie mystique moyenâgeuse mais d'une pratique organisée et institutionalisée, prétendument rationnelle, en réalité caractéristique de la Renaissance. Elle apporte un enrichissement phénoménal à l'Inquisition (que les villes et familles payaient pour les procès) et aux autorités (congrégations, souverains, etc.) qui récupèrent les biens des condamné·es. Avec la sorcière disparaissent aussi des pans entiers du « prendre soin populaire » (une infinité de savoirs sur les corps des femmes, des modes de fonctionnement solidaires, des remèdes thérapeutiques à l'efficacité millénaire, etc.) au profit d'une médecine soi-disant rationnelle et empirique pourtant fondée sur des superstitions et nouvelles pratiques douteuses (saignées, sangsues, etc.), rentable et réservée aux hommes[1].

Le XVIe siècle fut donc un moment charnière. La marchandisation de la société a induit de profonds changements dans les rapports sociaux et de production. Auparavant parties prenantes des économies communautaires, la liberté et la pluralité des métiers dont les femmes pouvaient jouir dans les villes médiévales européennes s'affaiblissent parfois dès le XIVe siècle : exclusions des corps de métiers, des guildes, des communs, des professions permettant une autonomie sociale et économique, des contrats d'apprentissage, quasi-disparition des donneuses

1 Même si la médecine occidentale moderne a permis par la suite de spectaculaires avancées en matière de santé publique, elle a une approche limitée et ne répond que de manière incomplète aux besoins des personnes, surtout si elle est en plus inaccessible financièrement et utilisée pour pathologiser et exclure les personnes hors normes. Voir Barbara Ehrenreich et Deirdre English, *Sorcières, sages-femmes, infirmières. Une histoire des femmes soignantes*, Paris, Cambourakis, 2016.

d'ouvrage indépendantes, etc.[1] Cette marginalisation constitue l'un des éléments qui, à l'instar de Cinzia Aruzza, Silvia Federici et d'autres, nous permettent d'affirmer que le capitalisme sans oppression de genre n'a tout simplement jamais existé : la dépossession des droits et propriétés antérieurement détenues par les femmes (terres, richesses, autorité familiale et parfois politique, savoirs, travail indépendant et artisanal) constitue l'une de ses premières accumulations. Le capitalisme introduit une séparation entre travail productif et reproductif, mais instaure également une hiérarchisation, dévalorisant systématiquement ce dernier. Cette dévalorisation du travail domestique et reproductif des femmes lui permet de mieux se l'approprier, de réaliser d'énormes économies et, en définitive, de se perpétuer.

Ainsi, le capitalisme transforme et amplifie le patriarcat, ce qui lui est utile : il lui ouvre la possibilité d'une accumulation énorme, au moindre coût.

Esclavage et colonisations

La colonisation fut l'autre pierre angulaire de cette phase d'expansion capitaliste. Les métropoles se saisissent, au nom d'une supériorité raciale et civilisationnelle, de territoires dont les ressources sont détruites et pillées et les populations exploitées de la pire manière : l'esclavage. Cet accaparement d'une violence inouïe, se fondant sur la naturalisation de l'infériorité des peuples non occidentaux, et particulièrement de leurs femmes, fut essentiel tant à la consolidation qu'à la repro-

1 René Begon, « Employabilité et capabilités : renforcer la liberté de choix des travailleuses précarisées », CVFE, 2018 [consultable sur urlz.fr/hmT5].

duction du capitalisme. Comme le rappelle Françoise Vergès, les femmes esclaves n'ont pas attendu nos récentes analyses pour appréhender la complexité des dominations et l'importance du capitalisme. Ainsi, malgré leur position subordonnée par rapport aux hommes blancs, les femmes blanches avaient un droit particulier, et non des moindres : celui de posséder des esclaves. Dans les grandes plantations des Caraïbes, elles étaient impliquées dans la « gestion » des esclaves et contribuaient à l'asservissement des femmes noires, considérées non comme des « femmes », mais comme des bêtes de somme et des objets sexuels. Violences et stéréotypes spécifiques s'abattent sur les femmes non blanches, qui sont aujourd'hui encore confrontées à l'héritage de cette colonialité persistante[1]. Signalons également que c'est via la colonisation que les pouvoirs occidentaux imposent des normes de genre binaires rigides là où d'autres conceptions du genre et de la sexualité, souvent plus souples et épanouissantes, existaient[2], comme chez de nombreux peuples d'Amérique qui reconnaissent cinq genres, dont les vénérées personnes « à deux esprits ». L'entreprise coloniale, qui est une sorte de prologue à la mondialisation capitaliste, participa à l'émergence d'un système de pouvoir

1 Françoise Vergès, *Un féminisme décolonial*, Paris, La Fabrique, 2019. Le contrôle violent du corps et de la fertilité des femmes non blanches a continué sous de nombreuses formes après l'esclavage; à ce sujet, voir Anouk Renaud, « Hier comme aujourd'hui : Le contrôle du corps des femmes non blanches, un enjeu colonial », CADTM, 2019 [consultable sur urlz.fr/hmTT]; et, pour aller plus loin : Françoise Vergès, *Le ventre des femmes. Capitalisme, racialisation, féminisme*, Paris, Albin Michel, 2017.

2 Voir par exemple Sue-Ellen Jacobs, Wesley Thomas et Sabine Lang, *Two-spirit People : Native American Gender Identity, Sexuality, and Spirituality*, Champaign, University of Illinois Press, 1997; ou encore Boris Bertolt, « En Afrique, l'émancipation des homosexuels est liée à celle des femmes », *Le Monde*, 31 mai 2017.

reposant sur l'imbrication des dominations de classe, de « race » et de genre, mais aussi, à la même époque, de l'humain sur « la nature », sur le « sauvage », auquel sont associées les femmes, et particulièrement les femmes non blanches[1]. Par ailleurs, l'entreprise coloniale, bien qu'elle ait généré un enrichissement totalement illégitime et sans précédent via le pillage des ressources et le commerce triangulaire propulsé par la mise au travail des esclaves, fut aussi, paradoxalement, à l'origine de nombreuses dettes publiques contractées auprès des grandes banques des empires impérialistes pour financer cet ignoble projet : ces dettes deviendront le socle d'injustices futures que nous traitons dans la deuxième partie de ce chapitre.

Les caractéristiques principales du patriarcat moderne ne sont donc pas, comme on l'entend souvent, des résidus d'une ère moyenâgeuse, sombre et barbare, ou encore de traditions lointaines, mais bien constitutives de la première phase d'accumulation capitaliste qui entraîne une régression phénoménale de la condition féminine, notamment en Europe occidentale. Cet asservissement généralisé des femmes et la captation de leur travail désormais gratuit ou sous-payé ne furent ainsi pas simplement une conséquence mais bien une condition à la première grande phase d'expansion capitaliste[2].

---

1 Entretien avec Émilie Hache, « Pour les écoféministes, destruction de la nature et oppression des femmes sont liées », Reporterre, 2019 [consultable sur urlz.fr/dDsb]; Sherry Ortner, « Is Female to Male as Nature Is to Culture ? », *Feminist Studies*, vol. 1, n° 2, 1972; Myriam Bahaffou et Julie Gorecki, « Préface », dans Françoise d'Eaubonne, *Le féminisme ou la mort*, Paris, le passager clandestin, 2020.
2 Verónica Gago, « Y a-t-il une guerre "dans" le corps des femmes ? », *art. cit.*

L'industrialisation et le mythe de la « femme au foyer »

La seconde grande phase de l'accumulation capitaliste est l'industrialisation qui débuta à la fin du XVIIe siècle. Elle s'opère dans le contexte du développement de la finance, qui génère spéculations bancaires, essor du marché des emprunts et premières crises de la dette. Une misogynie violente ainsi que d'importants reculs pour les femmes constituent la toile de fond de cette période du capitalisme triomphant. Les femmes se voient exclues du droit de vote lors de la Révolution française[1], leur droit au divorce est abrogé dès le début de la Restauration, tandis que le Code Napoléon (base du Code civil moderne) signe leur statut d'éternelles mineures totalement subordonnées aux hommes. Il leur est dorénavant interdit de se rassembler, probablement en réaction à leurs fortes mobilisations politiques (et persécutions) durant le XVIIIe siècle[2]. L'industrialisation et les grandes manufactures qui émergent avec elle amplifient la séparation déjà antérieurement bien amorcée entre lieux de production et sphère privée. L'exercice de nouveaux métiers (notaires, comptables, médecins, avocats) assez rémunérés pour qu'un seul salaire suffise à faire vivre une famille favorise l'émergence d'une nouvelle classe sociale : la bourgeoisie. Elle s'accompagne de nouvelles repré-

1 Sous la Révolution, les femmes furent classées comme les enfants, les étranger·ères et tou·tes celles et ceux qui ne pouvaient s'acquitter d'un cens électoral. Les femmes furent ainsi officiellement exclues du droit de vote par l'Assemblée nationale le 22 décembre 1789, exclusion maintenue par la Constitution de 1791 puis par un vote de la Convention nationale le 24 juillet 1793, quelques mois avant l'exécution d'Olympe de Gouges, autrice de la Déclaration des droits de la femme et de la citoyenne en 1791.

2 Élizabeth Liris, « Les femmes dans la société française », *art. cit.*

sentations des rôles de genre, avec la montée en puissance de la figure de la femme au foyer. La femme « convenable », correspondant à la norme bourgeoise blanche, est celle qui n'a pas besoin de travailler à l'extérieur, renforçant ainsi la division sexuelle du travail. Cette aspiration est extrêmement violente pour les personnes dont la réalité quotidienne n'y correspond pas : transplanté aux classes populaires, ce paradigme bourgeois de la famille nucléaire fait de la sphère privée un refuge, un « nid douillet » permettant à l'époux de supporter l'âpreté du travail industriel en trouvant au sein de son foyer les conditions matérielles et affectives nécessaires pour reconstituer sa force de travail : repos, nourriture, soins, sécurité émotionnelle, vêtements propres... Ce travail domestique gratuit sera effectué tout naturellement par les femmes, et est ainsi explicitement mis au service du grand patronat industriel. Un tel modèle basé sur la division sexuelle du travail ne peut exister que dans un contexte d'hétéronormativité et de définition binaire du genre. Tout un appareil (campagnes, contrôles et incitations en tous genres) est mobilisé pour affirmer cette nouvelle configuration sociale[1].

En dépit de ce mythe bourgeois de la femme au foyer, les ouvrières continuent de travailler à l'extérieur. Bien que majoritairement cantonnées à certaines professions, les femmes ont toujours représenté au moins un tiers de la population active en France. Aux XVIIIe et XIXe siècles, les femmes travaillent dans les manufactures et dans le textile à domi-

---

1 Voir les exemples percutants donnés par Viviane Gonik dans « L'invention de la femme au foyer », *Le Courrier*, 19 septembre 2017 [consultable sur urlz.fr/hyfF], et Danielle Linhart, *La comédie humaine du travail. De la déshumanisation taylorienne à la sur-humanisation managériale*, Toulouse, Érès, 2015.

cile, et sont très actives également en tant que domestiques, nourrices, lingères, blanchisseuses, marchandes de rue, etc.[1]. Pourtant, elles ne peuvent plus se syndiquer et leur travail est considéré comme un travail d'appoint, ne méritant, donc, qu'un salaire d'appoint* : les femmes mariées n'en disposent pas légalement jusqu'en 1907, et pour les (mères) célibataires (ou lesbiennes, d'ailleurs), il est tout à fait insuffisant. Leur présence au sein des usines permet l'établissement de nouvelles hiérarchies : aux hommes sont réservées les tâches plus « nobles » et mieux rémunérées, aux femmes les travaux les moins valorisés – phénomène à la base des actuelles ségrégations professionnelles. Ainsi, il est d'autant plus facile pour les patrons de les licencier selon leur bon vouloir ou leurs intérêts économiques. On assiste à une amplification de la double journée de travail : alors que le mythe de la femme au foyer leur impose le monopole du travail reproductif, la majorité des femmes doit combiner ce travail domestique à un travail à l'extérieur. De manière paradoxale, le travail des femmes est à la fois décrié et encouragé. Excédées par cette charge de travail exorbitante dont elles ne tirent ni reconnaissance sociale ni valorisation économique, de nombreuses ouvrières s'engagent dans des luttes, grèves et actions de blocages, qu'elles soient syndiquées ou non. Certaines aboutissent à l'obtention de nouveaux droits qui ne changeront malheureusement pas pour autant la réalité des ségrégations et des inégalités issues de constructions sociales encore bien trop persistantes. Ces luttes sont trop nombreuses pour être toutes nommées ; bien documentées sont celles des ovalistes lyonnaises de 1869, des

---

1 Jeanne-Marie Wailly, « Les différentes phases du travail des femmes dans l'industrie », *Innovations*, n° 20, 2004 [consultable sur urlz.fr/hyfJ].

ouvrières des allumettes en Suède et à Londres ou du tabac à Toulouse dans les années 1880, ou encore les sardinières de Douarnenez en 1905. Cette triple subversion envers leurs maris, le patronat et les syndicats à prédominance masculine est accueillie de manière mitigée, les renvoyant souvent à leur statut de femmes au foyer subordonnées.

Le contrôle du travail et des femmes : un autre héritage du colonialisme

Cette reconfiguration forcée et permanente du travail des femmes durant l'essor du capitalisme industriel est appliquée bien au-delà des centres des empires occidentaux, comme le souligne entre autres l'historienne congolaise Rosalie Malu Muswamba[1]. En Afrique centrale, leur travail, contraire à l'idéal bourgeois, est instrumentalisé par les colons comme symbole d'arriération dont elles doivent être libérées en devenant mères, épouses et femmes au foyer.

Ainsi, dans de nombreux pays comme l'ancienne colonie belge du Zaïre ou le Sénégal, le travail salarié, domestique compris (cuisine, ménage...), est effectué exclusivement par des hommes. À l'instar de ce qui s'est passé en Europe, la « mère » qui ne réalise apparemment aucun « travail » devient une catégorie sociale arbitrairement séparée de celle de la « travailleuse ». Pour « moderniser » le Zaïre, les femmes sont exclues de l'économie et la non-reconnaissance de leur travail est formalisée. Elles se voient cependant attribuer un lopin de terre autour des camps de travailleurs, qu'elles sont obligées de cultiver pour nourrir leur famille : leur condamnation forcée au travail gratuit devient la norme. La dévalorisation et le contrôle des femmes, de leurs corps et de leur travail, structurant la pensée dominante d'une

---

1 Rosalie Malu Muswamba, *Le travail des femmes en République démocratique du Congo : exploitation ou promesse d'autonomie ?*, Paris, Unesco, 2006 [consultable sur urlz.fr/hyfM]

Europe colonisant à tout va, sont ainsi systématiquement exportés. En Algérie ou au Maroc, elles n'ont le droit d'exercer qu'un nombre très limité de professions dans des contextes donnés[1]. L'existence contemporaine de lois interdisant aux femmes de travailler ou d'accomplir tout acte juridique sans l'accord du mari est clairement un « legs » colonial. Le comble, c'est que de nos jours ces interdits sont considérés comme typiques de « traditions » non occidentales ! La colonisation, l'intégration forcée de normes et d'attitudes patriarcales occidentales, la réorganisation de l'ordre social, la destruction programmée de la chefferie traditionnelle, l'abolition de pratiques coutumières ainsi que la privation pour les femmes de l'accès à de nombreux rôles établissent des hiérarchies sociales où les femmes devinrent victimes d'une triple oppression : des hommes blancs, des femmes blanches et des hommes de leurs communautés[2]...

Le capitalisme moderne ou les femmes comme variable d'ajustement

Un système opportuniste

Dans la continuité de l'industrialisation, le XXe siècle révèle l'une des caractéristiques essentielles du capitalisme patriarcal : c'est un système dynamique et opportuniste, qui utilise catégories et hiérarchisations sociales (de classe, de « race » et de genre) pour atteindre ses fins.

1 Jules Falquet et Nasima Moujoud, « Cent ans de sollicitude en France. Domesticité, reproduction sociale, migration et histoire coloniale », *Agone*, n° 43, 2010 [consultable sur urlz.fr/hv4e].
2 Seynabou Ndiaye Sylla, « Femmes et politique au Sénégal : contribution à la réflexion sur la participation des femmes sénégalaises à la vie politique de 1945 à 2001 », 2001, mémoire d'études africaines, université Paris I [consultable sur urlz.fr/hpqs].

Depuis le XVIe siècle s'opère un bras de fer entre les travailleuses et les intérêts des tenants du capital, ces derniers étant défendus par les gouvernements qui n'ont de cesse de voter des lois pénalisantes pour les premières. En France, il a fallu attendre le début du XXe siècle pour que prenne fin la progressive et légale exclusion des femmes du marché travail rémunéré. Ces avancées dans les droits du travail sont en grande partie la résultante des luttes féministes sous la IIIe République, mais elles sont aussi liées au fait que, lorsque le marché a besoin des femmes en tant que salariées, leurs droits progressent. Cet opportunisme se manifeste de manière particulièrement criante lors des changements de conjoncture économique.

En période d'expansion économique, comme cela a été le cas durant la période dite des « Trente Glorieuses » (1945-1973), les femmes ont été sollicitées comme main-d'œuvre bon marché dans toute une série de branches industrielles. Cela fait suite au contexte de la deuxième guerre mondiale, durant laquelle les femmes sont encouragées à aller travailler afin de participer à « l'effort de guerre » – qui justifia d'ailleurs une baisse générale des salaires. Cette « mise à l'emploi » des femmes a été rendue possible par des investissements publics soutenus dans les équipements collectifs permettant aux femmes de « déléguer » à la collectivité une partie de leur travail domestique, via notamment l'accès à des crèches, à des maisons pour personnes âgées, etc. – services eux-mêmes créateurs d'emplois féminins. Cependant, malgré leur participation au travail salarié, l'assimilation exclusive des femmes à « leurs » statuts de mères et d'épouses reste la norme dominante. L'idéal social, entretenu à coups de pubs sexistes mais aussi de contraintes légales (par exemple, l'inexistence de congé paternité), demeure dans les imaginaires collectifs celui d'un mari qui peut entretenir une femme au sein d'une joyeuse famille nucléaire hétérosexuelle. D'ailleurs, il a fallu attendre les années 1970 pour que les femmes, toutes classes sociales confondues, rejoignent massivement le monde du travail salarié. À cette époque, elles sont notamment employées dans le secteur tertiaire en pleine expansion où, dans la continuité du travail reproductif gratuit, elles exercent bien souvent des professions liées au travail domestique : nettoyage, travail de soin*, etc.

En phase de récession économique (1919, 1929...), elles sont très officiellement renvoyées au foyer. Depuis le tournant néolibéral des années 1980, on assiste à une plus subtile mais non moins efficace destruction progressive de l'État social et du soutien public à la reproduction sociale, qu'elle soit rémunérée ou gratuite. Or, les femmes ont historiquement été affectées à ces activités essentielles à la vie humaine et au fonctionnement de nos sociétés. Quand montent en flèche le chômage ou le sous-emploi, et que la fonction publique délaisse la prise en charge du *care*, ce sont elles qui se retirent partiellement ou complètement du marché du travail rémunéré et se trouvent ainsi reléguées au statut prétendument traditionnel de « femmes au foyer », ou alors occupent des emplois de plus en plus précaires en pleine expansion.

Le capitalisme hétéropatriarcal contemporain place ainsi continuellement les femmes dans une situation d'instabilité. Il les utilise, elles et leur travail, comme une variable d'ajustement, en en faisant des travailleuses « jetables » et corvéables en fonction des besoins des marchés : tantôt main-d'œuvre d'appoint sollicitée quand la conjoncture économique semble le justifier, tantôt pourvoyeuses non rémunérées de la reproduction sociale quand l'État fait face à des nécessités de remboursements et ne peut (et ne veut) plus s'en charger.

La mondialisation néolibérale : réorganisation et marchandisation du travail de soin

Cet usage opportuniste des femmes est particulièrement criant lorsqu'on s'intéresse à l'échelle globale, niveau d'analyse de plus en plus pertinent alors que s'affirme la phase contemporaine du capitalisme : la mondialisation néolibérale. Une telle perspective ne doit pas cependant occulter les enjeux locaux, microéconomiques*, comme ont tendance à le faire des institutions telles que la Banque mondiale, mais, au contraire, permettre de mieux les comprendre.

Amorcée dès la fin des années 1970 par les États-Unis (avec Ronald Reagan) et le Royaume-Uni (sous Margaret Thatcher), la mondialisation néolibérale se caractérise par la déréglementation des marchés et du travail ainsi que par l'ouverture des économies. L'augmentation du nombre de transactions internationales et de mouvements financiers, soit une activité spéculative tout à fait disproportionnée au regard de l'économie réelle, en constitue l'une des principales logiques. L'emprise de la finance augmente dans tous les domaines, motivée par une seule et même finalité : la recherche du profit avant tout. Les délocalisations et l'implantation de sociétés transnationales (TNC) partout où les contraintes en termes de législations fiscales et droits du travail sont moindres sont également constitutives de la mondialisation néolibérale. La course au moins-disant (« *race to the bottom* »), à savoir une compétition accrue entre pays du Sud global, se généralise, particulièrement dans les « zones économiques spéciales ». La propulsion sur le marché mondial se fait aussi, pour les pays les plus pauvres notamment, via les filières agroalimentaires – avec des implications genrées spécifiques, les femmes étant les premières agricultrices mondiales.

Aux Nords comme aux Suds, la participation des femmes au marché du travail rémunéré augmente de façon spectaculaire pendant cette période. Les raisons de cette évolution sont nombreuses, et il ne faudrait pas oublier l'immense contribution des mouvements féministes. Dans le même temps, avec la tertiarisation de l'économie, le secteur des services, important vivier d'emplois féminins, ne cesse de se marchandiser et prend de plus en plus d'ampleur.

Deux phénomènes induits directement par la mondialisation néolibérale vont également affecter significativement les contours du travail des femmes : la « nouvelle distribution internationale du travail » (NDIT) et ce que les féministes ont nommé « la chaîne globale du *care* ». La conjugaison de ces deux processus mène à ce que nous nommons une réorganisation globale du travail de (re)production qui, encore une fois, est loin d'être indépendante des exigences du gros capital.

La NDIT rend compte du fait que toute une partie des biens et services consommés dans le Nord est produite dans les Suds par une main-d'œuvre souvent exploitée et précaire. Plusieurs analystes féministes en ont rapidement souligné la dimension genrée en démontrant que, grâce à la captation du travail des femmes des Suds, le confort des métropoles est assuré. Cette appropriation s'opère d'une part à travers du travail de production et d'assemblage de biens notamment en zone franche, et d'autre part à travers la réalisation par des femmes migrantes de travail de soin et de domesticité : il s'agit de la chaîne globale du *care*.

Les années 1980 voient la formation d'importants flux migratoires, notamment féminins, conséquences de la mondialisation mais aussi de politiques volontaristes des gouvernements (comme avec le programme Bumidom en France[1]). Ces migrant·es (surtout migrantes) couvrent le plus souvent les besoins de main-d'œuvre bon marché du secteur tertiaire et du travail domestique en expansion, majoritairement dans les grandes villes du Nord. Le développement du secteur des services et plus précisément du *care* permet d'assurer la réalisation des tâches « délaissées » par certaines femmes des « villes globales » et que la majorité des hommes s'obstine à ne toujours pas réaliser. Les femmes appauvries d'Asie de l'Est, d'Amérique latine et d'Afrique migrent en masse vers les centres urbains d'Europe de l'Ouest, du Moyen-Orient et de l'Amérique du Nord et y effectuent ce que Saskia Sassen appelle le « travail de maintenance » des villes; c'est-à-dire le travail fondamental mais invisible de reproduction[2]. Ce travail est souvent peu valorisé, reconnu et rémunéré, tout comme les personnes qui l'effectuent, la plupart du temps invisibilisées, maltraitées,

1 Fondé en 1963, le Bureau pour le développement des migrations dans les départements d'outre-mer fut l'organisme public français chargé d'encadrer l'émigration et le recrutement des habitants des départements d'outre-mer vers la France métropolitaine. Les hommes sont particulièrement orientés vers La Poste et l'industrie automobile et les femmes vers la domesticité et le paramédical. Il est remplacé par l'Agence nationale pour l'insertion et la protection des travailleurs d'outre-mer (ANT), renommée Agence de l'outre-mer pour la mobilité (Ladom) en 1992.

2 Saskia Sassen, « Mondialisation et géographie globale du travail », dans Jules Falquet *et al.*, *Le sexe de la mondialisation. Genre, classe, race et nouvelle division du travail*, Paris, Les Presses de Sciences Po, 2010.

marginalisées, oubliées. Jules Falquet inclut dans ce travail du *care*, effectué en immense majorité par des femmes migrantes, le travail conjugal et sexuel : les personnes les moins privilégiées – à savoir celles se situant du « côté perdant » des rapports sociaux de sexe, de classe et de race – prennent en charge, sans compensation digne, la reproduction sociale à travers la domesticité, mais aussi le mariage, la prostitution, la gestation pour autrui (GPA), etc. Bien que les conséquences et réalités de la mondialisation néolibérale ne se manifestent pas de la même manière selon les pays, elles s'inscrivent dans un processus global, attribuant à chaque région ou « type de travailleuse » un rôle spécifique. Comme le souligne Silvia Federici[1], pas moins qu'au temps de l'esclavage et des colonies, une partie importante du travail requis pour la reproduction des personnes et du capital est assignée à des travailleuses des Suds. C'est donc dans une perspective féministe et anti-impérialiste qu'il faut analyser la mondialisation néolibérale.

La dette du tiers monde : financer le développement ou développer la finance ?

L'évolution du contexte économique et du travail des femmes dans la plupart des pays des Suds doit être appréhendée dans le sillage de la colonisation et de nouvelles formes d'impérialisme, comme le « développement ». La colonisation, on l'a vu, a participé à un ignoble processus de racialisation et de hiérarchisation à l'échelle planétaire, dont les conséquences inégalitaires perdurent aujourd'hui. Des images et stéréotypes spécifiques attribués aux femmes non blanches facilitent leur exploitation multiforme et les

1 Silvia Federici, « Reproduction et lutte féministe dans la nouvelle division internationale du travail », *Cahiers genre et développement*, n° 3, 2002 [consultable sur urlz.fr/hyfQ].

possibilités d'accumulation qui en découlent. L'entreprise coloniale a également détruit des logiques économiques et formes d'organisation sociale la précédant afin d'imposer des rapports capitalistes au service des intérêts des pays colonisateurs[1]. Ceci a inclus une reconfiguration du travail, notamment celui des femmes, qui font face à de multiples obstacles dans leur exercice d'un travail rémunéré et sont cantonnées à un nombre très réduit d'activités, comme on l'a vu précédemment. Alors que les stratégies de réduction de la pauvreté mises en œuvre après les indépendances ciblent majoritairement les hommes, cette « sous-participation » des femmes au marché du travail devient la nouvelle source d'indignation de la communauté internationale : les politiques de développement sont mobilisées pour augmenter cette participation, libérer les femmes, afin qu'elles puissent, elles aussi, enfin être des actrices économiques... La notion normative et occidentale de « développement » sous-entend qu'une forme d'organisation sociale et économique ainsi que des normes culturelles universellement désirables existent, et qu'elles sont précisément celles adoptées par les puissances impérialistes. Cet objectif se mesurerait principalement par la croissance du PIB, un chemin linéaire pour y arriver existerait, et on pourrait donc « montrer la voie », et même en être tenu·es redevables... La vision du monde reste basée sur le socle culturel occidental qui distingue les « civilisé·es » des « non-civilisé·es ».

Les débats autour du développement, auquel nous pourrions consacrer un autre livre, sont nombreux. Relevons simplement que, depuis ses débuts, la notion a beaucoup évolué, passant notamment d'une conception ayant la croissance du PIB comme but prépondérant à une autre où des notions telles que le développement humain, durable, endogène, etc., sont également prises en

1 Saïd Bouamama, « Colonisation et immigration », *AVP – Les autres voix de la planète*, n° 80, mai 2021 [consultable sur urlz.fr/hyfU].

compte. Plus récemment, une attention particulière sur les femmes et leur «*empowerment*» est au centre des «théories du développement» – au nom de leur émancipation, qui irait de pair avec croissance économique, la participation des femmes au marché du travail devient une priorité. Pour autant, comme nous le verrons dans le chapitre suivant, l'entrée des femmes dans un marché du travail où l'exploitation déréglementée est la norme n'est pas toujours – c'est peu dire ! – synonyme d'émancipation pour elles...

L'autre facette de l'imposition de ce dogme du développement n'est autre que la dette. Le développement, imposé comme but ultime, justifie endettement et interventionnisme colossaux et légitime également le brutal processus de mondialisation. Le développement doit donc être vu pour ce qu'il est : non pas le synonyme d'un «progrès» (en vérité déclaré comme tel tout à fait arbitrairement) mais un attirail idéologique indissociable du processus de mondialisation déployé afin de favoriser la globalisation des modes de production capitalistes, des normes culturelles occidentales et du marché du travail. Il contribue aussi à perpétuer les dynamiques néocoloniales de pillage organisé, ayant invariablement de nombreux impacts sur la vie des femmes.

En ce début de XXIe siècle, les femmes sont encore assignées à la reproduction sociale, que ce soit de manière gratuite ou (sous-)rémunérée. Les conditions dans lesquelles cela s'opère dépendent tant du bon vouloir des hommes que des orientations politiques en ce qui concerne le soutien public à la reproduction sociale, l'organisation du marché du travail et les politiques migratoires. En effet, les décisions des autorités en matière d'appel de main-d'œuvre immigrée et de régularisation (comme ce fut le cas par exemple en France dans les années 1960 et 1970) ou au contraire de pénalisation de celle-ci affectent très profondément la distribution genrée et raciale du travail rémunéré, formel ou non, et les conditions dans lesquelles travaillent et vivent les populations migrantes[1]. La toile de fond de ces évolutions est la phase actuelle du capitalisme, qu'on appelle néolibéralisme, dont l'occurrence structurelle et régulière de crises – et notamment de crises de la dette, comme nous le verrons par la suite – est l'une des caractéristiques essentielles.

L'ensemble des éléments précédents nous permettent de comprendre combien la dévalorisation des femmes et de leur travail n'est pas un hasard de l'histoire : l'époque où leur place change coïncide avec le début du processus de marchandisation du monde. L'avancée du capitalisme a profondément transformé leur rôle au sein de la famille et de la société tout en modifiant et en amplifiant leur oppression. L'accumulation capitaliste a besoin, par essence, de l'existence de catégories sociales « inférieures » sans lesquelles plus-value, profit et croissance seraient impossibles. Ce fonctionnement économique aberrant implique la mise en place de rapports sociaux facilitant l'exploitation, quelle qu'elle soit. Capitalisme, patriarcat et racisme s'avèrent donc aujourd'hui tout simplement indissociables.

1 Voir par exemple Jules Falquet et Nasima Moujoud, « Cent ans de sollicitude en France », *art. cit.*

DETTES ILLÉGITIMES, OU COMMENT LES PAUVRES FINANCENT LES RICHES

Dette publique et accumulation

La dette publique est, outre l'impôt, le principal moyen de financement des États aujourd'hui. Elle est d'ailleurs encouragée implicitement, preuve de la bonne santé économique des États censés jouir chaque année d'un PIB croissant. En théorie et sous certaines conditions au service de l'intérêt général, elle est aussi un mécanisme d'enrichissement très profitable, ce qui en fait un outil central du capitalisme. Aujourd'hui, c'est cette facette-là de la dette qui prévaut.

De fait, la dette est un moyen de faire de l'argent avec de l'argent[1]. Elle est un placement de capital dont la valeur initiale va être démultipliée via le jeu des intérêts mais aussi via la spéculation sur ses titres*, dont la valeur change considérablement en fonction, par exemple, de la situation économique des pays débiteurs*. Les titres de la dette publique, également appelés « obligations d'État » sont l'un des produits les plus échangés

---

1 *Neuf essentiels sur la dette, le surendettement et la pauvreté*, Culture & Démocratie, 2019.

sur les marchés financiers, faisant ainsi varier les sommes à rembourser par les pays débiteurs et l'identité de ceux qui encaissent, c'est-à-dire les détenteurs du titre, qui peuvent être un autre État, une institution financière internationale, une banque privée ou centrale*, un fonds d'investissement, etc. Aussi simple que ça et extrêmement efficace. Un soutien et une complicité politiques sont nécessaires pour légitimer cet enrichissement des détenteurs de capitaux tandis que ces derniers ont tout intérêt à alimenter les logiques du système dette et à en dissimuler la simplicité derrière du jargon techniciste et des mécanismes financiers de prime abord effrayants. Pourtant, la compréhension de son fonctionnement est à la portée de toutes et tous et devrait être une question populaire. De plus, bien qu'ils déterminent les conditions mêmes d'existence et la vie des populations, les titres de la dette publique sont considérés par les *traders* comme des « produits économiques » comme les autres, sur lesquels on peut spéculer, qu'on peut revendre, qui génèrent des profits s'élevant à des milliards de dollars... mais dont la valeur peut aussi dégringoler, affolant ainsi marché et créanciers* et provoquant des crises systémiques affectant l'ensemble des populations.

Ces dettes, remboursées par de l'argent public qui provient en premier lieu des diverses taxes et impôts idéalement payés par tou·tes, constituent donc un puissant moyen de captation des richesses des travailleur·ses par les capitalistes. Elles créent ou maintiennent des privilèges de classe et des logiques de domination dans le monde entier par différents processus, entre États et au sein même de ceux-ci.

L'histoire et le destin de toute une série de nations sont déterminés par la dette

La dette est tout à la fois à l'origine de l'apparition de jeunes États, utilisée pour financer la colonisation de pays voire de continents entiers, et instrument permettant le maintien de nombreux territoires sous emprise néocoloniale.

La dette a souvent joué un rôle décisif dans la création de nouvelles nations. Par exemple, alors que le début des années 1820 se caractérise par une euphorie financière dans les grands centres des empires européens, des luttes indépendantistes face aux métropoles battent leur plein, notamment en Amérique latine. Les banques britanniques avides de placer leurs capitaux financent ces luttes via des prêts. Les créanciers touchent des commissions et les taux d'intérêt sont importants : ils gagnent ainsi bien plus que ce que le débiteur ne reçoit effectivement. Même si ces dettes n'ont pas été contractées par des États déjà constitués et indépendants, les conditions qui leur étaient associées étaient telles qu'elles obligeaient par la suite les nouveaux États à s'engager dans des accords commerciaux avec les pays créanciers. La dette, tout en participant à la création de ces États, a simultanément entravé le potentiel anti-impérialiste des luttes dont ils étaient la résultante[1]. Pour de nombreux pays, l'indépendance fut synonyme de cycles d'endettement. Ce fut le cas de la Grèce lorsqu'elle chercha à conquérir son indépendance face à l'Empire ottoman en 1832, mais aussi, au cours de la deuxième moitié du XXe siècle, d'une bonne part des nouveaux États d'Afrique et d'Asie. Après s'être affranchis de

1 Pour plus de détails et de nombreux autres exemples, voir Éric Toussaint, *Le système dette*, Paris, Les liens qui libèrent, 2017.

leur colonisateur, ils ont accepté des transferts de dettes précédemment contractées par les puissances impérialistes et les administrations coloniales, pour financer leur asservissement et le pillage de leurs ressources. Cette dette coloniale* « originelle », absolument inique et révoltante, est à la base d'un cycle futur de dettes, nouveau marché privilégié de la toute jeune Banque mondiale. Elle implique dépendance politique et économique face aux puissances créancières. En justifiant toute une série de mesures, jusqu'à des interventions militaires et coloniales, ces dettes déterminent le destin de populations entières.

De nos jours, ces dynamiques de contrôle néocolonial par la dette continuent lorsque, en échange d'un prêt, les pays sont sommés d'appliquer des conditionnalités servant les intérêts des créanciers et entravant leur souveraineté ou détruisant les conditions de vie des populations. Ces injonctions associées aux prêts facilitent leur intégration à l'ordre néolibéral et assurent la continuité de l'hégémonie politique et économique de l'Occident. Ces dettes, trouvant leurs origines dans la dette coloniale, sont totalement odieuses et devraient être annulées.

La dette est si centrale au capitalisme que son remboursement prime sur toute autre nécessité, qu'elle soit économique, environnementale ou sociale. Elle détermine ainsi, encore aujourd'hui, les conjonctures économiques. Que cela provoque des crises majeures, menace l'intérêt général, mette en danger les modes de vie de sociétés ou la survie d'espèces entières, les revenus des créanciers doivent être assurés « quoi qu'il en coûte ». C'est un choix politique d'une extrême violence. Pour ce faire, ajustements structurels et austérité socialement mortifères sont imposées ainsi que des dettes supplémentaires. Ces mesures engendrent *in fine* récession et augmentation de la dette publique. Ainsi le « système dette » est un système où la dette est simultanément à la base des crises et la conséquence, vu qu'elle est proposée comme solution pour financer les mesures ordonnées justement pour la rembourser… Mesures qui engendreront elles aussi un endettement supplémentaire. Un véritable serpent qui se mord la queue.

La dette, formidable mécanisme de maintien des privilèges

On estime que, pour un euro envoyé depuis les pays du Nord vers les pays des Suds (via les investissements directs étrangers, l'aide publique au développement, l'acquisition d'actions, l'aide privée et les autres flux officiels), trois euros empruntent le chemin inverse (flux financiers illicites, service de la dette* et intérêts, profits rapatriés par les investisseurs). Depuis les années 1980, les pays des Suds ont remboursé des dizaines de fois plus que ce qu'ils ont emprunté (c'est à dire des milliers de milliards de dollars), et pourtant leur dette augmente constamment, atteignant des sommes équivalentes à des dizaines de plans Marshall. On peut donc sans hésitation affirmer que ce sont les pays des Suds qui financent (et alimentent via leurs ressources naturelles extraites) les pays du Nord et non l'inverse.

La dette publique permet d'extraire la richesse des 99 % au bénéfice des 1 % les plus riches via deux mécanismes principaux.

Le premier découle de privilèges fiscaux qui profitent aux détenteurs de capitaux (par des cadeaux fiscaux, des baisses de l'impôt sur les grandes fortunes, une tolérance pour l'évasion fiscale, le maintien de paradis fiscaux) au détriment des classes précaires et moyennes appelées à contribuer de façon disproportionnée. Ce mode d'imposition complètement inégalitaire favorisant les plus nanti·es organise un véritable hold-up des ressources directement issues du labeur de la majorité de la population (via les taxes et impôts, entre autres). Il est de surcroît source d'endettement : face à la baisse des recettes fiscales due aux cadeaux fiscaux faits aux plus riches, l'État doit chaque année recourir à l'emprunt pour boucler son budget. Ainsi, le remboursement de cette dette sans cesse renouvelée continue indéfiniment à enrichir les créanciers.

Le second mécanisme assurant ce transfert des richesses vient du contexte néolibéral où presque toute augmentation de la dette publique est contrebalancée par une politique économique d'austérité – imposée de l'extérieur par des institutions internationales (comme la Banque mondiale ou le FMI) et/ou mise en place par les gouvernements. Ces politiques austéritaires liées à la dette génèrent une hausse de l'endettement privé car le financement des besoins de base (par exemple : l'éducation ou les soins de santé) est délaissé par la fonction publique. Les ménages – et donc généralement les femmes, comme nous le verrons dans les prochains chapitres – sont obligés de s'endetter pour assurer leurs besoins fondamentaux et ceux de leurs proches. Ces dettes privées assujettissant toujours plus de personnes assurent également, via les intérêts et remboursements, les profits des banques et autres institutions financières.

La dette, dans sa grande majorité, ne permet pas de réduire les inégalités comme devraient le faire les dépenses des États proclamés démocratiques, mais contribue à rendre les riches toujours plus riches et les pauvres toujours plus pauvres, à l'échelle nationale comme internationale.

Les crises de la dette au service de la consolidation néolibérale

Des logiques communes

Il serait simpliste et erroné de prétendre que les crises de la dette adviennent à cause d'une mauvaise gestion du budget des États, de la corruption, ou encore parce que les populations auraient vécu au-dessus de leurs moyens. Les crises de la dette éclatent lorsque des chocs économiques ou financiers (chute brutale du cours des matières premières, éclatement de bulles spéculatives*, etc.) ont pour conséquence d'assécher les ressources financières des débiteurs, les mettant dans l'impossibilité de s'acquitter de leurs crédits alors que les créanciers paniquent et exigent alors un remboursement immédiat. La cause de ces crises est souvent liée à des comportements risqués, prédateurs et irresponsables des acteurs de la finance. Les banques, entre autres, sont clairement guidées non pas par la nécessité d'une bonne gestion de l'épargne de leur client·es mais par les perspectives de profits que cette épargne est susceptible de générer en étant placée sur les marchés financiers, leur permettant notamment de spéculer sur des titres de dette publique.

Les crises de la dette sont souvent corrélatives d'une hausse forte et brutale des taux d'intérêt et font suite à l'éclatement de bulles spéculatives, dans un contexte où l'endettement est élevé. À partir de la fin de la deuxième guerre mondiale jusqu'à la crise de la dette de 1982, le taux d'endettement de nombreux pays explose car les créanciers du Nord prêtent à tour de bras; ils ont des liquidités tirées du plan Marshall et du commerce du pétrole à placer. Ainsi, en 1979, les ultralibéraux étatsuniens impulsent une brusque augmentation des taux d'intérêt qui quadruple le coût des emprunts, les faisant passer de 3 ou 4 % à 16 à 18 %, politique qui vise à freiner l'inflation et à attirer les capitaux dans les grandes banques américaines. Simultanément, on assiste à une chute globale du cours des matières premières; or les recettes d'exportation des États des Suds reposent principalement sur ce marché. Ces pays doivent donc soudainement rembourser plus avec moins de revenus. En 1982, le Mexique annonce qu'il ne peut plus rembourser sa dette. D'autres États tout aussi étranglés financièrement lui embrayent le pas. La crise de la dette du Sud est déclarée. Comme « créancier de dernier secours », le FMI intervient en octroyant des prêts conditionnés et à haut taux d'intérêt, qui servent en priorité à rembourser les créanciers.

En Europe, ce sont les répercussions de la crise des *subprimes* de 2007 qui, en mettant en difficulté les instituts bancaires européens détenant des actifs* risqués, déclenchent une crise économique. L'explosion de la dette publique européenne est directement liée au sauvetage de ces banques, qui aurait pu être refusé ou effectué partiellement, et au traité de Maastricht de 1992 (confirmé par l'article 123 du traité de Lisbonne de 2007), qui force les États à emprunter non plus auprès de leurs propres banques centrales* ou de la Banque centrale européenne (BCE) mais auprès des marchés financiers, ce qui provoque un surcoût de l'emprunt. Ainsi, alors que depuis 2010 la BCE prête aux banques à des taux de 1 % au maximum, ces mêmes banques prêtent aux États à des taux bien plus élevés, atteignant par exemple près de 4 % pour l'Italie, 5,4 % pour le Portugal, 7,3 % pour la Hongrie et plus de 9,1 % pour la Grèce[1].

1 OCDE, « Taux d'emprunt à long terme, année 2010 » [consultable sur urlz.fr/hqva].

C'est l'État grec qui, après avoir été massivement endetté, suffoque en premier. Estimant son niveau d'endettement inquiétant, les trois principales agences de notation[1] dégradent la note du pays, ce qui génère instantanément une augmentation des taux d'intérêt. Cela augmente le coût de l'emprunt et génère encore une dégradation de sa note, cercle vicieux aboutissant à l'incapacité totale de la Grèce de se financer à long terme sur les marchés financiers et à l'affolement des grandes banques, qui se mettent à exiger le remboursement immédiat. Ainsi commence en 2010 en Grèce la crise de la dette publique, qui justifiera l'intervention de la fameuse « Troïka », créée sans concertation ni base légale, composée du FMI, de la Commission européenne et de la BCE. Cette situation s'étend, dans une moindre mesure, à la majorité des autres pays de l'Union européenne, qui se verront allouer des centaines de milliards d'euros de prêts conditionnés pour honorer les remboursements de leurs dettes publiques et ainsi continuer à rétribuer les créanciers. Entre 2008 et 2012, ce sont pas moins de 601 milliards d'euros d'aide directe et 5 293 milliards de garanties publiques (c'est-à-dire de promesse de soutien de la part des États dans le cas où les actifs détenus par les banques perdraient en valeur) qui sont alloués par les pouvoirs publics pour sauver les banques. Résultat : les dettes massives du secteur privé (essentiellement des banques et assurances) ont été transférées

1 Les agences de notations sont des entreprises privées qui évaluent la solvabilité et la crédibilité des États et entreprises émettant des titres de dette (appelés également « obligations »). Depuis les années 1970, elles sont payées par les émetteurs d'obligations eux-mêmes et non plus par les créanciers. Ces notations qu'elles attribuent évaluent la « confiance » en la capacité des créanciers de rembourser leurs dettes, mais peuvent se révéler totalement fausses : la banque Lehman Brothers était ainsi très bien notée avant sa faillite.

vers le secteur public (les États) sans que ce dernier en profite pour prendre le contrôle du secteur financier afin d'en changer les pratiques. On assiste ainsi dans quasi toute l'Europe à une privatisation des bénéfices, à une socialisation des pertes et au maintien du système qui sous-tend cette logique. Les banques très rapidement rétablies recommençant leur *business as usual*[1].

Les peuples à l'épreuve de l'ajustement

C'est donc au moment où les pays sont au bord du défaut de paiement* qu'entrent en scène, comme créanciers de dernier recours, le FMI et la Banque mondiale aux Suds et la « Troïka » en Europe. Leurs logiques d'intervention sont quasiment identiques : leurs prêts servent à assurer en toute priorité la reprise des remboursements et sont conditionnés à des réformes macroéconomiques*[2] – plans d'ajustements structurels (PAS) aux Suds et austérité au Nord – génératrices de récession et dès lors de nouveaux cycles d'endettement... La boucle est bouclée. Systématiquement, à chaque crise de la dette, les profits des créanciers privés (banques, assurances, fonds d'investissement...) sont prioritaires face aux besoins vitaux des populations. Où que l'on vive, le sauvetage des intérêts des actionnaires prévaut sur l'intérêt général. Progressivement, c'est à toute l'Europe qu'au nom du remboursement impératif

1 Éric Toussaint, Daniel Munevar, Pierre Gottiniaux, Antonio Sanabria, « La dette au Nord », dans *Les chiffres de la dette 2015*, CADTM [consultable sur urlz.fr/hqvH]. Voir aussi : Aline Fares, Chiara Filoni, Patrick Saurin, Jean-Marie Harribey, « Socialiser les banques et reconnaître leur responsabilité dans la crise », *Cahier de revendications communes sur la dette et la nécessité d'un réel contrôle citoyen sur la finance au niveau européen*, 2020 [consultable sur urlz.fr/hqvQ].
2 Susan George, *Jusqu'au cou. Enquête sur la dette du tiers monde*, Paris, La Découverte, 1988.

des créances publiques est imposée une véritable course à l'austérité, devenue la norme depuis 2011-2012 et encore amplifiée par la crise du Covid-19. Les principales mesures austéritaires sont des répliques des politiques d'ajustement structurel imposées aux Suds.

L'ajustement structurel en sept mesures

Privatisations et coupes budgétaires : Les entreprises publiques et les services qu'elles assurent (eau, télécommunication, éducation, santé, services sociaux, transport, etc.) soit sont complètement privatisés, soit connaissent des réductions drastiques de leurs financements pour générer des économies budgétaires destinées au remboursement. Cette mise sur le marché de biens et services de base ou la diminution de leur prise en charge par l'État renchérissent leur coût, les rendant dès lors inaccessibles pour les franges de la population les plus pauvres.

Le « tout à l'exportation » : Les exportations, principalement de matières premières et de produits agricoles, sont développées au maximum au moyen d'un extractivisme* toujours plus brutal, afin de procurer les devises nécessaires au remboursement de la dette. Cette « logique » pousse des régions entières à produire pour le marché international ce qu'elles ne consomment pas et à consommer ce qu'elles ne produisent pas, mettant ainsi à mal la sécurité alimentaire de communautés entières.

Dévaluation de la monnaie locale : Cette mesure a pour but de favoriser les exportations en rendant les produits issus du pays concerné moins chers et donc plus compétitifs sur le marché mondial. Cela doit permettre, à terme, de faire entrer dans le pays des devises nécessaires au paiement de la dette. Cependant, la dévaluation, d'une part, en entraînant une explosion des prix des produits importés sur le marché local (il faut plus de monnaie locale pour se procurer un même bien importé), sape le pouvoir d'achat de la majorité de la population et, d'autre part, en augmentant le coût des intrants nécessaires à l'agriculture, à l'industrie et à l'artisanat, en majorité issus de l'importation, entrave les capacités de production des pays. La dévaluation, synonyme d'inflation et de récession (ralentissement de l'activité économique), provoque logiquement l'indignation voire la colère des populations.

Augmentation des taux d'intérêt : En outre, cette politique ne fait qu'accroître la récession : l'agriculteur·ice ou l'artisan·e qui doit emprunter pour se procurer les matériaux ou les intrants nécessaires à sa production ne peut plus le faire à cause du renchérissement du crédit. Les prêts hypothécaires à taux élevés, en augmentant le prix de l'immobilier, rendent l'acquisition d'un logement inabordable pour la majorité de la population. Par contre, le capital rentier prospère !

Réformes fiscales favorables au capital : Abandon de la progressivité de l'impôt sur le revenu et système de TVA généralisée pénalisent les populations les plus précarisées. Ces réformes sont censées d'une part augmenter les revenus de l'État via les taxes et d'autre part attirer les investisseurs et ainsi « relancer l'économie ». En réalité, elles sont complètement injustes et augmentent encore les inégalités en supprimant la contribution fiscale proportionnelle au revenu et n'ont en outre que peu – voire pas du tout ! – d'effets positifs avérés sur l'économie du pays.

Libéralisation du commerce mondial et des économies locales : L'ouverture des économies par la suppression des barrières douanières est censée impulser compétitivité et rendement. Elle ne fait en fait qu'instaurer une concurrence déloyale durable au détriment des pays sommés de l'appliquer. Cette concurrence directe des produits importés (se vendant à un prix moindre que ceux pratiqués localement) mène à l'effondrement des économies locales. Elle génère également une multiplication des délocalisations et de l'implantation de multinationales et entreprises étrangères. Sans parler des conséquences écologiques désastreuses pour la planète.

La déréglementation des législations du travail : Afin de maximiser les profits en diminuant les coûts liés au travail, le marché du travail est au maximum libéralisé. Les droits des travailleur·ses sont passés au rouleau compresseur : allongement de la journée de travail, baisse ou suppression de la rémunération des heures supplémentaires, facilitation des licenciements, fin des conventions collectives, limitation du droit de grève, baisse du salaire minimum lorsqu'il existe...

Si elles se révèlent totalement inefficaces en termes macroéconomiques, ces mesures génèrent en revanche systématiquement des désastres sociaux, en accroissant les inégalités et en détériorant les droits humains les plus fondamentaux (à l'alimentation, au logement, etc.), mais aussi l'environnement, soit les conditions mêmes de la perpétuation de la vie sur Terre. Elles n'ont jamais servi l'intérêt général : entre 1992 et 1997, dans de nombreux pays, notamment africains, alors que la part du budget public allouée aux services sociaux de base (la santé, l'éducation, les infrastructures routières et hydrauliques, l'électricité, etc.) se situe entre 4 et 20 %, celle allouée au service de la dette oscille entre 15 et 45 %[1]. Les sommes remboursées aux créanciers ont ainsi contribué, de manière programmée, à accentuer la pauvreté et la destruction des services publics. Entre 2010 et 2018, on constate que la proportion des fonds alloués au remboursement de la dette extérieure* a augmenté de 83 % pour les pays à bas et moyen revenus, passant de 6,71 %

1 Damien Millet et Éric Toussaint, « Les chiffres de la dette 2009 », CADTM [consultable sur urlz.fr/hqzC].

à 12,56 %[1]. En Afrique subsaharienne particulièrement, ils ont plus que doublé. Durant cette période, une vingtaine de pays ont alloué plus de 20 % de leur revenu au service de la dette, et dans certains pays tels que la Jamaïque, l'Ukraine, le Sri Lanka ou l'Angola, plus de 40 % des ressources publiques ont été allouées au remboursement entre 2014 et 2018. Cette augmentation de la proportion des ressources publiques accaparées par le service de la dette n'est pas la résultante d'une baisse de revenus de ces pays, mais la conséquence d'une augmentation des sommes à rembourser.

Parallèlement, les ressources allouées aux services publics ont baissé de 15 % en Afrique subsaharienne et de 18 % en Amérique latine et dans les Caraïbes.

En Europe, suites de la crise, le service de la dette a rapidement commencé à dépasser certaines dépenses sociales : en 2008, le budget de l'éducation et, en 2012, ceux de l'éducation et de la santé cumulés. Il a ainsi quasi doublé en quatre ans. Sans surprise, une part importante des remboursements ne couvre que les intérêts, soit du bénéfice net pour les créanciers, alors que les dépenses publiques chutent, entraînant dans leur sillage une véritable crise sociale. Cette logique du remboursement de la dette avant toute autre nécessité constitue donc une attaque évidente aux droits fondamentaux des populations, et ce en connaissance de cause et à répétition.

En tenant compte également des autres conditionnalités imposées, il est clair que les dettes publiques réclamées peuvent être considérées comme les outils d'un pillage organisé (des

---

1 Iolanda Fresnillo, « Hors service. Comment les services publics et les droits humains sont menacés par la crise croissante de la dette », Eurodad, 2020 [consultable sur urlz.fr/hNan].

ressources naturelles et humaines, présentes et futures, des peuples endettés) et comme une arme au service du néocolonialisme – puisque cet accaparement des richesses induit un contrôle politique. De surcroît, elles sont contraires à toute perspective de justice sociale, d'émancipation autant des peuples que des populations marginalisées, dont les femmes, surtout migrantes, non blanches, indigènes, des Suds, pauvres, mères célibataires, âgées, forment l'écrasante majorité. En cas de crises, ce sont systématiquement ces populations déjà vulnérables qui souffrent en premier des conséquences tandis que les responsables demeurent impuni·es. C'est pourquoi nous affirmons que toutes ces dettes sont illégitimes, illégales, odieuses, insoutenables financièrement et écologiquement et que la majorité d'entre elles ne devraient pas être remboursées.

Toutes les mesures présentées précédemment s'attaquent au soutien public à la reproduction sociale, aux mécanismes de solidarité collective, à l'accès à l'emploi et au revenu, et, plus largement, aux moyens d'existence. Les personnes en dépendant ou y exerçant des rôles importants sont donc particulièrement touchées. Dans l'actuel contexte patriarcal, nous pouvons sans difficulté concevoir que les femmes, et surtout certaines, sont impactées encore plus spécifiquement, de par leur rôle dans ces différents domaines de la société et de la vie et leur positionnement au sein des rapports sociaux de classe, de « race » et de genre. La suite de ce livre se consacre à décortiquer dans leurs multiples manifestations plusieurs de ces impacts genrés de la dette.

COMMENT LA DETTE ATTAQUE L'EMPLOI ET L'AUTONOMIE ÉCONOMIQUE DES FEMMES

DES INÉGALITÉS PROFESSIONNELLES ENTRETENUES PAR LA DETTE

Discriminations structurelles et spécificités de l'emploi « féminin »

Apports féministes à la notion de travail

L'autonomie économique des femmes se réfère à leur capacité à pourvoir elles-mêmes à leurs besoins ainsi qu'à ceux des personnes dont elles ont la charge, et à décider de la meilleure façon d'y parvenir, que cela soit à travers le salariat, l'autosuffisance ou toute autre forme d'organisation individuelle ou collective. L'autonomie économique et le travail salarié de qualité sont reconnus comme étant des facteurs importants, mais certainement pas les seuls, dans le processus d'*empowerment* – notion synonyme à celle d'autonomisation. L'*empowerment* se réfère en substance au processus par lequel une personne ou une collectivité se libère, s'affranchit d'une situation de sujétion ou de dépendance, acquiert plus de pouvoir, notamment grâce à une évolution des conditions sociales, économiques, culturelles...

De nombreuses études démontrent que l'emploi joue un rôle décisif, bien qu'insuffisant à lui seul, dans la réduction de la pauvreté. À titre d'exemple, en Amérique latine et aux Caraïbes, l'augmentation de 15 % du nombre de femmes ayant un travail rémunéré entre 2000 et 2010 a permis de réduire l'extrême pauvreté dans la région d'environ 30 %[1]. Aux États-Unis, si les femmes étaient rémunérées au même niveau que les hommes (à un niveau de qualification et à des âges comparables), le taux de pauvreté des femmes actives et de leur famille serait réduit de moitié[2]. Cependant, les femmes font face à de multiples inégalités, restent sujettes à de nombreuses exploitations, et représentent la majorité des travailleur·ses pauvres[3].

Dans le cadre d'une société capitaliste, l'accession aux moyens de subsistance est très fortement conditionnée à l'obtention de revenus et donc, généralement, à l'exercice d'un travail rémunéré. Ce dernier étant criblé d'inégalités, il est nécessaire de s'intéresser aux rapports de domination qui le traversent. L'un des immenses apports des écrits féministes fut d'élargir la notion et la conception de travail, d'en repousser les limites, de démontrer que ce qu'on y inclut est le fruit de constructions sociales et de rapports de force, et ainsi d'en politiser les aspects invisibilisés[4]. Le travail est à la fois influencé par les normes de genre et contribue à les créer en reproduisant les inégalités à travers son organisation et sa distribution.

1 « The Effect of Women's Economic Power in Latin America and the Caribbean », Banque mondiale, 2012 [consultable sur urlz.fr/hyjc].
2 Francesca Rhodes, Anam Parvez et Rowan Harvey, « Une économie au service des femmes. Vers une plus grande autonomisation économique des femmes dans un monde en proie à l'accroissement des inégalités », Oxfam, mars 2017, p. 6 [consultable sur urlz.fr/hrUu].
3 Laura Addati, Florence Bonnet, Ekkehard Ernst, Rossana Merola et Pei Man Jessica Wan, « Les femmes au travail. Tendances 2016 », Organisation internationale du travail, p. 11 [consultable sur urlz.fr/hrs2].
4 John Krinsky et Maud Simonet, « Déni de travail : l'invisibilisation du travail aujourd'hui. Introduction », *Sociétés contemporaines*, n° 87, 2012.

Le travail est souvent assimilé de manière réductrice au travail salarié. Or, il se joue aussi dans la sphère privée[1]. Cela dit, la focalisation de nombreux·ses chercheur·ses et militant·es sur ce travail dans la sphère privée et le désir, la nécessité, de s'en affranchir les ont parfois éloigné·es d'une autre exploitation spécifique, elle aussi invisibilisée : le travail de type domestique « salarié » mais sous-payé, pris en charge en majorité par des femmes pauvres et/ou racisées. Le travail ne se restreint donc pas à des rapports de classe mais est aussi traversé par des rapports de « race » et de genre présents tant au sein du travail rémunéré que dans l'intime du quotidien.

Quand des crises économiques éclatent, c'est souvent en premier lieu le travail rémunéré qui est affecté : sa quantité, sa distribution et sa qualité. Certaines conséquences s'inscrivent dans le temps et renforcent des inégalités déjà existantes, ou alors génèrent de nouvelles réalités, parfois inédites. Bien qu'elles se manifestent de manières différentes selon la région ou le contexte, de nombreuses conséquences sont communes, comme on le voit encore avec l'actuelle crise socio-économique qui fait suite à la pandémie, dans la continuité de décennies de politiques d'ajustements.

Les ségrégations professionnelles

Bien que la moyenne mondiale soit difficile à estimer, l'inégalité salariale, tous types d'emplois confondus, stagne entre 20 % et 30 % et elle atteint 23 % d'après l'Organisation internationale du travail (OIT). Malgré le fait qu'elle soit actée dans

1 Nous traitons plus spécifiquement du travail domestique et gratuit dans le prochain chapitre.

de nombreuses Constitutions, la revendication « à travail égal, salaire égal » demeure ainsi partout un leurre.

Observant des tendances légèrement différentes dans tous les pays, les statistiques officielles montrent que la tendance est généralement à la baisse en Union européenne. Ayant subi une hausse en 2012, l'écart salarial reprend sa très lente diminution ensuite. Les femmes gagnent en 2020 14,1 % de moins que les hommes, tous secteurs confondus. Non seulement cette progression est bien trop lente, mais en plus ces chiffres moyens occultent de grandes disparités selon les situations. La plupart des données, dont celles-ci qui sont tirées d'Eurostat, sont calculées à équivalent temps plein (ETP*) ou sur base du salaire horaire moyen : elles ne tiennent pas compte du fait que les femmes travaillent plus souvent à temps partiel, interrompent leurs carrières... L'inégalité salariale est la plus élevée au niveau des très hautes rémunérations du secteur privé, comme dans la finance, et dans les secteurs à très basse rémunération, particulièrement ceux où les femmes sont majoritaires. À titre d'exemple, en France en 2010, elle s'élève à 27,5 % dans le secteur tertiaire, où travaillent 87 % des femmes employées. La diminution dans ce secteur fut bien moins importante que, par exemple, dans le secteur de l'industrie où, entre 1995 et 2010, elle passe de 28 % à 19 %. Il est intéressant aussi de souligner, comme le fait l'Observatoire des inégalités, que l'écart est en général mesuré du point de vue masculin : combien *les femmes gagnent en moins* est calculé sur base du salaire des hommes. En partant du salaire des femmes, c'est-à-dire pour calculer *combien les hommes gagnent en plus*, l'écart en pourcentage est bien plus important. On s'explique. Les pourcentages ne sont pas réversibles : si un homme gagne 100 euros et une femme 83,2 euros, c'est 16,8 pourcents ou euros de moins que lui ; mais si l'on prend le salaire de la femme comme référence, alors lui gagne 20,3 % de plus qu'elle. L'Observatoire des inégalités remarque que c'est systématiquement le chiffre apparaissant le plus bas qui est utilisé dans les débats publics[1].

Plusieurs images permettent d'expliquer ces inégalités ; par exemple, la métaphore du « plancher collant » illustre le fait que la plupart des femmes restent systématiquement confinées dans les emplois les moins rémunérés, les plus ingrats, les moins qualifiés et valorisés et avec des contrats à temps partiel ou à durée déterminée souvent très précaires. Simultanément, les femmes se heurtent à ce que l'on appelle le « plafond de verre » : elles ne peuvent pas ou très difficilement atteindre les sphères les plus valorisées, les plus qualifiées – et dès lors les plus rémunérées – de leur secteur d'activité. Ces deux phénomènes illustrent la ségrégation verticale, dite aussi occupationnelle, de l'emploi féminin. À l'échelle mondiale, moins d'un tiers des postes de cadres supérieurs et moyens au sein des pouvoirs publics, des entreprises et des institutions sont occupés par des femmes[2]. Dans le domaine de la santé, où elles représentent globalement environ deux tiers de tous les effectifs, plus on monte dans la hiérarchie, moins on trouve de femmes : les données pour les États-Unis indiquent que 36 % des médecins et des chirurgien·nes sont des femmes, alors qu'elles comptent pour 90 % du personnel infirmier[3]. Qu'importent les domaines d'ac-

1 Observatoire des inégalités, « Les inégalités de salaires entre les femmes et les hommes : état des lieux », 5 mars 2021 [consultable sur urlz.fr/8WmO].
2 Organisation internationale du travail, « International Standard Classification of Occupations. Structure, Group Definitions and Correspondence Tables », 2012 [consultable sur urlz.fr/ht87].
3 ONU Femmes, *Les progrès des femmes dans le monde 2015-2016. Transformer les*

tivité, les hauts postes restent l'apanage des hommes, faisant de ces emplois dits à responsabilités de véritables *boys clubs* de « mâles dominants ». Il y règne un entre-soi masculin où la culture, les règles et les codes ont été façonnés par et pour les hommes. Les réseaux de pouvoir, souvent informels, s'appuient sur cette socialisation masculine et les relations qui peuvent y être tissées de longue date, ce qui en renforce l'inaccessibilité.

Dans la même logique, l'emploi des femmes est également caractérisé par une ségrégation horizontale, ou sectorielle. Alors qu'elles obtiennent généralement de meilleurs résultats scolaires que les hommes, les femmes sont très souvent maintenues dans des filières professionnelles socialement et économiquement moins valorisées. Elles sont ainsi majoritairement orientées vers des métiers de services ou de soins où les compétences professionnelles ne sont pas reconnues mais considérées comme des qualités féminines « naturelles », innées (écoute, patience, attention à l'autre). Les emplois associés à la force physique, à la prise de risques et au pouvoir de décision sont quant à eux jugés plus « masculins ». Même la rationalité – par opposition à l'émotivité – est considérée comme une caractéristique essentiellement « masculine », se rencontrant dans les professions à dominante masculine comme celles de l'ingénierie ou des technologies de l'information et de la communication. Le type d'études supérieures que suivent les un·es et les autres contribue aussi activement à alimenter la ségrégation horizontale. Ainsi, les femmes sont incitées à s'orienter vers les sciences humaines et sociales alors que les hommes ont tendance à se spécialiser dans des domaines techniques et scien-

---

économies, réaliser les droits, New York, ONU femmes, 2015, p. 90 [consultable sur urlz.fr/ht8c].

tifiques qui bénéficient de niveaux de rémunération beaucoup plus élevés.

Dans les pays des Suds, les femmes sont également confrontées aux inégalités salariales. Dans le secteur de la vente et des services, où elles sont surreprésentées, l'écart de salaire s'élève à plus de 40 % en Éthiopie, au Pérou ou au Qatar, avec une moyenne de 30 % pour l'Amérique latine[1]. En milieu rural, non seulement les femmes ont un taux d'activité professionnelle effectivement rémunérée généralement inférieur à celui des hommes (8 % contre 28 % en Équateur et 4 % contre 14 % au Ghana en 2010, par exemple), mais elles sont aussi plus concernées que les hommes par les emplois à temps partiel, saisonniers et faiblement rémunérés. L'effet cumulatif engendre des écarts salariaux significatifs en zones rurales : environ 36 % en Équateur et quasiment 60 % au Ghana. Cela est entre autres dû à une reconnaissance du niveau d'instruction et d'expérience professionnelle inférieure, ce qui impacte également négativement leur pouvoir de négociation[2]. Selon l'OIT, dont les analyses ne semblent pas trouver de corrélation entre développement économique et diminution de l'écart salarial[3], la croissance économique seule ne permettra pas de réduire cette disparité des revenus.

Sachant qu'il ne peut être calculé de manière totalement fiable que pour les emplois salariés, l'écart salarial est sûrement

1 Lovisa Moller et Rachel Sharpe, « Women as "Underutilized Assets": A Critical Review of IMF Advice on Female Labour Force Participation and Fiscal Consolidation », Actionaid, 2017 [consultable sur urlz.fr/ht8t].

2 « Le rôle des femmes dans l'agriculture », dans *La situation mondiale de l'alimentation et de l'agriculture 2010-2011*, Organisation des Nations unies pour l'alimentation et l'agriculture, 2011 [consultable sur urlz.fr/ht8G].

3 Laura Addati, Florence Bonnet, Ekkehard Ernst, Rossana Merola et Pei Man Jessica Wan, « Les femmes au travail. Tendances 2016 », *op. cit.*

sous-estimé, car c'est précisément dans l'emploi non déclaré (à son compte ou non) qu'il est le plus prononcé. En Afrique subsaharienne, c'est d'ailleurs cette forme d'emploi qui est la plus courante, surtout chez les femmes.

La maternité continue également de sanctionner financièrement les femmes : où que ce soit dans le monde, celles qui ont des enfants font davantage l'objet d'inégalités.

Le surtravail et sous-emploi des femmes

L'une des inégalités professionnelles les plus évidentes et à l'origine non seulement de la persistance, voire de l'augmentation, mais aussi de la sous-estimation des inégalités salariales est la surreprésentation des femmes, notamment les mères et les migrantes, dans les postes à temps partiel. La majorité des temps partiels concernent des emplois à bas, voire très bas salaires comme l'aide à la personne, le nettoyage, les assistantes maternelles, les caissières...

Le temps de travail est aujourd'hui l'un des facteurs les plus importants de l'inégalité économique et de toute une série de mécanismes qui alimentent la persistance des dominations structurelles. Certains secteurs – peu qualifiés – n'offrent que du travail à temps partiel et, inversement, les emplois mieux rémunérés et valorisés ne sont pas toujours disponibles à temps partiel, ce qui pénalise les femmes, particulièrement celles des classes populaires ou les mères. Le fait que ces emplois mal payés soient la seule option pour un grand nombre de femmes peut être compris comme une perpétuation de la conception du travail et du salaire d'appoint, qui ne considère pas les femmes comme des travailleuses à part entière méritant une autonomie économique équivalente à celle des hommes. Ces emplois se développent d'autant plus avec le tournant néolibéral et contribuent à la création d'une « poche de pauvreté féminine[1] » qui perdure aujourd'hui.

En concentrant les femmes dans les métiers qui contribuent à la reproduction sociale et, en même temps, en limitant leurs perspectives d'autonomie financière, le temps partiel illustre l'imbrication des oppressions structurelles. Ainsi, une majorité de femmes, notamment migrantes, se chargent à moindre coût de la reproduction sociale au niveau collectif (dans les services publics, les emplois du *care* et les services domestiques et de nettoyage) comme au niveau familial (les femmes travaillant à temps partiel disposent souvent de ressources financières insuffisantes pour extérioriser le travail domestique, mais sont considérées comme ayant justement assez de temps pour s'en charger...). Les deux s'alimentant, s'en affranchir s'avère une affaire complexe. De plus, comme l'exprime avec justesse Jules Falquet, la prise en compte de la dimension sexuée du travail dévalorisé de reproduction sociale ne l'épuise pas : « Si le "travail dévalorisé" est exercé majoritairement par des femmes, y compris blanches, force est de constater qu'on y trouve aussi des personnes racisées et prolétarisées, y compris des hommes. C'est pourquoi, si une analyse en termes de rapports sociaux de sexe est indispensable, elle est insuffisante sans une réflexion sur les rapports sociaux de "race" et de classe[2]. »

---

1 Roger Herla, « Les femmes sur le marché du travail : comment le temps partiel et les ségrégations persistantes continuent de nourrir les inégalités de genre », *CVFE*, juin 2018 [consultable sur urlz.fr/ht9y].
2 Jules Falquet, « Le capitalisme néolibéral, allié des femmes ? Perspectives féministes matérialistes et imbricationnistes », dans Christine Verschuur, Isabelle Guérin et Hélène Guétat-Bernard (dir.), *Sous le développement, le genre*, Marseille, IRD éditions, 2015.

Au centre des inégalités professionnelles se trouve précisément la dévalorisation de la reproduction sociale et des soins en tant que tels, conséquence et condition du capitalisme patriarcal entretenues autant par les normes intériorisées que par les États, leurs lois et décisions.

Cette très forte présence des femmes dans certains secteurs, notamment ceux dits du *care* (soins, éducation, nettoyage...), et métiers moins valorisés socialement s'explique par la division sexuelle du travail, qui assigne les individu·es à des rôles et des activités plus ou moins rétribuées en fonction de leur sexe assigné, et non pas de leurs aptitudes ou envies. Elle se manifeste par l'assignation des femmes au travail gratuit de reproduction et à des professions qui constituent une prolongation de ces rôles domestiques arbitrairement impartis aux femmes depuis des siècles. En effet, aux Suds comme au Nord, le taux de participation des femmes au marché du travail salarié est dépendant de l'expansion du secteur de la domesticité. En Amérique latine et dans les Caraïbes, le travail domestique rémunéré fut à l'origine de 22 % de la croissance de l'emploi des femmes. Globalement, entre 1995 et 2010, ce secteur s'est accru de 20 millions de travailleur·ses, pour atteindre 53 millions en 2015, dont 83 % sont des femmes, parmi lesquelles une part non négligeable de filles de cinq à dix-sept ans dont la majorité ne bénéficient pas de réglementations juridiques encadrant le nombre d'heures de travail et subissent des maltraitances parfois fatales. C'est le cas par exemple au Liban, où, à cause des conditions de travail atroces et d'une absence totale de perspectives, plusieurs migrantes meurent chaque semaine, souvent en tentant de s'échapper ou en se suicidant. De plus, la division genrée du travail structure la répartition entre les lieux d'activité : tandis que les hommes s'affirment dans l'espace public tout en captant les fonctions à plus forte valorisation sociale (politiques, économiques, religieuses, militaires, etc.), les femmes restent cantonnées à des occupations du cadre privé. Cette division n'a évidemment rien de « naturel », comme le prétendent les discours antiféministes ou conservateurs, mais est le fruit d'une construction historique qui non seulement sépare mais hiérarchise les activités en fonction de leur association à un genre.

Cette répartition déséquilibrée génère toute une série d'inégalités sur le marché du travail, dont le maintien d'un taux d'activité des femmes plus bas et des revenus inférieurs à ceux des hommes. Mais il y a plus, car elles font face à une double exploitation : dans leur travail salarié, comme nous venons de le voir, mais aussi dans leur travail domestique, qui a pour caractéristique d'être gratuit, invisible et dévalorisé. Le cumul de travail rémunéré et non rémunéré génère des journées de travail plus longues que celles des hommes, ce que l'on nomme « double journée de travail ». Les stéréotypes, constructions sociales et privilèges ont la peau dure ; qu'elles aient un emploi ou non, les femmes continuent à être assignées à la responsabilité du bien-être, du ménage, à la cuisine, au soin aux enfants, etc., ce qui accentue sans cesse leur charge mentale et de travail gratuit. À l'heure actuelle, dans le monde, une femme travaille en moyenne l'équivalent de quatre années de plus que les hommes, soit un mois de plus par an tout au long de la vie, et ce en touchant néanmoins des pensions (là où elles existent…) structurellement inférieures : jusqu'à 41 % en France ! Dans de nombreux pays des Suds, et de plus en plus partout sur la planète, on parle même de la « triple journée de travail » – c'est-à-dire cumulant deux emplois en plus du travail domestique.

L'inégalité de genres varie selon les pays : si en France les femmes effectuent environ deux fois plus de travail gratuit que les hommes, en Espagne et en Argentine c'est trois fois plus, et en Inde c'est même dix fois plus. Cette prise en charge démesurée par les femmes du travail reproductif affecte leur qualité de vie et leur bien-être.

Paradoxalement, les femmes effectuent donc un surtravail tout en demeurant en situation de sous-emploi, cantonnées à certains secteurs avec peu de rétribution matérielle et de reconnaissance sociale, surtout pour certaines. Or c'est précisément dans les secteurs à forte prépondérance féminine que s'opère une spectaculaire précarisation[1] de l'emploi du fait des crises économiques.

Alors que le taux de participation des femmes était, durant la majeure partie du XXe siècle, modéré et concentré dans l'agriculture, il augmente et se diversifie à la fin du siècle, passant par exemple de 30-40 % à 50-70 % en en Asie du Sud-Est. Cela change la manière dont les femmes sont impactées par les mesures macroéconomiques et les réformes du travail. Notons qu'en 2006, pour la première fois dans la plupart des régions du monde, le secteur de l'agriculture perd sa place de pourvoyeur principal de l'emploi des femmes au profit des services (42,4 % de l'emploi féminin global); la fonction publique représente également un important vivier de l'emploi féminin.

1 Au sens de rendre vulnérable à une situation d'instabilité, d'insécurité, qui se manifeste le plus souvent en termes socio-économiques. La précarité est ici « une inscription sociale dans un rapport de domination ». Voir Régis Pierret, « Qu'est-ce que la précarité ? », *Socio*, n° 2, 2013 [consultable sur urlz.fr/hyG5].

C'est dans ce contexte que les femmes affrontent d'abord les plans d'ajustement structurel de la fin du siècle dernier puis l'austérité, quasi constante.

La destruction de l'emploi et des revenus des femmes

Tou·tes dans le même bateau ?

Le tournant néolibéral imposé à coups de « *There is no alternative*[1] » laisse la place au XXIe siècle aux « nous sommes tous dans le même bateau » des crises socio-économiques. Les instances décideuses hypocrites invitant à se serrer la ceinture semblent oublier que, dans les bateaux, tout le monde n'est pas logé à la même enseigne et que certain·es se noient déjà dans les cales ! Les femmes, par leurs positions spécifiques sur le marché du travail et au sein des chaînes de production, sont aux premières loges des nombreuses conséquences des crises et ajustements structurels sur l'emploi et les revenus. Bien qu'elles n'aient jamais été aussi actives, elles n'ont jamais été aussi pauvres non plus.

Avec la dévalorisation de la reproduction sociale et la division genrée du travail qui alimentent la concentration des travailleuses dans les secteurs de l'économie moins rémunérateurs, sous-valorisés, moins protégés par la sécurité sociale, les femmes se trouvent dans une situation moins avantageuse pour affronter les conséquences des crises de la dette. Signalons également que celles du XXIe siècle ont lieu dans un contexte

1 « Il n'y a pas d'alternative. » Slogan célèbre de Margaret Thatcher, Première ministre du Royaume-Uni de 1979 à 1990.

légèrement différent des précédentes : une plus grande participation des femmes au marché du travail, notamment dans les secteurs tertiaires ; une majorité de ménages dépendant vitalement de deux revenus.

Réduction des budgets et emplois publics : l'austérité pénalise les femmes

Les ajustements structurels imposés aux économies des Suds ont détruit les emplois rémunérés des femmes et signé leur perte d'autonomie économique. Depuis plus de dix ans, les mêmes dynamiques se reproduisent au Nord. Aux mêmes pseudothérapies, les mêmes effets toxiques, comme avaient pourtant tenté de mettre en garde plusieurs mouvements sociaux, dont le CADTM.

Dès les années 1980, des coupes considérables dans les dépenses publiques sont imposées à de nombreux pays en difficulté de remboursement, ce qui provoque une baisse nette de l'emploi salarié dans le secteur public, administratif, ainsi que de l'activité rémunératrice agricole des femmes[1]. En effet, les institutions financières internationales imposent après la crise de la dette des licenciements massifs dans la fonction publique, source principale d'emploi formel pour les femmes dans de nombreux pays. Par exemple, des « rationalisations budgétaires » importantes dans les dépenses publiques sont mises en place dans le cadre du plan d'ajustement structurel indien[2]. 6,6 millions de personnes sont renvoyées des services

1 Attac, *Quand les femmes se heurtent à la mondialisation*, Paris, Mille et une nuits, 2003.
2 Vibhuti Patel, « Women and Structural Adjustment in India », *Social Scientist*, vol. 22, mars 1994.

publics jugés non rentables. Il s'agit notamment des secteurs nationalisés du textile, représentant de 7 à 9 % des pertes, et du secteur de la santé, où l'on voit le ratio infirmièr·e/patient·es passer de 1 pour 5 à 1 pour 15 (certain·es parlaient de 1 pour 40 en pratique). Les programmes environnementaux de gestion des forêts et des décharges, le combat contre la désertification, d'une part, et les programmes de cuisinières écologiques et moins nuisibles pour la santé (pourtant promus tant par le gouvernement que la Banque mondiale) d'autre part, subissent quant à eux des coupes de respectivement 23,5 % et 18,5 %.

De la même manière, en Serbie, le programme de « meilleure gestion » et de « rationalisation » des secteurs publics, imposé en contrepartie d'un prêt octroyé en 2016, a signifié une perte de presque 30 000 emplois et un gel des salaires dans les secteurs publics où les femmes forment la majorité des travailleuses[1]. En Ukraine, ce sont quelques 165 000 emplois dans les secteurs où les femmes représentent 75 % des salarié·es qui disparaissent entre 2014 et 2015 – merci au FMI.

Le ralentissement des activités économiques et de production, consécutif à la crise de 2008, a d'abord frappé les secteurs à prédominance « masculine » (secteur bancaire, du bâtiment, de l'industrie automobile et de la logistique, comme les fort médiatisées restructurations de Renault ou d'Arcelor Mittal). Ceux-ci ont pu bénéficier des plans de relance encore mis en œuvre durant cette première phase de la crise.

La seconde phase de la crise, plus longue et persistante, est quant à elle caractérisée par une réduction drastique des dépenses publiques, similaire à ce qui s'est opéré vingt à

1 Ella Hopkins, « The World Bank and Gender Equality: Development Policy Financing », Bretton Woods Project, août 2019 [consultable sur urlz.fr/htfo].

trente ans plus tôt lors de la crise de la dette des pays des Suds. C'est la période d'austérité, appliquée depuis maintenant une décennie au Nord également, et qu'on peut qualifier de nouvelle norme. L'austérité est principalement imposée aux secteurs financés par les pouvoirs publics (santé, éducation, aide sociale) où les femmes constituent environ deux tiers des effectifs.

Ces pertes d'emplois sont essentiellement imputables au non-renouvellement de contrats à durée déterminée et au non-remplacement à la suite des départs en retraites. La fonction publique, important vivier d'emplois pour les femmes où l'égalité de traitement des travailleurs et des travailleuses est contractuellement assurée, est ainsi laminée. En France, où 60 % des effectifs du secteur public sont des femmes, l'État annonce dès 2008 qu'afin de réduire les dépenses publiques, un départ sur deux à la retraite sera non remplacé. Bien que la suppression de 150 000 postes ETP n'ait finalement pas eu cette ampleur, plusieurs dizaines de milliers de postes par an ont bel et bien été détruits. En 2012, un taux record de 61 % de non-remplacement des effectifs publics a été atteint[1]. Ces coupes franches réduisent les opportunités d'emploi pour de nombreuses femmes et affectent tant la qualité que la charge de travail.

La Grande-Bretagne offre un triste exemple des impacts genrés du sous-financement public des secteurs de la santé. Margaret Thatcher, pionnière du néolibéralisme dans les années 1980, amorçait déjà le démantèlement du National Health System (NHS) en encourageant les services publics, dont les hôpitaux, à fonctionner comme des entreprises : gestion commerciale et

1 Christiane Marty, « Les Françaises ne sont pas épargnées », *Travail, genre et sociétés*, n° 33, 2015 [consultable sur urlz.fr/hyjf].

réduction des coûts via une diminution de la prise en charge de certain·es patient·es, du nombre de lits et des coûts salariaux, mais surtout incitation aux partenariats publics-privés et à la sous-traitance de nombreux services (blanchisserie, cafétérias...). Ces mesures étaient censées améliorer la qualité et l'accessibilité des soins en les rendant plus compétitifs. Mais tout le monde ne peut se payer ces « meilleurs services » proposés par les centres de santé privés, et les employé·es du secteur de la santé ne sont plus protégé·es par leur statut de fonctionnaire. L'explosion de la dette publique à partir de 2008 et 2009 fournit l'excuse parfaite pour la poursuite de ce processus de privatisation, de financiarisation et d'externalisation de la santé publique.

Entre 2011 et 2015, le gouvernement conservateur Cameron annonce la suppression de 400 000 postes[1]. Vu que ce ne sont pas les postes à responsabilité qui sont supprimés, les hommes, déjà minoritaires dans les secteurs en question, sont quasiment épargnés. Dans certains pays comme en Irlande, ce sont les femmes issues des minorités qui sont le plus souvent employées par le secteur public, en tant qu'infirmières, enseignantes ou assistantes sociales, ou encore via les entreprises sollicitées par ces entités publiques (cantines scolaires, nettoyage...). Cette réduction des dépenses publiques (de 40 % en Irlande, et d'environ 12 % en Espagne et en Grande-Bretagne) a supprimé des millions d'emplois et également fait fondre les services publics, rendant la pauvreté ainsi engendrée d'autant plus difficile à surmonter. C'est donc en raison des types de secteurs dans lesquels elles travaillent que les femmes sont plus touchées, mais aussi

1 Christiane Marty, « Impact de la crise et de l'austérité sur les femmes : des raisons de s'indigner et se mobiliser », CADTM, novembre 2011 [consultable sur urlz.fr/htjP].

à cause des types de contrats qu'elles obtiennent. Elles sont en effet majoritaires dans les contrats à durée déterminée (CDD), les emplois temporaires, occasionnels, et saisonniers, où des réductions importantes sont opérées. Leur travail rémunéré, qui est plus susceptible que celui des hommes d'être flexible et occasionnel, les rend plus vulnérables.

Chômage et taux d'emploi des femmes : ce que disent les chiffres

De manière générale, on peut affirmer que, dans la grande majorité de l'UE, le taux de chômage des femmes est invariablement supérieur à celui des hommes, bien que l'écart se soit sensiblement réduit ces dernières années. C'est surtout à partir de 2009 que le chômage augmente, particulièrement pour les femmes jeunes, migrantes ou les mères célibataires. Si l'écart ne paraît en moyenne pas trop catastrophique, il augmente plus quand le taux de chômage total est déjà élevé, et donc le pays déjà touché par la crise. On peut dès lors constater que la dette accentue les inégalités au travail, en particulier celles induites par le patriarcat.

Pour Maria Karamessini, économiste à l'université Panteion de sciences sociales et politiques à Athènes, le taux d'emploi est l'indicateur le plus révélateur de l'impact de la crise sur le marché du travail. Le taux d'emploi fait référence à la proportion des personnes disposant d'un emploi parmi celles en âge de travailler, tandis que le taux de chômage correspond aux personnes de la population active n'ayant pas d'emploi et en cherchant un. Alors que le taux de chômage a commencé à baisser depuis environ 2013, le taux d'emploi des femmes reste invariablement inférieur à celui des hommes, et les ségrégations professionnelles se perpétuent.

Prenons l'exemple de la Grèce, emblématique du désastre social de l'austérité. En 2008, ce pays a un taux de chômage moyen, historiquement bas, de 7,8 %. Cinq ans plus tard, celui-ci atteint son maximum, historique également, avec une moyenne de 27,5 %, celui des femmes étant toujours supérieur, avoisinant souvent le double. En ce qui concerne le taux d'emploi, il connaît une baisse plus importante pour les hommes (12 %) que pour les femmes (6 %) entre 2008 et 2018. Cependant, comme le constate Maria Karamessini, la baisse pour les hommes prend place quasi exclusivement durant la première période d'austérité[1]. En effet, leur taux d'emploi chute fortement de 2008 à 2013 (passant de 80,1 % à 62 %) et remonte vite ensuite (pour atteindre 70,1 % en 2018). Celui des femmes baisse de 2009 à 2013 (passant de 52,4 % à 42,9 %) et remonte ensuite très lentement, voire stagne, n'atteignant en 2018 que 49,1 %[2].

Bien qu'ils rendent comptent d'importantes réalités, ces deux indicateurs – le taux de chômage et le taux d'emploi – ne sont pas suffisants à eux seuls pour réaliser un état des lieux, particulièrement si on le veut sensible aux dominations imbriquées. En effet, ils ne prennent pas en compte les personnes en situation de sous-emploi occupant un emploi à temps partiel (subi notamment à la suite de réductions forcées de temps de travail), celles non recensées sur le territoire national et travaillant de manière non déclarée ou encore, pour le taux de

1 Maria Karamessini, « Les enseignements de la Grande Dépression grecque », *Travail, genre et société*, n° 33, 2015 [consultable sur urlz.fr/hyjj].
2 Statistiques mises à jour par les autrices, l'étude de base utilisant les chiffres jusque 2014.

chômage, celles qui ne sont pas inscrites comme demandeuses d'emploi. Or, le travail à temps partiel, très largement féminisé, a significativement augmenté pendant les deux phases de la crise, et ce partout en Europe.

L'exemple de l'Allemagne est significatif : il démontre à quel point toute analyse des conséquences sensibles au genre de la dette qui se limiterait à la différence par sexe des taux de chômage passe à côté de réalités structurantes du marché du travail des femmes. De fait, l'Allemagne affiche un taux de chômage généralement plus bas que le reste de la zone euro et un taux de chômage féminin légèrement inférieur à celui des hommes. Cependant, concernant le temps partiel, la différence y est énorme : avoisinant 9 % pour les hommes, il représente presque 50 % des contrats des femmes ! Ce qu'il est intéressant de constater, c'est que plus leur taux de chômage baisse (il diminue depuis 2007, passant de 8,8 % à seulement 2,7 % en 2019), plus le temps partiel augmente. L'Allemagne se vante d'un taux de chômage bas, mais y règne en réalité un sous-emploi structurel, symbolisé entre autres par les « boulots à un euro » ! Ces emplois d'utilité publique à temps partiel sont proposés à des personnes au chômage non pas en contrepartie d'un salaire mais d'une petite indemnité n'étant même pas reprise comme cotisation à la sécurité sociale. Ils sont censés contribuer à la réinsertion professionnelle. Les personnes concernées sont immédiatement retirées des statistiques du chômage alors qu'elles perçoivent bien ces allocations et ne travaillent parfois que quelques heures par semaine : il s'agit donc d'un véritable tour de passe-passe statistique ne reflétant en rien la réalité. Si cet exemple est particulièrement flagrant, la logique est valable dans toute la zone euro : lorsque le taux de chômage des femmes baisse, le taux de travail à temps partiel augmente. Par leur prépondérance dans les emplois temporaires et précaires, les femmes ont pendant la crise pourvu de nombreux emplois, donnant l'illusion d'une hausse de leur activité rémunérée en réalité révélatrice d'une plus grande vulnérabilité face aux fluctuations du marché du travail.

Austérité salariale, répercussions patriarcales

Ces pertes d'emploi sont synonymes de pertes de revenus pour les femmes. Leur autonomie économique est d'autant plus mise à mal par une des mesures d'austérité les plus courantes et accompagnant les licenciements dans les services publics : le gel des salaires des fonctionnaires.

La masse salariale dans les secteurs de la santé, de l'éducation et de la fonction publique territoriale représente de fait la part la plus importante des budgets de nombreux pays. Dès la crise de la dette des années 1980, les salaires des fonctionnaires de nombreux pays des Suds sont dès lors traités comme une variable d'ajustement de prédilection pour limiter les dépenses publiques. Encore aujourd'hui, les pays africains particulièrement, mais aussi européens, se voient forcés à réduire drastiquement ou à plafonner leur masse salariale publique pour bénéficier d'aides financières.

D'après l'OIT, les salaires réels ont chuté de 50 % à 60 % dans la plupart des pays africains depuis le début des années 1980[1]. Entre 2010 et 2020, environ cent trente pays ont envisagé la réduction des salaires comme manière de réduire les dépenses

---

1 Oxfam Irlande, « Embracing the Future, Avoiding the Challenge of World Poverty: Oxfam's Response to the World Bank's "Vision" for the Bretton Woods System », juillet 1994.

publiques, faisant d'elle la deuxième mesure la plus courante[1], surtout dans des pays déjà confrontés à de hauts taux de pauvreté. En octobre 2008 un plan de relance de 20 milliards d'euros (dont 12,3 provenant du FMI) pour la Hongrie comprend comme condition le gel des salaires des fonctionnaires pour deux ans et la suppression du treizième mois des retraité·es. La même année, le FMI et l'UE s'engagent à injecter 7,5 milliards d'euros en Lettonie en contrepartie d'une réduction des salaires de 20 % dans la fonction publique. En Espagne, en 2010, les salaires des fonctionnaires ont été baissés de 5 % pour ensuite être gelés l'année suivante et finalement connaître une diminution de pas moins de 7 % en 2012, et ce parallèlement à d'autres mesures comme la réduction du nombre d'heures supplémentaires rémunérables. En France, le gel du point d'indice appliqué depuis 2010 a été reconduit en 2014 et jusqu'en 2017, ce qui a entraîné une perte de pouvoir d'achat évaluée par l'Insee à 7 % entre 2010 et 2014. Ces gels de revenus affectent tou·tes les fonctionnaires mais particulièrement celles et ceux en bas de l'échelle des salaires, où la proportion de femmes est la plus forte[2].

Outre la baisse des financements publics, la privatisation et la financiarisation de ces secteurs et entreprises génèrent des restructurations importantes : licenciements, délocalisations, réductions du temps de travail et augmentations des prix réduisent encore leur pouvoir d'achat.

Tout cela n'est possible qu'à cause de l'omniprésence des logiques patriarcales qui dévalorisent le travail des femmes et

1 Isabel Ortiz, Matthew Cummins, Jeronim Capaldo et Kalaivani Karunanethy, *The Decade of Adjustment: A Review of Austerity Trends 2010-2020 in 187 Countries*, Organisation internationale du travail/université Columbia/The South Centre, 2015, [consultable sur urlz.fr/htSP].

2 Christiane Marty, « Les Françaises ne sont pas épargnées », *art. cit.*

le rendent toujours plus dévalorisable. Ce n'est pas un hasard si ce sont les activités dans lesquelles elles sont majoritaires, et pourtant élémentaires au bien-être collectif et individuel, qui sont considérées comme non prioritaires lors de crises économiques. Le sauvetage de valeurs et fonctions « masculines » (commerce, finance, industrie) se fait aux dépens de celles qui soutiennent la reproduction sociale est systématique. Cela ne fait que renforcer les inégalités professionnelles et la dépendance non assumée du système à un travail de reproduction sociale sous-payé ou gratuit.

Le fait que ce soient elles qui perdent leurs emplois est aussi lié aux coriaces stéréotypes de « l'homme gagne-pain » et de son complément, la « femme au foyer ». À choisir, ce sera donc l'emploi de cette dernière qui sera sacrifié en premier, car son salaire est inférieur et sa perte dès lors moins conséquente pour le ménage. En outre, ce serait à elle, par exemple, de s'occuper des enfants qui n'ont plus accès aux crèches.

Ce retour au foyer qui témoigne de la prégnance d'une norme hétéropatriarcale est parfois encouragé publiquement, par exemple en Hongrie via la xénophobie et la misogynie du gouvernement de Viktor Orbán depuis plusieurs années, ou encore en Corée du Sud en 1997 : en échange d'un prêt de 57 milliards de dollars, ce pays accepte les conditions du FMI d'introduire la « flexibilité de la main-d'œuvre ». Cette obligation a eu pour conséquences des compressions de salaires, des licenciements de travailleur·ses en surplus, etc. À cette époque, sur huit licenciements en Corée du Sud, sept concernaient des femmes. Pour couronner le tout, le gouvernement a ensuite lancé une campagne intitulée « donner de l'énergie à votre mari », encourageant les femmes à soutenir leurs partenaires masculins déprimés en cuisinant et en faisant le ménage[1] !

Principales travailleuses des secteurs impactés par les pertes d'emplois et majoritairement concernées par le sous-emploi et les bas salaires (selon Christiane Marty, 80 % des emplois à bas salaires en 2017 en France sont féminins[2]), la précarité des femmes est structurelle. Elle ne fait qu'augmenter, d'autant plus quand les dépenses à visée sociale (allocations et prestations diverses) diminuent également, comme nous le verrons dans le prochain chapitre.

Notons, enfin, qu'en réduisant le pouvoir d'achat d'une grande partie des populations, les plans d'ajustement structurel et l'austérité entraînent une déprédation de la demande pour les biens produits par des femmes (dans le secteur du textile ou de l'alimentation par exemple) ou des services où elles sont majoritaires (tels que la couture, la garde d'enfants, l'aide aux personnes, le nettoyage), ce qui alimente encore le cercle vicieux de leur perte d'autonomie économique.

Cependant, la perte d'activités rémunératrices des femmes n'est pas seulement une conséquence de la réduction des dépenses publiques : elle est également imputable à un autre aspect central de l'ajustement à l'heure de la mondialisation néolibérale, l'exploitation sans limites des sols et du vivant.

1 Christine Ahn et Kavita Ramdas, « The IMF: Violating Women since 1945 », Institute for Policy Studies, 19 mai 2011 [consultable sur urlz.fr/htkn].
2 Christiane Marty, « Les Françaises ne sont pas épargnées », *art. cit.*

EXTRACTIVISME ET LIBRE-ÉCHANGE : UN DUO DESTRUCTEUR

L'accumulation par dépossession alimente les inégalités

L'un des principaux moyens d'accumulation du capital, aujourd'hui pas moins qu'hier, réside dans l'extraction – souvent définitivement destructive – des « ressources naturelles ».

Le géographe, économiste et anthropologue David Harvey démontre que la mondialisation néolibérale s'opère via la reproduction de procédés historiques ultraviolents d'accumulation primitive, qu'il qualifie d'accumulation par dépossession. Loin de s'arrêter aux enclosures ou à la colonisation, des acteurs financiers avec beaucoup de capital à placer (multinationales, entreprises minières ou de l'agro-industrie, fonds de pension, mafias, mais aussi politicien·nes, etc.) continuent de s'approprier des terres pourtant occupées ou utilisées par des communautés et des fermier·es. Considérées comme des « actifs sous-utilisés », elles sont illégitimement accaparées et exploitées afin d'en tirer une valeur marchande démultipliée. En Amérique latine et Afrique principalement, mais aussi en Océanie et en Asie, elles sont alors principalement utilisées pour de l'agriculture à destination du marché alimentaire ou des agrocarburants. Ces terres peuvent parfois aussi être laissées volontairement en friche avec pour seul but d'alimenter la spéculation, ou encore transformées en zones économiques spéciales. Des millions de personnes ont ainsi été expulsées de leur lieu de vie et de travail à travers le monde, conséquence de la vente de leurs terres, de manière parfois très opaque. Ces expropriations ont souvent lieu dans le cadre de programmes de « développement » ou d'accords de libre-échange qui poussent à la modification des législations foncières : l'État mexicain a par exemple modifié le statut d'appartenance collective des terres indigènes – des communs – en autorisant la vente des terres communales, ce qui accéléré le processus. Mais elles peuvent également être la résultante de procédés carrément illégaux ou soumis à la pression des entreprises et autorités.

L'amplification de cette ruée sur les terres s'opère entre autres dans le sillage de la crise des *subprimes* et ensuite de celle de la dette, qui ont motivé les actionnaires à chercher d'autres domaines de spéculation plus rentables que des produits financiers, peu importe si cela provoque des crises alimentaires et émeutes de la faim, comme ce fut le cas à partir de 2008 en Haïti, au Vietnam, en Inde... De 2008 à 2018, ce sont quelque 30 millions d'hectares – soit environ la superficie de l'Italie – qui ont été ainsi accaparés[1], contraignant les personnes concernées à migrer et trouver d'autres sources de revenus et de subsistance. La récente hausse du cours de plusieurs matières premières agricoles a encore confirmé la tendance de plusieurs régions à être considérées comme les fournisseuses de matières premières, particulièrement agricoles, du monde. La hausse de ces cours va

---

1 Nicolas Sersiron, « L'accaparement des terres est criminel », CADTM, 18 décembre 2018 [consultable sur urlz.fr/htlN].

en général de pair avec une augmentation de l'endettement car les créanciers sont confiants en la capacité de ces pays à obtenir des devises étrangères... mais rien n'est éternel.

Il n'est pas anodin de relever que, parmi les principales « politiques de développement » mais aussi conditionnalités d'emprunts, notamment de la Banque mondiale, figure la mise à profit des sols et sous-sols : la dette est le prétexte parfait pour justifier la mise en place de ces fructueuses dynamiques néocoloniales et écocidaires[1]. Les gouvernements, complices, en tirent un intérêt économique ou alors se plient aux réformes agraires et foncières imposées en contrepartie d'« aides » financières. Ce sont parfois des régions et territoires entiers, du Venezuela à la Grèce, qui sont cédés à des investisseurs privés, principalement occidentaux mais aussi des pays du Golfe, des élites locales ou plus récemment des acteurs publics et privés chinois.

D'après un récent rapport[2], les inégalités foncières sont à la hausse, atteignant des niveaux aussi inattendus que dramatiques, et sont liées à d'autres inégalités, notamment de genre. Du fait de leur place dans les chaînes de production alimentaire, à l'échelle locale et globale, et de leurs positions défavorables en termes de droits fonciers, les femmes sont spécifiquement impactées par ces bouleversements. En tant que productrices, transformatrices, commerçantes et consommatrices mais aussi en tant que détentrices et gardiennes de savoirs, connaissances, semences, territoires, communs..., ce sont elles qui produisent

1 Le dernier chapitre de ce livre est consacré à une lecture écoféministe de ces dynamiques, c'est-à-dire la manière dont l'exploitation des femmes et la destruction des écosystèmes s'inscrivent dans une seule et même logique de domination patriarcale, capitaliste et coloniale du vivant.
2 Ward Anseeuw et Giulia Maria Baldinelli, « Les inégalités foncières au cœur des inégalités sociétales », Oxfam, novembre 2020.

60 % à 80 % des aliments dans de nombreux pays des Suds, et qui garantissent la moitié de la production alimentaire mondiale, notamment des cultures essentielles pour la majorité des populations pauvres : maïs, riz, blé... Si, globalement, la proportion de leur emploi dans le secteur agricole a baissé depuis vingt ans (contre une augmentation dans les services), il reste leur première source d'emploi dans les pays à faible ou à moyen revenu. Pourtant, elles exercent également les activités les plus pénibles, chronophages et mal rémunérées, bénéficient en dernier des « modernisations », sont les plus affectées par la faim et n'ont qu'un accès très limité à la propriété des terres[1], à la succession et aux crédits agricoles raisonnables[2]. Elles sont les actrices centrales, mais aussi vulnérables, des économies locales, car leurs moyens de subsistance, capacités de production, revenus et intégrité physique en dépendent. C'est précisément cela qui est attaqué par les politiques imposées au nom du remboursement de la dette.

Mise à profit des ressources naturelles et exigences d'exportation

Comme nous l'avons vu, le modèle exportateur est préconisé lors des plans d'ajustement structurel pour faire rentrer les devises étrangères nécessaires au remboursement de la dette publique. Des réformes agraires et foncières facilitant

1 Les chiffres sont toutefois très variables, les femmes possédant 8 % du total des terres au Guatemala et jusqu'a 30 % au Pérou. Voir Arantxa Guereña, « Arrachés à leurs terres : terres, pouvoir et inégalités en Amérique latine », Oxfam, novembre 2016.
2 Christiane Marty, Claude Piganiol-Jacquet et Evelyne Rochedereux, « Problématique genre et mondialisation », Attac, 2002.

la transition vers un modèle de monocultures pour l'export sont ainsi imposées. En effet, au nom de la rentabilité, tous les efforts de production doivent être concentrés sur un ou deux produits (par exemple, le coton représentait 84 % des revenus d'exportation du Bénin en 2002) souvent aux dépens des aliments nécessaires à la population : on produit pour le marché international ce qu'on ne consomme pas et on consomme à l'échelle locale ce qu'on ne produit pas. Cette politique, en plus d'incarner un non-sens écologique, représente une perte de souveraineté alimentaire aussi bien à l'échelle nationale que pour les communautés. Et lorsque les cours des matières premières – et donc les revenus qu'elles procurent – chutent ou qu'un autre facteur (climat, situation économique des pays importateurs, etc.) vient perturber ce fragile équilibre, les perspectives se limitent souvent à des situations de famine ou à un endettement supplémentaire du pays. Ces politiques d'exportations entretiennent une dépendance de ces pays vis-à-vis de l'extérieur et profitent à des investisseurs étrangers qui peuvent ainsi forcer l'importation de leurs propres produits. Elles sont ainsi bel et bien synonymes de néocolonialisme.

Pour les femmes, ces transformations des cultures entraînent une perte d'accès aux parcelles qu'elles cultivaient sans pouvoir prétendre à de quelconque compensation, car le droit d'usage des terres n'était souvent pas formalisé en acte de propriété pour elles. De plus, l'implantation de cultures de rente destinées à l'exportation signifie le déplacement des cultures vivrières vers des terrains marginaux toujours plus éloignés, moins accessibles et moins fertiles, et donc une accentuation de la charge de travail (temps de trajet, baisse de productivité), des risques pour les agricultrices (violences subies lors de ces trajets, infractions sur des terres désormais privatisées sans qu'elles le sachent...), ainsi qu'une menace envers la sécurité alimentaire et donc la santé des femmes et des filles, ces dernières étant les groupes sociaux les plus touchés par la malnutrition en milieu rural[1].

Le plan d'ajustement structurel de 1991 imposé à l'Inde pour faire face à son déficit de paiement transforme les modèles de production. Vibhuti Patel, économiste indienne spécialiste des questions d'inégalité de genre, dresse un constat accablant de ses conséquences sur les femmes. L'agriculture de subsistance (riz, millet, maïs) cède la place à la culture de rente (champignons, fleurs) et des entreprises transformant les denrées alimentaires s'établissent avec des partenariats étrangers. La transformation et l'exportation à tout va des matières premières impacte aussi d'autres activités qui en dépendent comme le tannage, le filage, l'artisanat ou le commerce. Plusieurs études démontrent que ce type de transition conduit invariablement à des pertes d'emploi, et par suite de perspectives d'indépendance économique, pour les femmes[2]. Elles doivent donc parfois combiner ce travail avec un autre emploi agricole, aucune des deux activités ne permettant à elle seule de subvenir aux besoins du ménage. Le travail agricole salarié, pourtant l'une des seules sources d'emploi dans les zones rurales, est dans certaines régions réservé aux hommes, ce qui rend leur situation d'autant plus difficile à surmonter. De plus, quand une famille recentre son activité sur la production agricole de (mono)culture pour l'export plutôt que sur des cultures vivrières, elle produit de l'argent et non de la nourriture. Or, ce

1 Hélène Botreau et Marc J. Cohen, « Inégalités de genre et insécurité alimentaire », Oxfam, 2019, p. 13 [consultable sur urlz.fr/hyjy].
2 Voir par exemple celles recensées par Vibhuti Patel, « Women and Structural Adjustment in India », art. cit., p. 8.

sont souvent les hommes qui contrôlent l'argent, et ceux-ci ont moins tendance à le dépenser pour les besoins du ménage. Cela réduit la position et l'influence des femmes au sein des foyers et de la communauté[1]. Cette vision des sols (et plus largement du vivant) comme des actifs à capitaliser, notamment via l'usage d'OGM et de pesticides et une transition vers l'agriculture productiviste, implique non seulement la perte de territoires – dont des communs, collectifs et auto-organisés comme il y en avait au Mexique ou au Brésil – en tant que tels mais également de leur gestion écologique, de savoirs, pratiques, semences et espèces souvent « gardées » par les femmes.

En conséquence, l'endettement privé augmente. Soit pour survivre après une baisse des revenus, soit pour financer une activité agricole toujours plus chère et telle que promue par l'agro-industrie : semences OGM, pesticides et engrais chimiques... Loin d'apporter des solutions, on déplore de nouvelles maladies et intoxications, et des situations de désespoir amenant au suicide, qui est, à travers le monde, l'une des causes de décès les plus fréquentes pour les agriculteur·ices.

Cette même logique de mise à profit des matières premières favorise également l'implantation de filières extractivistes et de mégaprojets nuisibles. Il s'agit de l'extraction de matières premières (bois, eau, or, coltan, uranium...), de centrales énergétiques comme le barrage hydroélectrique INGA III en République démocratique du Congo, des champs de panneaux solaires au Maroc, des mégaparcs éoliens en Grèce ou encore de colossaux projets d'infrastructure impulsés par la Chine en contrepartie de prêts. Les produits servent souvent aux consommateurs étrangers et

1 « All over the World Debt Injustice Hurts Women most », Jubilee Debt Campaign, 8 mars 2008 [consultable sur urlz.fr/htp3].

les entrepreneurs en tirent de gigantesques profits. Les populations locales, elles, n'en tirent souvent que déplacements forcés (expulsions directes ou conséquences indirectes : désertification, inondation...), destruction de leurs moyens de subsistance (perte de terres agraires, pollutions des eaux et des sols...) et violences.

Ce type de chantiers implique souvent la présence de forces militaires, compagnies de sécurité privées ou autres groupes armés, qu'ils soient chargés d'assurer la mise en place ou la « protection » des projets en question, ou qu'ils cherchent à contrôler les territoires où se trouvent les matières premières. Cela engendre systématiquement des violences, notamment sexuelles, envers les femmes, surtout quand des conflits éclatent. En effet, il est bien connu qu'en temps de guerre, le viol des femmes est non seulement courant, mais planifié et utilisé comme arme : viols et violences publiques et groupées, affaiblissement et humiliation de l'autre, grossesses forcées en vue d'une destruction ethnique et de liens communautaires, esclavage sexuel, transmissions volontaires du VIH... Il est bien connu aussi que de nombreux conflits éclatent précisément à cause de tensions autour du contrôle de matières premières, notamment par des acteurs étrangers. La violence répressive et meurtrière augmente également, notamment envers celles qui s'opposent à ces projets en défendant l'environnement, leurs terres, leur culture et leurs pratiques. D'après le Consortium international des journalistes d'investigation, 3,4 millions de personnes se retrouvent dans des camps de déplacé·es en conséquence des projets de la Banque mondiale[1]. D'autres migrent

1 Sasha Chavkin et Michael Hudson, « New Investigation Reveals 3.4m Displaced by World Bank », International Consortium of Investigative Journalists, 13 avril 2015 [consultable sur urlz.fr/htq4].

à la recherche d'alternatives au sein de « nouveaux » emplois, notamment ceux réputés typiquement féminins : domesticité, production en zones franches, soins ou encore prostitution subie. La Banque mondiale, fidèle à son hypocrisie, se félicite de cette « entrée » des femmes dans « l'économie productive[1] »...

Pour Patricia Muñoz Cabrera et Virginia López Calvo du réseau féministe européen WIDE+, cette perte de contrôle des ressources fait partie des nouvelles formes de violences envers les femmes et les filles engendrées par l'extractivisme promu par la Banque mondiale et le FMI. Les deux autrices estiment que de telles pertes d'autonomie et de contrôle des moyens de subsistance pour elles-mêmes et leurs familles – dont l'eau potable, la terre fertile – ne pourront jamais être remplacées ou compensées financièrement[2].

La compétitivité des économies

D'autres types de mesures sont également mises en place pour prétendument rendre plus compétitives les économies (produits exportés concurrentiels, rentabilité des investissements étrangers...). Elles sont censées générer des revenus pour stimuler le PIB et rembourser les dettes, mais contribuent en réalité également à la perte d'activités de subsistance pour les

1 Pour une analyse critique des stratégies genrées de la Banque mondiale, voir Camille Bruneau, « La farce de la "prise en compte du genre" : une grille de lecture féministe des politiques de la Banque mondiale », dans Éric Toussaint, *Banque mondiale. Une histoire critique*, Paris, Syllepse, 2021, p. 416 [consultable sur urlz.fr/htqF].

2 Patricia Muñoz Cabrera et Virginia López Calvo, « The Globalization of Structural Adjustment Programmes: Lessons from Feminists and Women in the Global South », *European Women's Voice: Women's Economic Independence in Times of Austerity*, 2015, p. 35 [consultable sur urlz.fr/htr8].

populations, et plus largement d'autonomie économique pour les femmes.

La libéralisation de l'économie prônée par les IFI, qui consiste notamment en la suppression des réglementations nationales pour laisser la prétendue « loi du marché » s'appliquer sans contraintes (recul de l'État et soumission à la concurrence internationale, par exemple via la suppression de taxes douanières), cache souvent des mesures profondément interventionnistes mais émanant désormais d'institutions extérieures aux pays. Les États sont par exemple sommés d'arrêter d'intervenir dans les domaines de l'économie nationale qui soutiennent les populations, l'activité économique locale ou la réduction des inégalités, via par exemple le contrôle des prix pour les produits de première nécessité, mais doivent se plier à des régulations qui arrangent la finance et les grosses entreprises, comme la dévaluation des monnaies nationales ou la hausse des taux d'intérêt... Une incohérence outrageante à peine dissimulée !

Trois mesures phares sont imposées par les IFI, chacune générant une augmentation des coûts de production. La première est la suppression de subventions publiques qui, signalons-le, est la mesure la plus répandue de l'ajustement à travers le monde : quasi systématique lors des PAS, elle est ainsi appliquée par cent trente-deux gouvernements entre 2010 et 2020, notamment pour les intrants agricoles et le carburant dans les pays à bas et moyens revenus. Quand ils existent encore, les subsides agricoles sont bien souvent conditionnés à la propriété privée de la terre, socle du capitalisme qui ne concerne que très peu de femmes agricultrices, aux Nords comme aux Suds !

La seconde est la dévaluation des monnaies nationales : censée rendre plus compétitives les exportations, elle est aussi synonyme d'inflation et de taux de change désavantageux rendant l'import plus coûteux. Cela impacte plus durement les petit·es paysan·nes, surtout quand il n'y a plus de subsides ou de contrôle des prix.

La troisième est la hausse des taux d'intérêt, censée stimuler les investissements en rendant l'octroi de crédits attirant pour les créanciers mais, en pratique, le rendant inabordable pour les petits commerces.

Les petites productrices font ainsi face à des difficultés de plus en plus importantes pour avoir accès aux intrants importés nécessaires à leurs activités, qu'elles soient de subsistance ou commerciales. De plus, comme on l'a vu précédemment, comme de nombreux produits finis sont importés, l'inflation renchérit le coût de la vie et de production. Par contre, les détenteurs de devises multiplient leurs richesses en monnaies locales, comme ce fut le cas après la dévaluation du franc CFA[1] initiée par la France et le FMI en 1994. Non seulement les femmes, qui sont les petites productrices majoritaires et dépensent plus pour les ménages, sont affectées très durement, mais les inégalités avec les hommes et les classes dominantes augmentent ! De plus, l'ouverture et la dérégulation économique permettent l'inondation des marchés par des produits étrangers vendus à un prix bien moindre que ceux pratiqués localement (car ils bénéficient des subsides européens, par exemple) ; pour couronner cette insécurité financière et alimentaire en l'absence de contrôle des prix, les produits de base, matières premières et intrants agricoles sont sujets aux fluctuations du marché et

1 Le franc de la Communauté financière africaine, précédemment des « colonies françaises d'Afrique », est la monnaie de quatorze pays d'Afrique centrale et de l'Ouest.

peuvent donc subir des chocs les rendant soudainement plus chers. Cela engendre une concurrence tout à fait déloyale et une perte de revenus indirecte notamment pour les femmes, compte tenu de leur place spécifique dans les chaînes de production. Par exemple, au Sri Lanka, plus de quarante mille femmes ont perdu leur activité rémunératrice après le début de l'importation de tissus en 1977, moins chers que ceux réalisés de façon artisanale. De manière générale, depuis l'ouverture aux importations notamment asiatiques dans les années 1980, du Zimbabwe à la Tanzanie, les filatures ferment successivement leurs portes[1]. La hausse du prix du carburant, nécessaire pour produire (machines agricoles), préparer (cuisson) mais aussi transporter les aliments et marchandises, affecte la rentabilité des activités, forçant à vendre plus cher ou à arrêter tout simplement. De plus, l'augmentation du coût du combustible engendre une hausse des maladies notamment diarrhéiques à cause de la difficulté grandissante d'assainir l'eau en la faisant bouillir assez longtemps. S'ensuit une baisse générale du niveau de vie des populations. De vastes conséquences se font rapidement sentir : émeutes de la faim ou « émeutes anti-FMI » en 1989 au Venezuela tout comme en 1991 au Pérou, où le prix de l'essence a été multiplié par trente et un et celui du pain par douze en une nuit.

En abandonnant leurs activités économiques, les femmes perdent en indépendance : en Afrique du Sud, nombres d'entre elles, précédemment commerçantes à leur compte, sont désormais employées par des hommes étrangers pour vendre des biens Unilever et Nestlé derrière des stands sponsorisés par

1 Third World Network, « Local Manufacturers in Africa Lose out under Liberalization », *Third World Economics*, no 117, 1995.

Coca-Cola ou sont contraintes de migrer. En Haïti, en Côte-d'Ivoire, au Cameroun, en Égypte, au Bangladesh, au Maroc, aux Philippines, les émeutes de la faim de 2008, qui ont déclenché rien de moins que les printemps arabes, portaient au cœur de leurs revendications une baisse des prix des aliments et l'abandon des dogmes et interventions du FMI.

Le constat est clair : non seulement la libéralisation des économies ne profite pas aux femmes et les éloigne de l'autonomie que le modèle néolibéral leur promet, mais elles subissent aussi en premier lieu les impacts des désastres écologiques irréversibles. Au-delà de la désertification et de la pollution des sols ou des eaux, il s'agit aussi de l'utilisation intensive de produits toxiques sur leurs nouveaux lieux de travail industriel. Destructions de l'emploi et des moyens de subsistance contribuent toutes deux, en plus d'une perte de revenus, à une spectaculaire précarisation des conditions de travail. Des Nords aux Suds, la dette expose les femmes à des injustices environemmentales, aux violences économiques, physiques et mentales.

LES IMPACTS GENRÉS DE LA PRÉCARISATION DES CONDITIONS DE TRAVAIL

« Flexibiliser » le travail des femmes

Un fléau mondial

Dans plusieurs pays européens comme l'Espagne ou encore le Royaume-Uni, l'emploi masculin décent se remet plus vite de la crise alors que le sous-emploi des femmes se normalise[1]. Ce phénomène est imputable aux inégalités de genre au sein du monde du travail : ayant généralement moins d'expérience professionnelle valorisable, les femmes sont moins favorisées lors des réembauches. Elles sont, de plus, pénalisées par le recul de nombreux services comme les crèches, les services aux personnes âgées... qui sont réduits ou supprimés, rendant vie familiale et vie professionnelle de qualité de plus en plus difficilement conciliables. Cependant, hormis les quelques pays les plus touchés par la crise et les diktats austéritaires, le taux d'emploi des femmes continue sa lente progression dans les pays de l'Union européenne.

1 Lina Gálvez et Paula Rodríguez-Modroño, « A Gender Analysis of the Great Recession and "Austericide" in Spain », *Revista Crítica de Ciências Sociais*, n° 111, 2016 [consultable sur urlz.fr/httV].

Aux Suds, les conséquences de la crise et des PAS ont un effet paradoxal : d'une part, les coupes budgétaires et les licenciements massifs accroissent le chômage, d'autre part, on encourage l'emploi féminin pour augmenter les possibilités de survie du ménage.

Ainsi, bien que, de manière générale, le taux de participation des femmes au marché du travail rémunéré augmente dans la plupart des régions, on ne peut pas en dire autant des conditions de travail décentes. Leur dégradation figure parmi les plus considérables des conséquences de la dette et de l'austérité sur les femmes.

Depuis les années 1980, cette précarisation du travail des femmes s'opère essentiellement sous deux formes : l'emploi salarié vulnérable (qui concerne 40 % des travailleur·ses du monde[1]) et le travail informel. La frontière est d'ailleurs de plus en plus floue entre les conditions observées dans l'un ou dans l'autre. Combinés avec le travail gratuit, cela explique le taux de participation plus bas des femmes au sein du travail salarié déclaré, mais ne reflète pas leur charge de travail réelle.

Servant la logique néolibérale, les IFI plaident pour la mise en place de réformes touchant à la législation du travail, résumées dans les termes de « flexibilisation de l'emploi ». La flexibilité est présentée comme inéluctable dans un monde régi par une économie mondialisée toujours plus rapide et compétitive : il faut être en mesure de réagir vite à la concurrence et d'adapter la quantité de main-d'œuvre, par exemple en fonction de la demande, afin d'optimiser les coûts salariaux. Les mesures

---

1 Organisation internationale du travail, « Le chômage élevé persistera en 2018 tout comme le manque de travail décent », 22 janvier 2018 [consultable sur urlz.fr/hyjM].

introduites incluent le contrôle des salaires, le sabrage des droits syndicaux (notamment en Europe dès 2008), la déréglementation des horaires, mais aussi la liquidation du droit du travail et des conventions collectives. Ces dernières ont été sujettes à des réformes en Roumanie, en Espagne, au Portugal et en Grèce alors qu'elles jouent pourtant un rôle essentiel et reconnu dans la réduction de l'écart salarial. Le FMI se réserve aussi le droit de s'opposer à la fixation d'un salaire minimum comme cela a été le cas en Argentine. De telles mesures ont été appliquées dans pas moins de quarante-neuf pays des Suds et quarante pays des Nords entre 2010 et 2013.

Si dans de nombreuses régions le taux d'emploi des femmes est relativement élevé, c'est qu'elles occupent en masse des emplois précaires. Partout, des formes d'emplois atypiques (pourtant usuellement considérés comme pénibles ou insuffisants pour vivre) deviennent la norme. Ce qui est flagrant, c'est que la généralisation de la dégradation des conditions de travail touche surtout des secteurs et postes occupés majoritairement par des femmes, notamment la sous-traitance, les services et les soins.

Parfois encensées comme contribuant à une meilleure « conciliation travail/famille », ces formes d'emplois – à temps partiels, de nuit… – souvent non choisies sont en réalité totalement ingérables dans un contexte de manque de crèches et de transports publics de qualité. Censées « booster » l'activité économique en étant « compétitives », elles précipitent de nombreuses travailleuses dans la pauvreté, l'épuisement et l'exploitation, et ce de manière toujours plus normalisée. Quelques exemples permettent de mieux appréhender l'étendue du désastre pour l'émancipation économique des femmes, mais aussi en matière d'intégrité et de santé physique et psychologique.

Zones de libre exploitation des femmes

Les zones économiques spéciales (ZES) sont sans aucun doute l'une des « innovations » emblématiques de l'ordre néolibéral et de la mondialisation. Les conditions de travail y sont généralement déplorables, entre violations des droits les plus élémentaires et exploitation sexiste. Ces territoires néocoloniaux rendent possible une énorme accumulation de capital via l'exploitation des ressources naturelles et surtout la mise au travail des femmes.

En ZES, on engage en effet prioritairement des femmes : selon la Banque asiatique de développement qui elle-même promeut les ZES en Asie, « il est dit que les femmes possèdent les doigts agiles et la patience vis-à-vis des tâches répétitives exigeant beaucoup de main-d'œuvre, généralement réalisées dans les zones franches. En outre, elles sont moins susceptibles que les hommes de faire grève ou de perturber la production par d'autres moyens[1]. »

En Malaisie, au Cambodge, au Mexique, en Thaïlande, au Bangladesh, au Sri Lanka, les femmes travaillent dans des conditions d'une précarité effrayante et sont majoritaires, composant jusqu'à 95 % des effectifs. On constate en outre que leur taux d'emploi baisse quand ces emplois deviennent plus « technologiques[2] ».

Les constructions sociales du capitalisme patriarcal condamnent les femmes à être considérées comme « peu ambi-

1 Deborah Hardoon, « Une économie au service des 99 % », Oxfam, 2017 [consultable sur urlz.fr/hyjQ].
2 Janice Argaillot, « Femmes et emploi dans l'Amérique latine contemporaine : stéréotypes, politiques et identité », *Revue multidisciplinaire sur l'emploi, le syndicalisme et le travail*, vol. 9, n° 2, 2014 [consultable sur urlz.fr/htA6].

tieuses» et «peu coûteuses». Cette dévalorisation systématique de leurs individualités et de leur travail est une aubaine pour les entreprises, surtout en temps de crise économique. Les ZES font partie de l'attirail des mesures des plans d'ajustement structurel, rendues nécessaires pour répondre à l'injonction d'augmenter les exportations et de rendre toujours plus «compétitives» les économies. Elles symbolisent l'accomplissement du processus de «flexibilisation» du travail, nécessitant au préalable destruction d'autres moyens de subsistance, liquidation du droit du travail national et mise entre parenthèses des droits internationaux.

En Amérique latine, les entreprises protégées par les barrières douanières employant une majorité d'hommes ferment boutique et laissent place à de nouvelles entreprises sujettes à la concurrence internationale, qui recourent à une main-d'œuvre féminine et cumulent les aspects de la surexploitation[1]. Des organisations telles que l'OCDE[2] n'hésitent cependant pas à faire l'éloge de ces opportunités de développement ou d'investissements étrangers, qui en plus gonflent les statistiques des femmes «s'émancipant» par le travail! Leur nombre est en rapide expansion et, selon de récentes estimations, on compte plus de 3 500 zones franches réparties dans plus de 130 pays. Elles emploient 66 millions de personnes et génèrent une valeur ajoutée pour les entreprises de 500 milliards de dollars américains[3].

1 Stéphanie Treillet, «L'oppression des femmes dans la mondialisation», *Les Cahiers de critique communiste*, 2003 [consultable sur urlz.fr/htAM].
2 L'Organisation de coopération et de développement économiques (OCDE) est une organisation internationale d'études économiques, dont la grande majorité des trente-huit membres sont des pays riches.
3 «Trade in Counterfeit Goods and Free Trade Zones: Evidence from Recent Trends», OCDE/EUIPO, 2018 [consultable sur urlz.fr/htAS].

Parmi les pratiques courantes et impunies en ZES, on trouve : violences physiques, harcèlements sexuels, viols, tests de grossesse forcés, licenciements de femmes enceintes, insalubrité, contrôle de la vie privée, absence de droits syndicaux, horaires très lourds et flexibles, rétention de salaires... La délocalisation et la sous-traitance ne concernent pas que la production de marchandises, mais aussi les centres d'appels d'entreprises occidentales. Afin de coïncider avec les horaires occidentaux, le travail de nuit y est répandu, ce qui augmente entre autres le risque de subir des violences sur les trajets.

En République dominicaine, les médecins ont relevé que les femmes travaillant dans les zones franches de production font deux fois plus de fausses couches que les autres femmes, mettent au monde deux fois plus d'enfants souffrant d'insuffisance pondérale et trois fois plus d'enfants atteints de malformations[1]. Les femmes sont en moyenne renvoyées de leur poste après trois à cinq ans de travail, considérées comme plus assez rentables à cause de leurs séquelles physiques. Épuisées physiquement et psychiquement, ces femmes connaissent alors d'autres humiliations et discriminations qui entravent leurs possibilités de se construire de nouvelles perspectives : trouver un nouvel emploi ou réintégrer leur communauté peut s'avérer parfois impossible... et elles sont souvent contraintes de se tourner vers l'informel ou la prostitution pour survivre[2]. Le Mexique est souvent cité comme « modèle » emblématique : précarisation et dégradation des

1 Christa Wichterich, *La femme mondialisée*, Arles, Actes Sud, 1999, p. 71.
2 Diane Perrons, *Globalization and Social Change. People and Places in a Divided World*, Londres, Routledge, 2004 ; Attac, *Quand les femmes se heurtent à la mondialisation*, *op. cit.*

conditions de travail y ont été appliquées tôt et brutalement, ainsi que le démantèlement des capacités de production nationales et du droit du travail. Après l'entrée en vigueur de l'Accord de libre-échange nord-américain (Alena) en 1994, on assiste à l'explosion du nombre de *maquiladoras*, des zones frontalières où sont assemblés des biens pour l'export, l'équivalent latino-américain des ZES. Ciudad Juàrez, ville mexicaine à la frontière étatsunienne, est connue comme « la capitale du féminicide », plus de quatre cents femmes y travaillant ont été soit portées « disparues » soit assassinées depuis 1993.

En Inde, le recours à l'emploi en sous-traitance (qui concerne des entreprises situées dans des zones reculées ou le travail à domicile) et au travail de jeunes filles non mariées constitue une stratégie de rentabilité économique assumée pour des multinationales bien connues telles qu'Unilever (agroalimentaire). La nouvelle politique économique du pays, consécutive au PAS du début des années 1990, se fonde entre autres sur la transition d'une force de travail stable à une force de travail flexible, ce qui a en pratique signifié le remplacement des hommes bien payés par des femmes sous-payées. Les activités informelles non indépendantes augmentent, et les travailleuses sont confrontées à des pressions et exposées à des produits chimiques qui, à terme, leur causent des maladies respiratoires, cutanées, oculaires et psychologiques.

Au Kenya, plus de quarante ZES employant plus de 40 000 travailleur·ses produisent près de 10 % des exportations du pays. Dans un contexte de forte concurrence face à l'emploi entre hommes et femmes, ces dernières sont fréquemment contraintes d'avoir des rapports sexuels – souvent non protégés – pour être sûres d'être embauchées.

Pour l'historienne et activiste indienne Tithi Bhattacharya, « ces zones sont la réplique macabre du foyer domestique en régime capitaliste. Comme le foyer, il s'agit d'espaces privés, fermés à toute investigation sociale ou étatique, produisant des objets emblématiques du *social provisioning* (habillement, chaussures, aliments conditionnés, jouets), avec un travail prioritairement féminin, et qui sont le théâtre occulte d'une violence latente[1]. »

La flexibilisation, marque de fabrique de l'Europe austéritaire

Afin d'inciter à la création d'emploi notamment par les entreprises, et ainsi réduire le taux de chômage, on voit à travers l'Europe se généraliser des formes d'emplois de plus en plus incertaines, autant en termes d'horaires que de rémunérations, droits ou accès à la sécurité sociale. Certains pays comme l'Espagne font ainsi marche arrière en ce qui concerne l'égalité des genres au travail : suppression du droit de faire des pauses pour allaiter, des subsides pour l'emploi féminin et des mesures d'incitation qui existaient pour que les entreprises réintègrent des mères qui avaient interrompu leurs carrières.

Le Women's Budget Group – réseau indépendant sans but lucratif rassemblant des femmes chercheuses, analystes politiques et de la société civile – et d'autres chercheuses comme Ruth Pearson ou Jill Rubery ont très bien démontré l'impact genré de la crise de l'emploi dans le secteur du *care* au

1 Tithi Bhattacharya, « Explaining Gender Violence in the Neoliberal Era », *International Socialist Review*, n° 91, 2014 [traduction française consultable sur urlz.fr/htzJ].

Royaume-Uni. Les conservateurs élus en 2010 mettent en place une austérité profonde de dix ans pour éliminer la dette publique colossale consécutive au sauvetage des banques. L'objectif principal : redonner confiance aux marchés et relancer l'achat des titres de dette souveraine. Tous les budgets publics sont soumis à des coupes monumentales (allant jusqu'à les réduire de moitié comme pour la culture), à l'exception de l'aide publique au développement[1] et du National Health System, auquel Cameron promet ne pas toucher. Les travailleuses du NHS (77 % des effectifs en 2015[2]) ont pourtant bien senti le poids de l'austérité sur leurs épaules de moins en moins nombreuses : un réel sous-financement indirect s'opère avec des implications directes sur les conditions de travail au sein du secteur. En effet, dans le cas de la santé, il est normal que ses financements augmentent chaque année : la population croît et vieillit. Or il n'y a pas eu d'augmentation du budget NHS, ce qui est l'équivalent d'une coupe. Les besoins augmentent d'autant plus depuis 2010, année durant laquelle la pauvreté – et donc le besoin d'assistance – a explosé dans le pays. En six ans, six mille maisons de soins ont été fermées, et les prestataires de soins à domicile ont cessé leurs activités dans 60 % des municipalités rien qu'au cours du premier semestre 2018. Les coupes dans le secteur de l'enseignement impactent les études et formations pour le futur personnel soignant : les nouveaux effectifs disponibles ont été réduits de 100 000 personnes en 2010[3]. C'est bel

1 Ce qui laisse entendre que « l'aide » sert bel et bien le développement est bien dans l'intérêt des pays occidentaux.
2 Ruth Pearson, « A Feminist Analysis of Neoliberalism and Austerity Policies in the UK », *Soundings*, n° 71, 2019 [consultable sur urlz.fr/hyjV].
3 Polly Toynbee, « The Tories' Massive NHS U-Turn Won't Undo the Damage They Inflicted », *The Guardian*, février 2021 [consultable sur urlz.fr/hFSR].

est bien une coupe indirecte tout à fait considérable ! Associé à la fin des nouvelles embauches, cela entraîne une augmentation du ratio patient·es/soignant·es et une pénibilité et un niveau d'épuisement plus élevé pour les soignant·es. La décision de ne plus indexer les salaires et la demande formelle faite aux hôpitaux de réaliser des économies – objectif désormais prioritaire à la qualité des soins – renforce la précarité des contrats et salaires. Comme ils sont soumis à des pénalités si trop de personnes sont inscrites sur les listes d'attentes (ce qui est devenu de plus en plus le cas), les hôpitaux envoient leurs patient·es vers des cliniques privées. Les locaux de ces cliniques privées sont aussi parfois loués par les hôpitaux publics, et les soins y sont effectués par le personnel du secteur public ! Un non-sens complet qui contribue à augmenter les frais de gestion et à transférer l'argent public vers le secteur privé. Les généralistes, dont le nombre n'augmente pas significativement, sont toujours plus sous pression à cause des licenciements d'infirmières scolaires, par exemple (il ne s'agit là, évidemment, pas de coupe directe dans le NHS, mais dans l'enseignement ; on respecte sa promesse !).

C'est en vérité une situation de sous financement et de sous effectifs de tout le secteur du *care* auquel fait face la société britannique. Elle engendre pression, surmenage, épuisement du personnel hospitalier, composé en majorité de femmes, mais affecte également les patient·es, notamment les femmes, usagères majoritaires et dépendantes de nombreux services de santé. L'effet cumulatif est désastreux. Avec le Brexit et la pandémie de Covid-19, ce sous-financement désormais structurel est littéralement meurtrier.

En Belgique, les « flexi-jobs » de Charles Michel, malgré les contestations syndicales, sont lancés en 2015 et connaissent depuis un succès croissant : une augmentation de 35 % de 2018 à 2019 ! Ils concernent en particulier les secteurs d'activité de l'hôtellerie, de la restauration, des cafés et des titres-services[1], et sont exercés par une majorité de femmes qui acceptent ces emplois faute d'autres options ou parce qu'elles subissent la pression des organismes de chômage... Ce secteur des flexi-jobs est presque entièrement féminisé (par exemple 96 % de femmes en région bruxelloise en 2019, 98 % de femmes en Wallonie en 2020), et emploie en majorité des femmes d'origine étrangère, résidant dans des communes pauvres et ayant des enfants. Caractérisée par une grande précarité et un temps de travail réduit, la pénibilité est à ce jour non reconnue malgré diverses mobilisations des syndicats et des travailleuses. Les quelques types d'activité effectués généralement par des hommes (jardinage, bricolage) sont, quant à eux, mieux rémunérés... Les flexi-jobs concernent aussi des personnes retraitées dont les pensions ne suffisent pas (les travailleuses y sont en moyenne plus âgées que dans d'autres secteurs, un quart d'entre elles ayant plus de 50 ans), ou sont prestés en plus d'un travail à temps partiel... Souvent de seulement quelques heures par semaine, ces contrats incluent les fameux « contrats zéro », qui ne donnent aucune assurance quant aux nombres d'heures qu'on va effectuer chaque semaine, éventuellement « zéro »... Ils permettent à l'employeur d'annoncer

1 Le système du titre-service est un régime de travail par lequel des entreprises proposent à des particuliers des services (aide à domicile, ménage, repassage...) à prix avantageux, payés à l'aide de coupons (en papier ou dématérialisés) intitulés « titres-services ». Une partie du prix de ces titres-services sera remboursée au client par les impôts.

l'emploi du temps la veille, sans recours possible : un enfer organisationnel, de charge mentale, de stress, d'arrangements parfois inutiles pour de nombreuses personnes, particulièrement les mères célibataires. Il n'y a pas non plus d'obligation à respecter les barèmes ou les salaires minimums, ni d'assurance de pouvoir bénéficier de compléments chômage, de congés maternité ou maladie… Faute de cotisations suffisantes, les personnes qui doivent se plier à ce type de contrats sont parfois privées de protection sociale. Qui plus est, comme les cotisations patronales sont bien plus basses que dans les contrats de travail classiques, ils sont de plus en plus privilégiés par les entreprises. Cela pose un problème structurel de financement de la Sécurité sociale puisqu'ils n'alimentent que très peu ses caisses… alors que ce sont justement les travailleurs et travailleuses qui les subissent qui en ont fort besoin. Au final, la Sécurité sociale puise dans ses réserves pour compenser et permet ainsi l'existence de cette dérégulation totale, encore une fois, aux frais du secteur public et des contribuables et non du patronat qui en profite. Ce choix politique, qui pénalise les plus précaires, alimente encore le cercle vicieux de l'emprunt et de l'austérité.

Il va sans dire que les femmes migrantes, à l'intersection des oppressions de genre, de classe et de « race », sont particulièrement sujettes à ces emplois ; comme elles envoient souvent une grande partie de leur salaire dans leurs pays d'origine, leur situation de pauvreté s'en trouve encore aggravée. Elles font face à de grandes difficultés d'insertion professionnelle et « subissent de plein fouet les ravages d'un vaste projet libéral qui a besoin, pour son bon fonctionnement, de maintenir certaines catégories dans la précarité afin que les concernées servent de variable d'ajustement aux entreprises[1] ». En plus des impasses juridiques pour avoir accès aux services sociaux, il est très difficile pour ces femmes de s'organiser collectivement, à cause de l'absence de structures représentatives ou par peur d'être licenciées ou déportées.

Finalement, ce que les PAS aux Suds et l'austérité aux Nords ont réussi conjointement à mettre en place, c'est l'archétype de la travailleuse idéale sous le capitalisme patriarcal moderne : productive, polyvalente, docile, hyper flexible – et même carrément extensible ! –, sans ambition ou désirs, « sans valeur » voire jetable ; en résumé : exploitable sans limites. À l'instar de la chaîne globale du *care*, la dette la force à partir de son pays d'origine, et elle alimente la demande croissante pour une main-d'œuvre à bon marché, qui fait suite aux crises de la dette en Europe. La boucle est bouclée. Tous les stéréotypes et constructions sociales misogynes sont mises au service de l'assainissement budgétaire, et s'en voient renforcées, par exemple quand elle accepte des emplois bien en deçà de ses qualification ou temps de travail désiré faute de mieux, ce qui renforce sa surreprésentation dans ces emplois et secteurs et entérine sa pauvreté structurelle. Cette position désormais instituée de « bouche-trou » est évidemment source d'instabilité et de stress, mais aussi de dépendances accrues, à un homme violent par exemple, faute d'alternative ou de filet de sécurité.

Cette précarisation de l'emploi « féminin » a sans aucun doute des conséquences sur la santé des femmes. On constate une importante féminisation des maladies professionnelles, résultant entre autres de leur forte présence dans les métiers

1 Fatima-Ezzahra Benomar, *Féminisme : la révolution inachevée !*, Paris, Bruno Leprince, 2013, p. 75-76.

pénibles. En France, un des secteurs les plus marqués – et celui où la différence genrée est la plus grande – est celui des services (santé, nettoyage, action sociale), avec une augmentation de 316 % des maladies professionnelles entre 2001 et 2016 (et de 50 % pour les hommes)[1]. En Angleterre, on estime que l'austérité a fait baisser la durée de vie des femmes de quatre ans…

Les Gilets jaunes[2]

À partir de novembre 2018 et pendant plusieurs mois, la France est agitée par l'impressionnant mouvement dit des Gilets jaunes. Initialement dirigées contre la hausse du prix des carburants, les revendications touchent rapidement au socle de la justice fiscale, de la justice sociale, de la justice climatique et de la démocratie. Ce mouvement social s'est développé à travers des blocages de routes, l'occupation permanente de ronds-points et des manifestations hebdomadaires dans les grandes villes françaises. Plusieurs analyses et témoignages ont souligné la mobilisation importante de femmes dans le mouvement des Gilets jaunes, largement présentes dans les rangs des emplois précaires. Cela témoigne à la fois de la précarité économique vécue plus souvent par des femmes que par des hommes et de l'inégalité de genre sur le plan économique. Par ailleurs, les femmes ont pu prendre leur place car ce mouvement n'a, à la base, pas été récupéré par des organisations syndicales ou partisanes qui sont souvent représentées par des hommes. Cela a insufflé une plus grande prise en compte des invisibles dans les revendications comme dans

1 Pascale Mercieca, Florence Chappert et Patricia Therry, « Photographie statistique des accidents du travail, des accidents de trajet et des maladies professionnelles en France selon le sexe entre 2001 et 2016. Des tendances différenciées pour les femmes et les hommes », Anact, novembre 2018 [consultable sur urlz.fr/htEe].
2 Encadré rédigé par Anaïs Carton et Beatriz Ortiz Martínez.

l'organisation des assemblées. Le mouvement s'est arrêté durant le premier confinement de 2020, consécutif au début de la pandémie de Covid-19, et n'a repris que sporadiquement par la suite.

Le basculement dans l'informel

Une forme d'emploi majoritaire à travers le monde

Le travail informel englobe toute une série d'activités rémunératrices et de subsistance qui se développent en marge ou hors du secteur formel, salarié, déclaré. On y inclut les femmes travaillant à leur compte (cuisine, couture, coiffure, petite production ou commerce...), les employées non déclarées de divers secteurs comme l'industrie, la domesticité, la cueillette, ou au sein de microentreprises, les vendeuses de rue (maraîchage, petits articles de consommations, artisanat...). Il est caractérisé par l'absence de régulations, de droits, de protection sociale. Il s'agit en général d'activités de petite taille qui nécessitent peu de main-d'œuvre « qualifiée », avec des revenus faibles et irréguliers[1]. On ne peut cependant généraliser le travail informel comme du « mauvais boulot » par opposition au travail salarié qui serait forcément du « bon boulot ». Tout comme le travail à temps partiel, le travail informel a plusieurs facettes, l'une choisie et l'autre subie, c'est-à-dire quand il est réalisé par nécessité de survie et absence d'autres possibilités. La première catégorie est souvent caractérisée par une qualité des conditions de travail et une indépendance supérieures et la seconde par plus de pré-

1 Soulèye Kanté, « Le secteur informel en Afrique subsaharienne francophone : vers la promotion d'un travail décent », Bureau international du travail, 2002 [consultable sur urlz.fr/htEI].

carité. Cette dernière est aussi la plus fréquente, représentant la grande source de l'emploi rémunérateur des femmes dans plusieurs régions du monde, et en même temps, des activités très féminisées. C'est de cette forme de travail que nous parlons ici.

L'une des manifestations les plus précaires du travail informel est le travail dans des entreprises ou dans les fermes familiales sans rémunération. En 2009, comme en 2018, environ deux milliards de personnes, soit 60 % de la population active mondiale, gagnent leur vie grâce à un emploi informel, et ce majoritairement dans les pays a plus bas revenus et émergents (qui représentent 93 % de l'économie informelle[1]). En excluant l'agriculture, cette proportion est de 50 %[2]. D'après l'OIT, ce type de travail est en baisse dans les pays émergents et représenterait dans les pays dits en « développement » 42 % de l'emploi féminin en 2018, contre 20 % de l'emploi masculin[3].

Des ségrégations au sein de l'économie informelle

Malgré sa présence dans tous les secteurs, le travail informel est significatif dans les activités dites « féminines » et peu valorisées socialement. La division sexuelle du travail y est on ne peut plus claire. Les femmes exerçant une activité informelle sont particulièrement présentes dans le travail du sexe, le *care* et la domesticité (garde d'enfants, ménage...), souvent avec des perspectives instables. Les « bonnes » en milieu urbain sont souvent

1 Johannes Jütting et Juan Ramón de Laiglesia, *L'emploi informel dans les pays en développement. Une normalité indépassable ?*, Paris, OCDE, 2009.

2 *Femmes et hommes dans l'économie informelle : Un panorama statistique*, Organisation internationale du travail, 2019 [consultable sur urlz.fr/htEV].

3 « Selon l'OIT, les femmes toujours moins susceptibles que les hommes d'être actives sur le marché du travail dans la plupart des régions du monde » , Organisation internationale du travail, 8 mars 2018 [consultable sur urlz.fr/htF2]

payées, au moins en partie, en nature (logement, nourriture), ce qui accentue encore leur dépendance envers les employeur·ses. Cette division s'exprime également au travers des types de postes et des rémunérations, plus sûres et plus importantes pour les hommes. Par exemple, « dans le domaine du ramassage des déchets, les hommes collectent habituellement la ferraille, qui a plus de valeur, tandis que les femmes se chargent du plastique et du carton, moins valorisés[1]. » On y trouve autant de femmes car elles sont souvent considérées comme étant « au centre des stratégies urbaines de survie des ménages[2] » : leur débrouillardise et leur « identité de femmes » leur permettent selon les expert·es de la Banque africaine de développement de trouver des moyens de subsistance pour le ménage[3].

Parallèlement à cette interprétation quelque peu essentialiste, il faut surtout souligner que la main-d'œuvre informelle est une main-d'œuvre dévalorisée, sans aucun droit ni protection. Cette analyse critique de l'emploi informel n'est bien entendu pas partagée par des institutions telles que la Banque mondiale ou l'OCDE. Pour elles, le travail des femmes dans le secteur informel est bon pour le profit des entreprises en réduisant leurs contraintes, et l'OCDE le considère même comme « un mal nécessaire », finalement positif pour la croissance économique[4] ! Femmes, enfants et hommes précarisés paient à prix fort l'opportunisme prédateur de ces chantres de la

1 ONU Femmes, *Les progrès des femmes dans le monde 2015-2016*, *op. cit.*

2 Janice Argaillot, « Femmes et emploi dans l'Amérique latine contemporaine », *art. cit.*

3 Ahmadou Ali Mbaye et Fatou Gueye, « Marchés du travail et emplois en Afrique de l'Ouest », *Documents de travail du Groupe de la Banque africaine de développement*, n° 297, juin 2018 [consultable sur urlz.fr/hyk2].

4 Johannes Jütting et Juan Ramón de Laiglesia, *L'emploi informel dans les pays en développement*, *op. cit.*

mondialisation néolibérale. Stigmatisation, instabilité, conditions de travail illégales, dangereuses, insalubres, absence de salaires minimums ou de congés maternité (pour 36 % des travailleuses domestiques dans le monde) constituent le quotidien du travail informel. Le niveau de précarité que cela engendre est d'autant plus extrême lorsqu'on se situe à l'intersection des rapports de domination, subissant ainsi des violences multidimensionnelles bien spécifiques. Par exemple, seules 4 % des travailleuses péruviennes indigènes sont couvertes par la sécurité sociale, bien moins que les travailleuses non indigènes (19 %) et encore moins que les travailleurs (26 %).

Crises et travail informel : les ségrégations et la distribution inégalitaire du travail de reproduction toujours plus marquées

Lors des crises engendrées par le néolibéralisme, la demande de travail aux conditions bradées s'accentue. Le travail informel a donc, au même titre que l'emploi « flexible » et précaire, tendance à augmenter en temps de crise. Et les travailleur·ses, dont la nécessité de revenus supplémentaires a été provoquée par toutes les pertes de moyens de subsistance évoquées précédemment et la destruction de la protection sociale (qui sera traitée au prochain chapitre), n'ont d'autre choix que de se plier à ses conditions.

Les femmes sont particulièrement concernées par ces transformations, et certaines chercheuses comme Agnès Adjamagbo et Anne-Emmanuelle Calvès évoquent ainsi une possible remise en question des normes de genre, puisque les femmes assument dans ces conditions de plus en plus le rôle de cheffe de famille (en pourvoyant en grande partie aux besoins économiques des ménages)[1], mais on peut aussi voir cela comme une confirmation de la fonction de « variable d'ajustement » du travail des femmes : à la merci de la conjoncture économique, leur temps est considéré comme extensible et leurs attentes moindres. La triple journée de travail augmente, même pour les femmes qualifiées et fonctionnaires, consécutivement, par exemple, aux diminutions salariales, comme le révèle un témoignage en Ouganda[2].

Dans le cadre des politiques d'austérité et des plans d'ajustement structurel, le travail informel vient pallier la diminution du soutien public à la reproduction sociale, comme la privatisation des crèches ou des transports. On peut aussi noter que les augmentations de la TVA[3] sont des freins majeurs à l'exercice d'activités indépendantes dans le secteur formel. C'est donc via le secteur informel que la reproduction sociale (*care*, mais aussi production de nourritures, habits...), le confort du quotidien, sont assurés par une armée de femmes exclues de l'économie formelle. Les femmes issues de l'immigration composent l'essentiel des rangs du travail informel, surtout si leurs qualifications sont basses, qu'elles soient en situation régulière ou non. En Espagne, elles font face à de graves discriminations sur le marché de l'emploi (le taux d'emplois déclaré des femmes non européennes en Espagne est de 10 %), raciales mais aussi administratives (non-reconnaissance des diplômes et expériences professionnelles étrangères). Elles sont souvent contraintes d'accepter un travail informel, de nettoyage par exemple[4]. Les

---

1 Agnès Adjamagbo et Anne-Emmanuelle Calvès, « L'émancipation féminine sous contrainte », *Autrepart*, n° 61, 2012 [consultable sur urlz.fr/hyk4].
2 Christine Vanden Daelen, « La dette, les PAS : analyse des impacts sur la vie des femmes », CADTM, 2014 [consultable sur urlz.fr/htFv].
3 Au sujet de la TVA, voir notamment, dans le chapitre III, « Les réformes fiscales ».
4 « La précarité des femmes en chiffres », *Vie féminine*, 2015 [consultable sur urlz.fr/htFJ].

migrations forcées engendrées par les PAS, de pair avec des politiques migratoires restrictives, participent aussi à enfermer les femmes, surtout certaines, dans des rôles subalternes bien en deçà de leurs qualifications et ambitions. Un nouveau « prolétariat informel », invisible, encore plus adaptable que les « emplois flexibles », notamment dans les fameuses villes globales, se confirme...

Les luttes des travailleuses domestiques en Espagne et au Liban[1]

En Espagne, *Territorio Doméstico* est un espace collectif de lutte et d'autonomisation des femmes, composé principalement par des femmes migrantes et des travailleuses domestiques et de soins. Des femmes qui effectuent un travail difficile, énorme et invisible : prendre soin de la vie et du foyer des gens. Elles se battent pour la reconnaissance de leurs droits en tant que travailleuses domestiques et de soins, mais aussi pour la visibilité de tous les travaux qui soutiennent la vie, et pour la nécessité de réorganiser les soins dans la société.

Elles mettent en avant le *biosyndicalisme* dans la perspective de l'économie féministe[2] et de la remise en cause de la conception traditionnelle qui ne considère que le travail rémunéré comme constituant un « réel » travail. Ce concept va au-delà de la lutte pour les droits du travail : « Il s'agit d'une forme de lutte pour le droit de toutes les personnes à avoir une vie qui vaut la peine d'être vécue et, surtout, la joie d'être vécue[3]. » D'où le préfixe « bio ». Il rassemble la lutte pour des salaires et conditions de travail décentes, celle pour d'autres

1 Encadré rédigé par Anaïs Carton et Beatriz Ortiz Martínez du CADTM Belgique.
2 Le dernier chapitre développe plus profondément les fondements et apports de l'économie féministe.
3 Rafaela Pimentel, Lara Costanza Cisneros Sánchez, Amalia Caballero Richard et Ana Rojo Delgado, « Biosindicalismo desde los territorios domésticos », *Laboratoria – Espacios de investigación feminista*, mai 2021 [consultable sur urlz.fr/htFU].

droits fondamentaux comme celui au logement, à des conditions matérielles de base pour une vie digne, de migrer ou à la santé et aux soins, mais aussi celle du droit au plaisir, de vivre sans violence d'aucune sorte, de participer activement à la vie collective, de vivre durablement sur cette planète aux ressources limitées.

Au Liban, le *hirak* de 2019 s'est attaqué à la *kafala*, un dispositif migratoire par lequel des femmes, majoritairement africaines et asiatiques, viennent travailler en tant que domestiques dans les foyers des classes moyennes et supérieures libanaises. Elles sont aujourd'hui estimées à 250 000, soit environ 15 % de la population active au Liban. Comme le secteur de l'emploi domestique est tenu explicitement en dehors du droit du travail, la relation de service qui lie ces femmes à un·e employeur·se est éminemment marquée par le joug d'une domination[1]. Privées de leurs papiers d'identité et de protection sociale, on l'a dit, ces femmes sont généralement extrêmement vulnérables et impuissantes face à leur employeur·se. Ce secteur s'inscrit au cœur d'un système capitaliste, racial et patriarcal qui repose sur le travail des « servantes de la mondialisation[2] ». En raison des coûts élevés de la migration, il arrive que les travailleuses s'endettent auprès de leur employeur·euse, les condamnant pour une période indéterminée à ce que l'on appelle la servitude pour dettes[3]. Aujourd'hui, alors que des milliers de Libanais·es migrent, les conditions de vie et de travail des employées domestiques migrantes bloquées au Liban se sont encore aggravées avec la crise économique

1 Mira Younes, « Quand la maison du·de la maître·sse est hybride : savoirs migrants et pratiques de l'interdépendance », *Les cahiers du CEDREF*, n° 23, 2019 [consultable sur urlz.fr/htFY].
2 Rhacel Salazar Parreñas, *Servants of Globalization. Migration and Domestic Work*, Palo Alto, Stanford University Press, 2015 (2e édition).
3 « Dreams for Sale: The Exploitation of Domestic Workers from Recruitment in Nepal and Bangladesh to Working », Kafa, 2014 [consultable sur urlz.fr/htGt]. Voir également, dans le chapitre iv, « L'esclavage par la dette ».

qui frappe le pays. Ces femmes s'organisent, résistent et se battent contre ces violences systémiques. En 2019 et 2020, les manifestations devant les consulats se sont multipliées, rassemblant ces femmes en lutte pour que leurs trajectoires ne soient plus contraintes, mais construites dans un cadre de liberté de mouvement. C'est donc fondamentalement l'oppression inhérente au système capitaliste, raciste et patriarcal, dont la division sexuelle du travail est un des rouages, que la situation de ces femmes et leurs luttes interrogent.

Ce type de lutte existe ailleurs, par exemple à Bruxelles avec la création de la Ligue des travailleuses domestiques[1] ou encore à Paris avec le combat mené par les travailleuses de l'hôtel Ibis Batignolles, qui ont obtenu gain de cause après vingt-deux mois de grève.

1 Manifeste de la Ligue des travailleuses domestiques, 4 septembre 2018 [consultable sur urlz.fr/htGu].

DES PERSPECTIVES D'ÉMANCIPATION PAR LE TRAVAIL MITIGÉES

Les « stratégies genrées » ou le détournement de l'*empowerment*

Plans d'ajustements structurels, accords de libre-échange, Organisation mondiale du commerce, mais surtout Fonds monétaire international, Banque mondiale, Organisation des Nations unies et agences multiples s'attellent à mettre toute une série de concepts au service du « développement ». On passe des « stratégies de réduction de la pauvreté », ignorant complètement les femmes et leurs réalités en s'adressant par exemple exclusivement aux « chefs de famille », à une formidable mobilisation et instrumentalisation des idées féministes que l'on appelle couramment du « *genderwashing* ». En effet, de nombreuses critiques, notamment à la suite des plans d'ajustement structurel et du constat des dégâts humains dont ils sont la cause, forcent à reconnaître les effets inégalitaires et les limites du concept de développement, notamment en matières environnementales et de genre. Ainsi, les années 1990 voient se déployer la notion d'*empowerment*, qui devient un objectif affiché. Cela sans pour autant remettre en cause d'autres paradigmes de base, qui entrent de fait en contradiction avec lui, tels que la nécessité de créer des conditions favorables aux investissements étrangers, ou le miraculeux « effet de ruissellement[1] » qui s'en suivrait sans nul doute possible. Sans prétendre que les nombreux programmes gouvernementaux et non gouvernementaux n'aient jamais eu aucun effet positif, de profondes critiques s'imposent. L'*empowerment*, processus émancipatoire multidimensionnel qui devrait inclure de nombreux facteurs, est uniquement mesuré par la « participation à la vie économique et politique » des femmes, définition tout à fait insuffisante.

Si le travail des femmes est dévalorisé tant socialement qu'économiquement, soulignons que, dans le même temps, il peut être une source d'autonomisation et d'émancipation. Par son biais, de nombreuses femmes accèdent à une vie sociale plus riche et indépendante ainsi qu'à plus de liberté dans l'espace public. L'exercice d'une activité rémunératrice peut générer une indépendance économique et, surtout, un épanouissement social et individuel plus détaché du mari potentiel et de la famille. On l'a vu, un emploi de qualité peut significativement contribuer à réduire la pauvreté.

Le mariage n'est plus forcément un destin inéluctable, le pouvoir de décision des femmes au sein du ménage augmente tout comme la possibilité de le quitter. Le travail peut également constituer un espace pour s'organiser politiquement, pour se soutenir entre femmes face à la pauvreté ou aux violences sexistes, être un lieu de rencontre, un ouvroir pour une remise en cause des rôles, castes, positions et attentes...

1 Théorie selon laquelle l'augmentation des revenus des riches conduit ceux-ci à réinjecter de l'argent dans l'économie, ce qui finira par profiter aux plus pauvres.

En Afrique de l'Ouest, par exemple, grâce au commerce, les femmes s'imposent parfois comme principales pourvoyeuses de revenus. Les métiers de commerce et d'import permettent, à travers des déplacements souvent autonomes et longs, une distanciation face au rôle exclusif de mère au foyer, de défier l'entourage, de gagner en assurance et en liberté. Le travail peut bouleverser des rapports de pouvoirs et être à l'origine de belles transformations sociales.

Cependant, dans les faits, le travail reste très souvent source d'exploitation, et ce d'autant plus qu'au sein d'une économie capitaliste, croissance va de pair avec accroissement des inégalités. Peu importent les attributs libérateurs qu'on peut à juste titre attribuer au travail salarié, il n'est actuellement que très rarement source de réelle émancipation.

En effet, mesurer l'émancipation des femmes par leurs revenus monétaires, par leur « participation à la vie économique » qui ne serait synonyme que de travail salarié, c'est nier que la quantité colossale de travail de *care* effectué gratuitement est également une participation à la société et à l'économie, et qu'il existe d'autres moyens de subvenir à ses besoins comme l'autosuffisance ou le travail informel. Une augmentation du revenu déclaré n'est pas forcément synonyme d'une amélioration des conditions de vie quand on passe, par exemple, d'une situation d'autosuffisance sur ses terres à un emploi mal payé en ville. En effet, bien que les chiffres révèlent une plus grande proportion de « femmes pauvres » en zone rurale, cette mesure de la pauvreté, basée uniquement sur le revenu et ne prenant pas en compte, par exemple, la sécurité alimentaire ou les conditions de vie, est insuffisante et trompeuse.

Une telle utilisation de la notion d'*empowerment* par des agences internationales n'est rien d'autre qu'une appropriation abusive du concept, le vidant de sa portée politique féministe et marginalisant les voix décoloniales luttant contre l'exploitation des Suds par le Nord. On confisque aux femmes des Suds leur capacité à décider elles-mêmes des moyens de leur émancipation en les plaçant dans des cases préfabriquées utiles aux théories économiques en vogue : tantôt elles sont de potentielles « actrices économiques » à l'esprit d'entreprise entravée par la culture locale, ayant besoin d'aide pour être projetée dans l'économie moderne, tantôt elles endossent le rôle de pourvoyeuses des besoins du foyer et de vectrices de résilience face aux crises, tantôt elles sont les ouvrières aux petites mains indispensables à la croissance économique... Ces discours sont toujours d'actualité au sein des institutions financières, comme en atteste un récent rapport du FMI qualifiant les femmes de « l'un des actifs les plus sous-utilisés de l'économie ».

Ces « stratégies genrées », promues par la Banque mondiale notamment, continuent d'asseoir la domination occidentale et, souvent, renforcent le patriarcat plutôt que de l'affaiblir[1].

Du côté de l'Europe, le traité de Lisbonne, qui, sans se soucier du soutien public à la reproduction sociale, de la qualité du travail, ou de ses politiques sources d'endettement, stipule que 60 % des femmes européennes doivent travailler, n'est pas beaucoup plus attentif aux conséquences, pourtant prévisibles, de cette participation augmentée.

1 Camille Bruneau, « La farce de la "prise en compte du genre" », *op. cit.*

Usure des corps et des cœurs : l'épuisement des femmes

Nous avons dans ce chapitre mis en avant une série de conséquences néfastes systématiquement observées et très bien documentées – qu'il serait donc facile d'anticiper... – et que les IFI et les États refusent obstinément de prendre en compte pour privilégier des mesures macho – oups, macroéconomiques – qui ne s'attaquent en rien aux inégalités structurelles, voire, comme on l'a vu, les empirent.

Les femmes sont stressées, fatiguées, usées par un travail salarié qui clairement ne rime pas toujours avec émancipation. Une usure engendrée par la perte importante de revenus et autres sources de subsistance qui va de pair avec une augmentation des inégalités, de genre mais aussi entre femmes.

L'État, en tant que supposé garant des droits fondamentaux, et ayant comme fonction, entre autres, de fournir de l'emploi, des biens de première nécessité et des services publics gratuits, en choisissant l'austérité comme orientation politique et économique, a fait défaut et nous prouve que l'austérité est simplement incompatible avec la recherche de l'égalité de genre, ou de l'égalité tout court[1].

Au-delà de l'impact sur leur revenu qui rend toujours plus incertaine la possibilité de subvenir à ses besoins, de prendre soin de ses proches et de vieillir dans des conditions décentes, cette précarité est aussi la cause d'une hausse phénoménale de l'endettement privé des ménages, qui augmente d'autant plus

---

1 Jill Rubery, « Public Sector Adjustment and the Threat to Gender Equality », dans Daniel Vaughan-Whitehead (dir.), *Public Sector Shock: The Impact of Policy Retrenchment in Europe*, Cheltenham, Edward Elgar Publishing, 2013.

la dépendance au travail quel qu'il soit. Les temps, corps, travaux et ressources des femmes s'en retrouvent accaparées, leurs ressources extraites au profit de la finance.

L'actuelle crise multidimensionnelle, déclenchée par la crise sanitaire, que traverse l'entièreté de la planète confirme notre analyse et notre constat et ne fait donc pas exception dans sa propension à exacerber les inégalités structurelles. Rappelons qu'à la veille de la crise sanitaire, l'endettement public avait pour de nombreux pays déjà atteint des taux records, et la pandémie n'en fut qu'un élément déclencheur, à laquelle des réponses inadaptées ont été apportées, autant en termes sociaux qu'économiques. Les femmes, travailleuses majoritaires des secteurs « essentiels », informels ou occasionnels (ne pouvant pas ou que très difficilement prétendre à une compensation), ou ne pouvant pas télétravailler ont encore une fois été pénalisées de manière spécifique.

Toute mesure qui impacte le travail et ne prend pas en compte les spécificités genrées et raciales du marché de l'emploi et de la reproduction sociale aura des conséquences non seulement hautement inégalitaires, mais prévisibles, ce qui les rend rien de moins qu'odieuses et criminelles.

La dette donne les justifications pour accentuer ce que le capitalisme patriarcal attend du « travail féminin » et nous rappelle, depuis des siècles, qu'il ne faut jamais baisser la garde. Silvia Federici constate que, quand des crises économiques adviennent, elles sont souvent suivies d'une tentative de prise de contrôle des capacités productives et reproductives des femmes, et c'est bien à ce type de réorganisation que l'on assiste, comme on y a assisté au XVIe siècle ou dans les années 1980. Des reculs importants en ce qui concerne les droits sexuels et reproductifs s'accompagnent d'une intensification évidente du travail (qu'il soit rémunéré ou non) sans pour autant augmenter leurs revenus. Alors qu'elles en dépendent plus aujourd'hui qu'en 1930 ou 1980, elles s'en voient d'autant plus privées. C'est l'autonomie et les espoirs qu'elles ont gagnés qui sont ainsi remis en question[1].

Il est dès lors essentiel de réaffirmer ce qu'on entend par « émancipation féminine » et d'utiliser le terme « *empowerment* » au sens des études féministes, c'est-à-dire « un processus de transformation multidimensionnel, venant des femmes elles-mêmes, qui leur permet de prendre conscience, individuellement et collectivement, des rapports de domination qui les marginalisent et de développer leurs capacités à les transformer[2] ».

Il est aussi indispensable de radicalement repenser et repolitiser ce que l'on entend par la notion de travail et d'en faire quelque chose de collectivement libérateur et satisfaisant les besoins de tou·tes : par exemple reconnaître et protéger les travailleur·ses informel·les, sortir des rapports salariaux inégalitaires, mettre le travail au service de la collectivité, revendiquer une réduction générale du temps de travail afin de tendre vers une revalorisation et une prise en charge collective du *care* et de la reproduction sociale, ce qui doit également passer par un arrêt immédiat du cercle vicieux de l'endettement illégitime.

---

1 Lina Gálvez et Paula Rodríguez-Modroño, « A Gender Analysis of the Great Recession and "Austericide" in Spain », *art. cit.*

2 Agnès Adjamagbo et Anne-Emmanuelle Calvès, « L'émancipation féminine sous contrainte », *art. cit.*

COMMENT LA DETTE REMPLACE L'ÉTAT SOCIAL PAR LA « MÈRE SOCIALE »

LES FEMMES AUX AVANT-POSTES DE LA DÉGRADATION DE LA PROTECTION SOCIALE

Un système social perfectible et pourtant attaqué

La protection sociale émergeant en Europe dans l'après-guerre englobe l'ensemble des mécanismes de solidarité collective permettant de faire face à un risque d'interruption des revenus du travail : maladie, accident du travail, invalidité, vieillesse, chômage, parentalité. Ces mécanismes constituent une part importante des budgets publics, financés notamment via les taxes et les cotisations sociales. Ce système fut initialement fondé sur le modèle de l'homme « gagne-pain » et de la femme au foyer. Contrairement à l'homme qui a des droits propres à la protection sociale et ouvre l'accès à ces droits pour l'ensemble de la famille, la femme dispose de droits dérivés : bénéficier de prestations sociales dépend de son statut de mère ou d'épouse. Elle est considérée, au même titre que les enfants, comme étant à charge de son mari. Cette logique institutionnalise la dépendance et valide ainsi les inégalités entre les genres et leur perpétuation[1].

De plus, la norme autour de laquelle ce système s'est bâti est la carrière ininterrompue à temps plein. Ce modèle d'emploi androcentré, c'est-à-dire ayant l'homme comme point de référence, ne prend nullement en compte la réalité du travail reproductif et de soin assigné aux femmes, qui les oblige bien souvent à prendre des temps partiels ou à renoncer au travail rémunéré. Une sécurité sociale véritablement inclusive, au lieu de pérenniser des rôles sexués au détriment de l'émancipation des femmes, devrait non seulement assurer à toutes et tous un accès aux droits sociaux mais aussi prendre en compte les besoins et les réalités spécifiques de chaque personne, quel que soit son parcours professionnel.

Si le système de sécurité sociale est ainsi largement perfectible, le principe d'universalité qui le façonne doit être défendu face aux manœuvres néolibérales en cours, qui visent à le réduire en privatisant les fonctions qu'il remplit et à faire primer la responsabilité individuelle sur tout mécanisme solidaire et public. Chaque personne devrait, selon cette logique, être considérée comme totalement responsable de son sort. S'en suit une stigmatisation des « assisté·es », qui sert notamment à légitimer l'exigence croissante de contreparties aux prestations versées ou encore les pressions pour faire accepter

1 Pour des analyses féministes du système de protection sociale, voir entre autres les travaux de Nancy Fraser, « Marchandisation, protection sociale et émancipation. Les ambivalences du féminisme dans la crise du capitalisme », *Revue de l'OFCE*, n° 114, 2010 [urlz.fr/htWx]; Christiane Marty, « Quels axes pour une protection sociale dans une perspective féministe ? », *Les Utopiques* n° 12, 2019 [urlz.fr/htWz]; Nathalie Morel, « Le genre des politiques sociales. L'apport théorique des "*gender studies*" à l'analyse des politiques sociales », *Sociologie du travail*, vol. 49, n° 3, 2007 [urlz.fr/htWB].

des emplois aux conditions dégradées. L'austérité généralisée appliquée en réponse à la crise de la dette justifie cette marche forcée vers une conception de plus en plus étroite de la protection sociale. Comme aime à la penser la Banque mondiale, mais aussi les autres institutions et gouvernements néolibéraux, elle ne constituerait plus un outil essentiel au bien-être collectif et à la réalisation des droits humains mais seulement un mince filet de sécurité intervenant quand le marché échoue à les garantir. De quatre décennies d'offensives néolibérales, il résulte que, de nos jours, seulement 29 % des personnes à travers le monde bénéficient du plein accès à la protection sociale, tandis que 16 % ne sont que partiellement couvertes et 55 % n'ont accès à aucune prestation sociale. Les femmes sont souvent surreprésentées parmi ces personnes n'ayant pas accès aux droits sociaux[1]. En effet, elles sont majoritaires dans les emplois informels (donc n'ouvrant aucun droit), peu ou moins protégés (gardiennes d'enfants, contrats zéro, temps partiels...) et peu rémunérés (taux horaires et/ou temps presté inférieurs), cotisant donc moins. Au vu de la très faible survivance de la protection sociale dans les Suds, systématiquement détruite par des ajustements structurels aussi incessants que dévastateurs[2], nous nous concentrerons quasi exclusivement dans ce

1 Organisation internationale du travail, *Rapport mondial sur la protection sociale 2017-2019. Protection sociale universelle pour atteindre les objectifs de développement durable*, Genève, Bureau international du travail, 2017.

2 À la faveur de la crise de la dette qui ébranle la majorité des pays d'Amérique latine dans les années 1980, la Banque mondiale impose une restructuration des politiques sociales dont les points forts sont : la privatisation des régimes de pensions (le Chili devient le modèle à suivre), une moindre sécurité sociale pour les classes moyennes et le ciblage de la protection sociale au bénéfice des plus démunis (Banque mondiale, 1994, 1996). Les « pays en voie de développement » et les ex-pays communistes deviennent le laboratoire d'expérimentations de réformes de la protection sociale qui en laminent toute conception solidaire et égalitariste.

chapitre sur les attaques qu'elle connaît en Europe occidentale. Au nom des économies à réaliser pour gérer la crise de la dette, les budgets de protection sociale subissent des restrictions draconiennes. Diminutions et accessibilité toujours plus restreinte des allocations de chômage, des pensions, des aides familiales, des indemnités maladies, des allocations de maternité, des prestations aux personnes dépendantes, des aides au logement, etc., ne cessent de se succéder au nom d'une dette publique à équilibrer, à limiter et surtout à rembourser alors que d'autres rentrées publiques baissent du fait de la mise en place de régimes fiscaux et de réformes du travail absurdes.

En Europe, depuis 2010, ces coupes affectent particulièrement les femmes dans la mesure où, parce qu'elles assument encore le rôle de responsables principales de la famille et sont plus précaires financièrement, elles ont davantage besoin de protection sociale que la plupart des hommes. Dès lors, comme les allocations sociales constituent une part non négligeable de leur revenu, ce sont elles qui sentent le plus douloureusement les effets de leur diminution dans leur vie de tous les jours. Elles sont ainsi spécifiquement et disproportionnellement impactées en tant que bénéficiaires majoritaires pour elles-mêmes et pour les personnes dont elles ont la charge. Au Royaume-Uni par exemple, les femmes dépendent des allocations pour 20 % de leur revenu en moyenne, contre 10 % pour les hommes[1] ; des audits d'impact genrés confirment que les femmes représentent 81 % des personnes concernées par les restrictions de prestations sociales[2]. Leur dépendance face à

1 « Fawcett's Gender Pay Gap Briefing », Fawcett Society, 2014 [consultable sur urlz.fr/hyki].

2 « The Impact on Women of Autumn Financial Statement 2012 and Welfare Benefits

la protection sociale est ainsi accrue tandis que les capacités de ce système à couvrir leurs besoins et ceux de leurs proches se réduisent comme peau de chagrin. Le cercle vicieux de la dette joue à plein régime. Les groupes les plus vulnérables sont les mères célibataires, les femmes âgées et les migrantes, à qui nous faisons principalement référence quand nous parlons de « femmes » par la suite.

Des prestations sociales passées à la moulinette austéritaire

Les allocations familiales

Les allocations familiales – qui sont pourtant des soutiens de base dans de nombreux pays – subissent des coupes drastiques. Cette mesure a un impact direct et immédiat sur les familles, mais surtout sur les mères, a *fortiori* monoparentales. Elle n'est pas non plus sans incidence sur la santé et l'éducation des enfants : ces allocations sont couramment utilisées pour acheter des fournitures scolaires et pour couvrir les frais de repas et de transport liés à l'école. ONU Femmes constate qu'après avoir atteint un pic en 2009, les dépenses en prestations familiales dans pas moins de quatorze des vingt-trois pays européens pour lesquels elle dispose de données sont retombées en 2012 au-dessous de leur niveau de 2008[1].

En Angleterre, dès 2011, les allocations familiales, la subvention de bonne santé pendant la grossesse et les crédits d'impôt liés à la naissance d'un enfant ont tous été restreints ou gelés.

Up-Rating Bill 2013 », Women's Budget Group, 2013 [consultable sur urlz.fr/htS1].
1 ONU Femmes, *Les progrès des femmes dans le monde 2015-2016, op. cit.*

D'autres réductions de prestations sociales, comme celles des aides au logement, touchent les femmes de façon disproportionnée. De fait, davantage de femmes que d'hommes dépendent de ces indemnités. Une étude commandée par le syndicat anglais Trade Union Congress relève qu'à la suite de toutes ces mesures les mères célibataires ont perdu pas moins de 18 % de leurs revenus nets[1]. La France a connu un gel des prestations sociales en 2012 et en 2014, à l'exception des minima sociaux. Sur la période 2014-2015, cela représente 11 milliards d'euros d'économies sur les allocations familiales, les aides à la garde d'enfants et les allocations de rentrée scolaire[2]. En Grèce, ces désagrégations des prestations familiales et sociales ont provoqué le développement d'un phénomène dramatique : les orphelin·es économiques. Face à l'insuffisance d'aides disponibles, de plus en plus de mères monoparentales se retrouvent avec pour seul recours de confier leurs enfants à des orphelinats[3]. Dans les pays où l'austérité est la plus sévère, les indemnités pour soins de longue durée ont été réduites[4]. Représentant la majorité des personnes souffrant de maladies chroniques, les femmes ont encore été affectées de façon démesurée par cette mesure.

L'indemnité chômage : réductions et exclusions

Les allocations de chômage n'échappent pas non plus aux fourches caudines des coupes autoritaires. Or, les pertes d'em-

1 Confédération européenne des syndicats, « Enquête du 8 mars 2011 », 2011, p. 13 [consultable sur urlz.fr/htSh].
2 Christiane Marty, « Les Françaises ne sont pas épargnées », *art. cit.*
3 Lizzy Davies, « Greek Crisis Hits Women Especially Hard », *The Guardian*, 15 juin 2012 [consultable sur urlz.fr/htSq].
4 Emma Bürgisser and Sargon Nissan, « The IMF and Gender Equality: A Critical Analysis », Bretton Woods Project, juin 2016 [consultable sur urlz.fr/htSC].

plois en Europe sont une conséquence de la crise de la dette. Ces pertes de revenus ne sont pas systématiquement compensées par la perception d'allocations chômage ou autres aides sociales. Se généralise dès lors une précarisation sans cesse croissante des groupes déjà marginalisés. De fait, alors que les femmes sont souvent désavantagées en matière d'accès et de niveau des allocations de chômage, les politiques d'austérité les diminuent, rendent leurs critères d'éligibilité plus stricts ou encore écourtent la durée d'indemnisation. Ainsi, en novembre 2012, dans une pure logique austéritaire, la Belgique applique une réforme de son système de chômage qui met en place, parmi d'autres restrictions, une dégressivité de l'indemnisation accélérée dans le temps. « L'idée de la réforme, présentée comme complexe, est en fait très simple à comprendre : plus longtemps une personne a travaillé, plus longtemps elle gardera ses allocations de chômage intactes. À l'inverse, les personnes comptant peu d'années de travail seront plus vite sanctionnées. Au total, presque la moitié des chômeur·ses sont touché·es. Les dégâts sont immédiats pour les différentes catégories de chômeur·ses. Concrètement, les chef·fes de ménage verront une diminution de 12 %, les isolé·es une baisse de 17,5 %. Les cohabitant·es[1] subiront une baisse de 41,5 %, équivalant à 484 euros par mois. Rappelons que les femmes sont surreprésentées dans le chômage de longue durée et dans le statut de cohabitant·e (une chômeuse sur deux est cohabitante contre un chômeur sur trois). Donc les femmes écopent du maximum ! Elles se retrouvent avec les allocations les plus basses ».[2]

1 Cohabiter signifie le fait, pour deux ou plusieurs personnes, de vivre sous le même toit et de régler principalement en commun les dépenses ménagères. Le statut de cohabitant·e est défini par défaut dans la réglementation belge du chômage : est cohabitant·e celui ou celle qui n'a pas de famille à charge mais n'habite pas seul·e.
2 « La dégressivité du chômage : une honte pour les femmes ! », *Vie féminine*, 11 mai

Ce basculement d'une violence inouïe vers la misère, en plus d'être totalement injuste, est on ne peut plus inefficace : la dégressivité ne permet pas de trouver plus rapidement ou de chercher plus activement un emploi, surtout quand les emplois proposés ou les entretiens d'embauche ne prennent pas en compte la réalité de la division sexuelle du travail et du contexte austéritaire (fermetures de crèches, diminution de la couverture publique des soins aux personnes). L'exclusion des allocations pour cause de recherche considérée insuffisamment active ou car une proposition d'emploi a été refusée pour des raisons jugées non justifiées (comme des horaires ne convenant pas ou une distance à parcourir trop longue alors qu'elles possèdent moins souvent une voiture) est de plus en plus courante (deux tiers des concerné·es sont des femmes)[1]. Ce phénomène témoigne de discriminations sexistes ancrées et creuse l'appauvrissement de certains groupes sociaux.

Les retraites

Les multiples réformes des systèmes de retraite mises en œuvre en Europe au nom de l'austérité budgétaire n'ont cessé d'appauvrir les femmes. La retraite est un important facteur d'inégalités de genre. En Europe, les retraitées touchent en moyenne 40 % de moins que leurs homologues masculins[2]. Cet énorme écart s'explique par la conjugaison des discrimina-

2012 [consultable sur urlz.fr/htSF].

1 Aïda Allouache, « Chômage. Les femmes vont écoper du maximum ! », *Ensemble*, n° 77, décembre 2012 [consultable sur urlz.fr/htX5].

2 « Document de politique générale n° 3 : Protéger la sécurité du revenu des femmes âgées. Vers les systèmes de retraites qui tiennent compte de l'égalité des sexes », ONU Femmes, 2015 [consultable sur urlz.fr/htSK].

tions exercées à l'égard des femmes sur le marché de l'emploi et des inégalités liées aux régimes de protection vieillesse. De fait, à cause d'un monde du travail structurellement inégalitaire, les femmes touchent généralement une rémunération inférieure à celle des hommes, ce qui réduit les montants cotisés pour leur vieillesse. Et, d'autre part, comme son montant est calculé sur la base d'une norme d'emploi androcentrée (carrière à temps plein de quarante à quarante-cinq ans) correspondant rarement au parcours professionnel des femmes (et des personnes discriminées de manière générale), ces dernières cotisent moins régulièrement. Cette combinaison entre des cotisations moindres et moins fréquentes fait qu'en bout de course les femmes touchent des pensions rabotées. Ainsi, toutes les attaques contre le système des retraites au menu des plans d'austérité affectent davantage les femmes : baisse ou gel des pensions dans au moins quatorze pays européens[1], augmentation de l'âge de la retraite ou encore alignement de l'âge de départ à la retraite des femmes sur celui des hommes dans les pays où existe une différence. En Autriche, par exemple, depuis 2014, les femmes doivent attendre leurs 60 ans pour arrêter de travailler, contre 57 ans précédemment. Il est même prévu qu'entre 2024 et 2033 l'âge de leur retraite soit reporté à 65 ans[2]. En Italie, les femmes doivent depuis 2012 continuer à trimer jusqu'à leurs 66 ans avant de pouvoir toucher leur retraite[3]. Le

1 Isabel Ortiz, Matthew Cummins, Jeronim Capaldo et Kalaivani Karunanethy, « The Decade of Adjustment », *art. cit.*, p. 33-35.
2 « Autriche », dans *Panorama des pensions 2013. Les indicateurs de l'OCDE et du G20*, OCDE, 2013, p. 276-279 [consultable sur urlz.fr/hyku].
3 Marco Lo Conte, « Pensioni, cosa prevede la Riforma Fornero », *24 Ore Italia*, 20 janvier 2015 [consultable sur urlz.fr/htT8].

tout parfois associé à un allongement des durées de cotisations nécessaires pour toucher une pension pleine.

L'ensemble des restrictions austéritaires appliquées aux pensions en Europe, parfois cumulées entre elles, font en sorte que les retraitées deviennent inexorablement l'un des groupes les plus exposés à la pauvreté. Le taux de pauvreté des femmes âgées est de 37 % plus élevé que celui des hommes de la même tranche d'âge[1]. Pas moins de 22 % d'entre elles vivent sous le seuil de pauvreté au sein de l'Union européenne[2]. Alors qu'elles ont travaillé toute leur vie, une proportion croissante de femmes âgées vivent l'enfer d'une vieillesse démunie. En 2021, à l'heure où nous écrivons ces lignes, l'ensemble des déstructurations imposées par les politiques de la dette aux mécanismes de protection sociale aboutissent à une normalisation de la pauvreté matérielle, sociale, psychique et temporelle des femmes. Elles sont aujourd'hui encore plus vulnérables qu'en 2008, et de nouvelles cures d'austérité sont à l'agenda des gouvernements européens, que l'on peut dès lors qualifier de criminels. Toutes ces injustices institutionnalisées ont également fait en sorte que de nombreuses femmes n'ont pu bénéficier de protection sociale élémentaire, de compensations ou d'aides supplémentaires lorsque le confinement a forcé l'arrêt de leurs activités ou fermé des services soutenant leurs proches.

Les réformes fiscales

1 ONU Femmes, *Les progrès des femmes dans le monde 2015-2016*, *op. cit.*
2 « Opinion Draft on an Agenda for Adequate, Safe and Sustainable Pensions », Parlement européen, 19 décembre 2012.

La question des régimes fiscaux est extrêmement importante, du fait de leur utilité et de leurs implications politiques. Non seulement les taxes et impôts, qui ensemble composent la base fiscale, constituent la quasi-totalité des recettes publiques, et donc une grande partie du financement des comptes publics. Mais la fiscalité est un outil de solidarité collective au cœur du contrat social et de la souveraineté nationale. Elle devrait en principe réduire les inégalités en redistribuant les richesses pour financer, par exemple, des services publics et de protection sociale accessibles à tou·tes, en particulier les plus vulnérables. Déterminant politiquement, le système fiscal peut aussi être mis au service du maintien des privilèges de classe, via, par exemple, de faibles taux d'impôts sur les gros revenus. Nous nous intéressons ici plus particulièrement à la TVA (taxe sur la valeur ajoutée, plus de 35 % des recettes fiscales en France), déterminante quant au coût de la vie et au centre des logiques antisociales du tournant néolibéral.

Introduite en 1948 en France, la TVA s'est progressivement généralisée, notamment sous l'injonction du FMI, et concerne cent soixante-six pays en 2018. C'est un impôt indirect sur la consommation dont la charge est entièrement supportée par les consommateur·ices de biens et de services. Les entreprises, à l'origine de ces biens ou services soumis à la TVA, assurent la collecte de cette taxe – elles n'y contribuent donc pas ! – pour la reverser au Trésor public.

La baisse des taxes et impôts sur les entreprises (dont les énormes revenus s'envolent ainsi hors des pays des Suds ou dans des paradis fiscaux) implique une baisse des recettes publiques que les IFI prétendent pouvoir compenser par la TVA, considérée comme une machine à sous magique, mobilisable à souhait pour effectuer des entrées d'argent simples et rapides.

On assiste durant les années 1990 à une première vague d'implantation de la TVA ; une seconde aura lieu entre 2010 et 2013 dans pas moins de quatre-vingt-six pays des Suds et quarante-cinq pays « riches ». Faisant sans surprise suite directe aux crises de la dette, elle est imposée en contrepartie de prêts (par exemple au Sri Lanka en 2016, ce qui provoqua d'importantes manifestations populaires) et va de pair avec d'autres réformes fiscales : en Asie par exemple, la taxe sur les entreprises baisse de plus de 10 % entre 2004 et 2014[1]. Cette manière d'équilibrer les comptes fait partie des mesures les plus courantes au Nord comme aux Suds. Pourtant, sa mise en place est aussi inefficace qu'inégalitaire.

Elle est de nature régressive et non progressive : proportionnellement, ce sont les personnes et ménages aux plus petits revenus qui sont les plus impactés par la TVA. De fait, quand les produits et services de consommation courante (alimentation, énergies, eau, transports...) sont taxés, cela absorbe une part plus importante du budget des ménages pauvres (dont la majorité des revenus sont alloués à leur acquisition) que des ménages riches (dont une plus petite portion des ressources est affectée aux besoins de base, l'autre étant allouée aux produits de luxe, aux investissements, aux loisirs, etc.).

Les types de produits concernés posent aussi question : au Kenya, en 2013, on passe de quatre cents à trente produits

1 Mae Buenaventura et Claire Miranda, « The IMF and Gender Equality: A Compendium of Feminist Macroeconomic Critiques », Bretton Woods Project, 2017.

exempts de TVA, et à une généralisation d'un taux de 16 % sur les biens de consommation courante, dont l'électricité.

D'un point de vue macroéconomique également, on peut dire que la TVA est contre-productive et inefficace : en réduisant encore plus les moyens financiers de nombreux ménages et dès lors leur consommation quotidienne, elle ne participe en aucun cas à la « relance de l'économie réelle[1] ».

Alors que le FMI prétend à terme réduire les inégalités de genre grâce à l'augmentation de l'espace fiscal qui dégagerait des financements d'infrastructures, les femmes des milieux populaires sont en réalité disproportionnellement touchées par les réformes fiscales qu'il impose : ce sont elles qui assument l'essentiel des frais quotidiens, tandis que les hommes font plus d'investissements secondaires. Ce sont donc elles aussi qui ressentent en premier le poids de ces taxes sur leurs revenus déjà inférieurs. Les plus pauvres d'entre elles ont tendance à faire passer les besoins de leurs proches avant les leurs. Cela a un impact direct sur leur santé physique et mentale : elles mangent moins bien, s'abstiennent de soins préventifs et palliatifs, se privent de vie sociale et culturelle. Boucler les fins de mois en tant que cheffe de famille devient extrêmement difficile et source de stress majeur.

« L'effort budgétaire » demandé aux États repose donc en pratique de manière démesurée sur les femmes. Quand on voit que des augmentations, même légères, de taxes à la consommation sont les éléments déclencheurs de nombreux soulèvements sociaux – hautement réprimés – comme les Gilets jaunes en France devant une hausse de la taxe sur le carburant, les révoltes

---

1 Isabel Ortiz, Matthew Cummins, Jeronim Capaldo et Kalaivani Karunanethy, *The Decade of Adjustment*, *op. cit.*

au Chili ou au Liban à la suite des taxes sur les tickets de bus et WhatsApp, on ne peut ignorer à quel point les régimes fiscaux sont déterminants – une question de vie ou de mort, parfois – pour une partie non négligeable de la population.

Ce non-sens économique et social, loin d'être la seule manière d'augmenter le revenu fiscal, est un choix politique, des IFI et des États eux-mêmes, contraire à toute perspective de réduction des inégalités économiques et en négation totale des obligations de prise en compte du genre dans les décisions budgétaires. La systématisation de la TVA précarise les femmes en réduisant parfois drastiquement leur pouvoir d'achat, l'accès à la santé pour elles-mêmes et leurs proches, et nie leurs besoins spécifiques et ceux de leurs enfants (des TVA élevées sont appliquées aux protections menstruelles, aux fournitures scolaires, au lait en poudre, etc.). Le tout induit une augmentation non négligeable de leur charge mentale et de leur charge de travail.

Les mouvements contre l'augmentation des taxes au Liban

Au Liban, les femmes ont été particulièrement actives dans le *hirak*, le mouvement social qui a secoué le pays à la fin de l'année 2019, lorsque le gouvernement a annoncé l'imposition de nouvelles taxes sur toutes les applications téléphoniques gratuites[1]. Se sont ensuivis plusieurs mois de protestations sociales d'où ont émergé certaines revendications dont, notamment, la cessation de la privatisation des entreprises étatiques et la chute du système bancaire actuel. Ce mouvement, particulièrement féminisé, s'attaquait particulièrement aux violences domestiques, au Code du statut per-

1 Hajar Alem et Nicolas Dot-Pouillard, « Liban : la portée et les limites du "hirak" », *Cetri*, 27 novembre 2020, [consultable sur urlz.fr/htWU].

sonnel basé sur l'appartenance religieuse (les procédures de divorce sont de la compétence de tribunaux religieux qui bafouent systématiquement les droits des femmes et des enfants) et à l'impossibilité pour une femme libanaise de transmettre la nationalité si elle est mariée à un étranger. En somme, aux inégalités entre les hommes et les femmes en matière civile et administrative. Avec la crise sanitaire et l'explosion du port de Beyrouth le 4 août 2020, le pays fait aujourd'hui face à une des pires crises économiques selon la Banque mondiale[1]. L'exacerbation par la pandémie de la crise économique, au Liban, et plus largement dans la région, ne peut qu'attiser davantage la colère populaire[2].

1 « Le Liban s'enfonce dans l'une des crises mondiales les plus graves, sur fond d'inaction délibérée », Banque mondiale, 1er juin 2021 [consultable sur urlz.fr/htWZ].
2 Gilbert Achcar, « 2010-2020 : la première décennie du processus révolutionnaire arabe », CADTM, 31 décembre 2020 [consultable sur urlz.fr/htXo].

LES EFFORTS DE RÉDUCTION DES INÉGALITÉS DE GENRE ENTRAVÉS PAR LA DETTE

Des politiques publiques « progressistes » passent à la trappe

Alors que les mesures de promotion de l'égalité des genres ne devraient pas être un luxe réservé uniquement aux périodes de croissance économique, on constate très clairement que la crise de la dette entraîne une diminution autant de l'attention des politiques que des financements soutenant les droits des femmes et de la mise en pratique des lois et réglementations en la matière.

Dans certains pays, cela a généré de sévères restrictions budgétaires pour les organismes et institutions chargées de l'égalité des genres. En Espagne, on assiste à une suppression pure et simple en 2010 du ministère de l'Égalité, à la disparition de la parité dans le gouvernement, à la suppression des subsides pour l'emploi féminin ainsi que des mesures d'incitation qui existaient pour les entreprises réembauchant des femmes qui avaient interrompu leurs carrières pour s'occuper de leurs enfants[1]. Au Royaume-Uni, des budgets consacrés à la mise en œuvre de l'« égalité des sexes » ont été réduits et les évaluations de l'impact de la législation sur les femmes ont pris fin[2]. En Irlande, l'organisme chargé de surveiller la législation et de promouvoir l'égalité de genre a vu son budget réduit de 43 %. En Grèce, le plan de relance national révisé a abandonné les objectifs précédents relatifs au taux d'emploi des femmes[3]... Aussi, les possibilités d'opérer un changement dans la prise en charge par les hommes du *care*, via entre autres l'instauration d'un congé de paternité, ont bien souvent été reléguées au second plan. En Espagne, l'augmentation du congé « paternel », initialement planifiée pour 2011, a dû attendre dix ans pour pouvoir enfin se concrétiser tandis qu'en Estonie il a été supprimé[4]. Les politiques publiques censées assurer les droits sexuels et reproductifs ont été également fortement mises à mal par l'austérité. Ces droits concernent à la fois la santé de la reproduction (fécondation, grossesse, accouchement...) et celle de la non-reproduction (avortement, contraception, stérilité). En particulier, ces droits permettent aux personnes de décider du moment, du nombre et de l'espacement entre les naissances[5]. Ce droit fondamental à disposer de son corps a été remis en cause par des gouvernements majoritairement composés d'hommes cisgenres, et

1 Lina Gálvez et Paula Rodríguez-Modroño, « A Gender Analysis of the Great Recession and "Austericide" in Spain », *op. cit.*

2 Maria Karamessini et Jill Rubery, « The Challenge of Austerity for Equality: A Consideration of Eight European Countries in the Crisis », *Revue de l'OFCE*, n° 133, 2014 [consultable sur urlz.fr/htUF].

3 Mark Smith et Paola Villa, « The Long Tail of the Great Recession: Foregone Employment and Foregone Policies », *Revue de l'OFCE*, n° 133, 2014 [consultable sur urlz.fr/htUJ].

4 *Ibid.*

5 Direction de l'Égalité des chances, « Les droits sexuels et reproductifs, c'est quoi ? », Fédération Wallonie-Bruxelles [consultable sur urlz.fr/htUK].

sujets au lobbying de courants politiques ou religieux conservateurs et traditionalistes. Heureusement, comme en Espagne, en Argentine ou encore en Pologne[1], chaque fois que l'accès à l'interruption volontaire de grossesse (IVG) est menacé, les manifestations féministes massives et la solidarité internationale ont fait barrage à ces propositions de loi antiféministes et liberticides. Depuis 2015, afin de permettre aux gouvernements de réaliser des économies qu'ils ont chiffrées à 12 millions d'euros, soit une somme dérisoire, les femmes belges ont vu leur séjour en maternité passer de cinq jours à trois jours et demi. Sont désormais pénalisés les hôpitaux qui dépassent les quatre jours : ils ne seront pas financés pour ce surplus... Ce renvoi précipité chez elles des jeunes mères peut déclencher de graves complications et détériore leur suivi postnatal. Toujours en Belgique, le ticket modérateur (le montant des honoraires effectivement payés par le ou la malade après remboursement de l'assurance maladie) diminue chez certains spécialistes et augmente chez d'autres, notamment chez les gynécologues, où il passe de 8,23 à 12 euros. Une économie de 11,5 millions va être réalisée sur les mammographies digitales[2].

Ces mesures budgétaires illustrent avec une clarté écœurante à quel point les femmes paient en santé et financièrement les coûts de la crise de la dette. La crise et l'austérité ont été dans la majorité des États européens synonymes d'un retour en arrière de la volonté politique et dès lors des financements publics pour des engagements en faveur de l'égalité des genres.

1 Rappelons que la législation actuelle en Pologne est pourtant déjà l'une des plus restrictives d'Europe. L'avortement y est illégal sauf en cas de viol ou d'anomalie chez le fœtus.
2 Christine Vanden Daelen et Vie Féminine, « Podcast du LCD : Femmes vs Austérité : la dette au tapis ! », CADTM, 26 avril 2017 [consultable sur urlz.fr/htUM].

Ce retour de bâton idéologique représente non seulement une menace pour les acquis et un renforcement des stéréotypes sexistes existants, mais implique aussi une perte de la possibilité d'intégrer la dimension du genre dans toute une série de nouvelles politiques publiques. Cette expansion d'un sexisme institutionnalisé exacerbé par les logiques austéritaires appelle à la résistance et à l'organisation des mouvements des femmes.

Des associations féministes en grande difficulté

Au mieux considérées comme secondaires, au pire ouvertement attaquées, les associations féministes ou travaillant avec des femmes, à l'instar des politiques publiques favorisant l'égalité des sexes, sont de moins en moins soutenues par des financements publics. Ces associations vivent généralement sur la base d'un financement composite aux origines diverses : UE, États, régions, collectivités locales, fondations, mécènes, donateur·ices privé·es – et la part des appuis publics est souvent considérable. Partout en Europe, plannings familiaux, associations travaillant avec les femmes des quartiers populaires, avec des personnes LGBTQI+, maisons des femmes, refuges pour femmes battues, violées et maltraitées et leurs enfants, lignes d'écoute et d'aide téléphoniques... doivent faire face à une diminution de leurs subventions. Ces coupes prétendument neutres en termes de genre contraignent nombre de ces structures soit à disparaître, soit à diminuer les services qu'elles procurent aux personnes qui en ont besoin. Les diminutions de financements publics notamment des associations de soutien aux femmes victimes de violences ont pour effet de menacer la sécurité et le droit à la vie des femmes, alors qu'il est désormais incontestable que la crise financière a suscité une montée de la violence sexiste. Tithi Bhattacharya constate qu'en Grande-Bretagne la violence conjugale a grimpé de 35 % en 2010. En Irlande, une hausse de 21 % des sollicitations de femmes auprès des services d'aide aux victimes de violences a été enregistrée en 2008 par rapport à 2007. Ce chiffre a encore atteint des sommets en 2009, décrivant une hausse de 43 % par rapport aux chiffres de 2007[1]. Or, précisément, suite à des cures austéritaires, trente-deux refuges pour femmes ont été fermés en Angleterre entre 2010 et 2014[2] tandis qu'un centre irlandais pour femmes violentées recevant avec la crise de plus en plus de demandes de places d'accueil a dû supprimer dix postes de travailleur·ses sociaux·les[3].

Le lien entre augmentation de la violence de genre et diminution de l'engagement public à la combattre est particulièrement significatif au Brésil. Ce pays, comme d'autres en Amérique latine avant les revirements opérés ces dernières années par des gouvernements ultralibéraux, avait connu de très importantes avancées en matière de couverture sociale, notamment sous la pression des mouvements sociaux ou de leaders progressistes. Dès les six premiers mois du mandat de Jair Bolsonaro, les finances publiques pour combattre la violence envers les femmes passent de 119 millions de réaux en 2015 à seulement 5,3 millions de réaux en 2019, tandis que le ministère des Droits humains, de la Famille et des Femmes réduit le budget de son

1 Tithi Bhattacharya, « Explaining Gender Violence in the Neoliberal Era », *art. cit.*
2 « The IMF, Gender Equality and Expenditure Policy: The Gendered Cost of Austerity », Bretton Woods Project, septembre 2017 [consultable sur urlz.fr/htUV].
3 Les sorcières de Salem, « Les attaques patriarcales et la "crise" du capitalisme », Ràdio Lenga d'Òc, 2015 [consultable sur urlz.fr/htV5].

assistance aux femmes victimes de violence, passant de presque 35 millions de réaux à… 195 000 réaux[1] ! Durant cette même période, les féminicides augmentent de 44 % à São Paulo, la plus grande ville du pays. Le reste du secteur socioculturel est également sous la coupe des mesures d'austérité. Or, parce qu'il travaille en priorité avec les populations précaires, il apporte une aide et un soutien en priorité aux femmes. Et là encore, pas de mystère : si on diminue l'aide alimentaire, l'hébergement social ou d'urgence, les ateliers d'éducation permanente, l'aide juridique gratuite, les actions culturelles, etc., ce sont les femmes qui sont les premières privées de ces apports.

On peut donc affirmer que le remboursement de la dette détériore en spirale toute politique et processus participant à l'émancipation des femmes. En les privant non seulement de ressources financières, mais aussi humaines et solidaires, en entravant, comme on vient de le voir, les initiatives qui pourraient s'attaquer aux conséquences des inégalités structurelles, les politiques austéritaires enferment toujours plus les femmes dans des relations de dépendance aux hommes – mari, père, frères, patron… – et à une protection sociale démembrée mais encore plus urgente, les exposant à des violences sans cesse accrues (conjugales, familiales, sexuelles, institutionnelles, etc.) et à l'endettement privé insoutenable. La dette accentue l'infernale précarisation des femmes et les difficultés à faire face à ces nouvelles situations de détresses économiques, physiques et psychologiques.

1 Tricontinental: Institute for Social Research, « Women of Struggle, Women in Struggle », *Studies: Feminisms*, n° 1, mars 2020 [consultable sur urlz.fr/htVb].

DESTRUCTION DES SERVICES PUBLICS : LES FEMMES COMPENSENT

Le renvoi de la reproduction sociale au privé

Partout dans le monde, les femmes consacrent en moyenne deux fois et demi plus de temps que les hommes au travail domestique gratuit, qui est bien du *travail*. Chaque jour, elles effectuent 12,5 milliards d'heures de travail gratuit à travers la planète et prennent en charge 75 % du travail de *care* non payé. De manière générale, la différence genrée en matière de réalisation de travail gratuit a plutôt diminué avec le temps. Plusieurs éléments y contribuent : les familles deviennent moins nombreuses, la hausse des revenus de certaines permet de déléguer ce travail à d'autres, des technologies et infrastructures réduisent le temps consacré à certaines tâches (par exemple, un système public efficient de canalisations rendra obsolète la corvée de puisage d'eau tandis que, pour les ménages qui peuvent se le permettre, une machine à laver le linge réduira considérablement le temps généralement consacré par les femmes à cette tâche). Cette diminution du temps consacré au travail ménager est pourtant loin d'être corrélative d'une répartition plus égalitaire de ces tâches, et est encore moins un acquis inébranlable.

Au Canada par exemple, d'après les données de 2011 de l'Institut de recherche et d'informations socio-économiques (IRIS), la seule situation dans laquelle le partage est égal, au sein du couple hétérosexuel, est quand la femme travaille à temps plein et que l'homme est à la maison[1].

Dans les pays des Nords, les femmes salariées ont des journées de travail plus longues que les hommes car elles effectuent environ 3 heures 30 de travail gratuit par jour, alors que les hommes y consacrent seulement 1 heure 54. On estime, aux États-Unis, qu'en incluant la part de *care* effectué, le temps de travail d'une femme salariée équivalait à 94 heures par semaine, soit 13 heures 30 par jour en 2014. N'oublions pas toutes les tâches quotidiennes et invisibles, même sur le lieu de travail : penser au café, le faire, passer l'éponge, savoir s'il reste des sacs poubelles, ranger la table de réunion...

Dans les pays des Suds, ce travail gratuit est souvent encore plus long, plus dur et inégalement réparti. Plus de 4 heures par jour sont dédiées au travail non rémunéré, alors que les hommes n'y affectent que 1 heure 20 de leur temps quotidien. Un accès réduit à l'eau, à l'électricité ou aux transports augmente le temps alloué au travail gratuit. Le fait d'avoir un emploi rémunéré ne réduit pas significativement les heures passées à fournir ce travail (on passe de 4 heures 30 à 4 heures 11...), mais augmente le temps de travail total (plus de 9 heures)[2]. « Au Mexique par exemple, les femmes qui ont un emploi rémunéré s'occupent

---

1 Céline Hequet, « Néolibéralisme et travail de soin », 2017 [consultable sur urlz.fr/htXA].

2 Laura Addati, « Les femmes au travail. Tendances 2016 », *op. cit.*

également de la maison, et cette activité absorbe 33 heures par semaine de leur temps ; la participation des hommes aux corvées ménagères n'est par contre que de 6 heures par semaine[1] ».

Cette assignation a pour conséquence non seulement d'exclure 42 % des femmes (comparé à 6 % des hommes) du travail salarié, comme on l'a vu précédemment, mais aussi de leur en donner la responsabilité – invisibilisée, normalisée – quand cette charge viendrait à augmenter. Un soutien public à la reproduction sociale, une valorisation et une meilleure distribution de sa prise en charge sont donc des facteurs élémentaires de la réduction des inégalités.

Cependant, les dynamiques de privatisation, de libéralisation et de dérégulation à l'œuvre au sein des économies ajustées sapent précisément toute prise en charge publique, collective et solidaire de la reproduction sociale. Services sociaux, santé, éducation, culture, énergie, infrastructures hydriques et d'assainissement, transports, logements… Tout y passe ! Cette liquidation des services publics opérée au nom des politiques de la dette touche en premier lieu et triplement les femmes. D'abord comme travailleuses, on l'a vu. Mais elles perdent aussi leur accès comme usagères majoritaires aux services et infrastructures publiques comme les transports publics, les infrastructures hydriques et énergétiques, et, surtout, aux services à l'enfance, aux soins aux personnes dépendantes ainsi qu'aux services de santé pour elles-mêmes (soins gynécologiques, soins liés à la grossesse, à la maternité, mais aussi découlant d'un temps de vie plus long le plus souvent sans partenaire…). Troisièmement, elles sont spécifiquement impactées

1 Janice Angaillot, « Femmes et emplois dans l'Amérique Latine contemporaine », *op. cit.*

en tant que mères, grands-mères, épouses, filles, compagnes, et elles compensent cette perte d'accès aux services publics pour les personnes dont elles ont la charge (enfants, jeunes, malades, personnes âgées) en augmentant leur travail gratuit et invisible.

Si cette privatisation de la reproduction sociale est sans coût pour le capitalisme patriarcal, on ne peut en dire autant pour les femmes, qui suppléent à « cette privatisation des effets économiques de l'ajustement[1] ». Cette augmentation sans cesse plus exigeante de leurs efforts pour assurer la prise en charge du bien-être de la collectivité se fait souvent au prix d'un épuisement physique et mental sans appel : les femmes n'ont plus de temps pour elles, pour souffler, se reposer, se repenser, se former, se divertir, se rêver...

Ce « renvoi vers le privé » signifie que, du fait de la crise, elles vont assurer elles-mêmes les tâches délaissées par la fonction publique et le secteur associatif via une augmentation de leur travail gratuit et invisible. Pour ce faire, elles doivent soit réduire partiellement voire totalement leur temps de travail salarié, soit augmenter leur temps de travail total. Ou bien, lorsqu'elles en ont les moyens, elles extériorisent ces tâches auprès d'autres femmes plus pauvres et vulnérables ou payent des services toujours plus chers et moins accessibles car privatisés ou non subsidiés.

Tout en perdant des revenus, et ce parfois de façon considérable (certaines femmes s'endettent pour assurer à leurs proches les soins dont ils ont besoin), elles entretiennent ce que les féministes nomment la « chaîne globale du *care* ».

---

1 Verónica Gago et Lucí Cavallero, « La dette est une guerre contre l'autonomie des femmes », entretien avec Beatriz Ortiz Martínez, CADTM, 20 mai 2021 [consultable sur urlz.fr/htVg].

Ainsi, non seulement les politiques de la dette permettent la génération de profits privés ou d'économies publiques via l'extraction du temps et des ressources des femmes, mais elles constituent dans le même temps de puissantes courroies de réactivation d'une idéologie patriarcale, conservatrice et complètement sexiste. Prendre en compte ces multiples régressions induites par les dynamiques austéritaires permet de mieux comprendre et d'accompagner les militances féministes dans leurs analyses et luttes contre les dettes illégitimes.

En finir avec le travail gratuit ?

Si l'ensemble des féministes s'accordent sur son importance dans les rapports d'exploitation capitalistes, le travail gratuit est appréhendé et vécu de manières différentes, voire opposées, selon la place que l'on occupe dans les rapports de domination. C'est dans les années 1960 et surtout 1970 qu'il devient central dans les réflexions et combats féministes en Europe de l'Ouest et en Amérique du Nord : certaines constatent leur enfermement au foyer, d'autres la charge injuste de la double journée de travail. Plusieurs écrits mettent en lumière son ampleur, mais aussi le fait qu'il n'est pas nécessairement une « activité d'amour », effectuée naturellement par les femmes, mais bien une prison dorée, un travail invisible que l'amour n'allège pas. Betty Friedan, Christine Delphy, Silvia Federici, Colette Guillaumin ou encore Mariarosa Dalla Costa s'accordent sur le fait que sa non-reconnaissance est à la base même du patriarcat et des rapports de sexe inégalitaires, car les femmes sont la seule « classe » qui en porte l'obligation. Le travail gratuit étant la forme d'exploitation la plus radicale possible, il va de soi qu'il faut le visibiliser et combattre les logiques qui permettent cette exploitation. Cependant, différentes propositions pour y parvenir coexistent : de la mise en place de garderies communautaires à celle – portée par Silvia Federici dans *Wages for Housework* en 1975 –

revendiquant une rémunération pour celui-ci, proposition qui a fait et fait toujours débat. Parfois (in)comprise comme une exigence économiciste voulant marchandiser ce qui ne devrait pas forcément l'être – la solidarité, le soin, l'affection –, ce projet s'inscrit plutôt comme une revendication intermédiaire, un levier pour servir d'autres fins : pour le dire clairement, la réappropriation du pouvoir politique et la transformation des rapports sociaux à travers la reconnaissance d'un travail jusque-là non considéré comme tel. Loin d'être une tentative de s'intégrer aux logiques capitalistes, ce « salaire ménager » serait un moyen de s'y opposer fondamentalement en montrant sa valeur : dans un système capitaliste, ce qui n'est pas payé est improductif et donc inexistant ; la gratuité enlève donc à ceux, en l'occurrence celles, qui l'effectuent tout pouvoir politique.

Si le travail gratuit est une prison dorée pour certaines, il est la continuité de l'esclavage et du racisme d'État pour d'autres, ou encore refuge et lieu de résistance pour certaines. Les tentatives de s'affranchir de ce travail gratuit mènent donc à de nouveaux débats en lien avec le *black feminism*. Un autre type de travail invisible est mis en lumière : celui des femmes migrantes et racisées qui le prennent en charge en étant sous-payées afin d'en décharger d'autres. Aujourd'hui, des mouvements structurés autour de la notion du travail gratuit renaissent car, jusqu'à présent, ni les institutions ni les luttes n'en ont fait un réel enjeu collectif, s'étant plutôt concentrées sur l'accès des femmes au marché du travail rémunéré. Les réflexions semblent désormais s'articuler autour de la notion de travail « invisible », besoin vital du capitalisme et donc en constante évolution. L'enjeu est de rendre visible et de politiser tout le travail de reproduction sociale, notamment à travers des mouvements de grève, outil à la fois de visibilisation et d'insubordination[1]. De repenser, revaloriser

1 Verónica Gago, « 8 thèses sur la révolution féministe », CADTM, 27 février 2020 [consultable sur urlz.fr/hu2W].

et radicalement redistribuer ce travail de reproduction sociale afin d'éviter son assignation exclusive à un groupe moins privilégié. Pour le CADTM, il s'agit d'œuvrer à une répartition non genrée du travail reproductif, essentiel à nos sociétés, et donc à un renforcement des services publics afin de socialiser ce travail.

La santé publique en première ligne des ajustements

Que ce soit au titre de l'ajustement structurel aux Suds ou à celui de l'austérité aux Nords, partout le système dette impulse une diminution générale des budgets de la santé, l'arrêt de la construction de nouvelles infrastructures et la fermeture de services sanitaires essentiels (hôpitaux, maternité, centres de santé, plannings familiaux...), la réduction du personnel médical, l'augmentation des coûts liés aux soins et aux produits pharmaceutiques, le soutien à l'implantation d'hôpitaux privés, etc. Ainsi, en 1991, à la suite d'un « accord » avec le FMI et la Banque mondiale, les Philippines ont diminué leur budget de santé de moitié. Le Pérou et le Zimbabwe ont vu la disparition des soins de santé gratuits et, en conséquence, l'apparition de lits inoccupés dans les hôpitaux (jusqu'à 30 %)... La prévention de la tuberculose a également cessé du jour au lendemain. En trois ans, les dépenses de santé publique ont chuté de 30 % alors que les honoraires augmentaient de 40 % à 105 %[1]. Des universitaires de Cambridge ont relevé en 2015, au plus fort de la crise du virus Ebola, que le FMI avait contribué, via ses conditionnalités de prêts, au sous-financement des secteurs

---

1 Stéphane Desgain, « Soigner ou rembourser ? La dette contre la santé », CADTM, 26 septembre 2003 [consultable sur urlz.fr/htXc].

de la santé de Guinée, du Liberia et du Sierra Leone, dès lors insuffisamment dotés en personnels et mal préparés pour faire face à cette épidémie[1]. Avant l'arrivée de la pandémie de Covid-19, un quart des pays des Suds consacraient davantage de ressources au service de la dette qu'à la santé. En Europe, les dépenses de santé ont enregistré en 2010 leur première baisse depuis des décennies. « En 2015, en Belgique, le budget des soins de santé a été diminué de 1,5 milliard d'euros après la mise en place des politiques d'austérité. Les soins de santé ont fourni 22 % de l'effort total d'assainissement [des comptes publics] réalisé en 2015[2]. » « En revanche, le paiement de la dette publique engloutit chaque année près de 40 milliards d'euros d'argent public, soit 15 % du budget de l'État en 2018, alors que la santé ne représentait que 13 %[3]. » La liste des préjudices causés par la dette à la santé publique est encore bien longue et mène à une conclusion limpide : avec l'application des PAS et de l'austérité, la santé n'est plus considérée comme un droit humain fondamental mais comme une marchandise. Toute notion d'assistance et de service public accessible à tou·tes indépendamment de leurs revenus et de leur position sociale est évincée. Seule la logique du profit privé prédomine désormais.

---

1 Alexander Kentikelenis, Lawrence King, Martin McKee et David Stuckler, « The International Monetary Fund and the Ebola Outbreak », *The Lancet Global Health*, vol. 3, n° 2, février 2015 [consultable sur urlz.fr/htXh].

2 Marcela de la Peña Valdivia, Melania Giubbilei, « Pourquoi les politiques d'austérité touchent davantage les femmes ? », Le Monde selon les femmes, 2017, p. 11 [consultable sur urlz.fr/htVi].

3 Gilles Grégoire, « Les soins de santé en Belgique : de la privatisation à la socialisation ? », CADTM, 9 juin 2020 [consultable sur urlz.fr/htVn].

La Santé en lutte, Belgique[1]

En Belgique, le remboursement de la dette justifie la mise en place de mesures d'austérité, détricotant le secteur de la santé en tant que tel et la sécurité sociale, et, par là, l'accès aux soins de santé[2]. C'est partant de ces constats qu'est né La Santé en lutte, un groupement de personnes concernées par les enjeux de la santé. L'accès à la santé pour tou·tes ainsi que son refinancement pour des conditions de travail et des salaires décents font partie des grandes revendications du mouvement. La Santé en lutte rappelle que les femmes sont majoritaires dans le secteur de la santé, mais que celui-ci est est également historiquement considéré comme «féminin» parce qu'il fournit des soins : en Belgique, le secteur des soins est à 75% composé de femmes – le pourcentage monte à 86,5% concernant les infirmières[3]. La pandémie de Covid-19 a visibilisé des enjeux structurels liés au financement des soins de santé et a exacerbé une situation qui n'est pas nouvelle pour les hôpitaux. En septembre 2020, une grande manifestation de La Santé en lutte a rassemblé à Bruxelles près de cinq mille personnes sous le slogan «Le capital tue, les femmes prennent soin». Dans la foulée, un appel international pour défendre un accès égalitaire à la santé a été signé par plus de soixante signataires (associations, collectifs autonomes et syndicats) de Belgique, France, Italie, Espagne, Suisse, Royaume-Uni, Roumanie mais aussi du Québec et d'Amérique latine. Le réseau continue de se consolider.

Lorsque la santé est privatisée ou sous-financée, les femmes sont particulièrement impactées comme travailleuses majoritaires de ce secteur : elles sont à l'avant-poste des licenciements

1 Encadré rédigé par Anaïs Carton et Beatriz Ortiz Martínez.
2 Gilles Grégoire, «Les soins de santé en Belgique», *art. cit.*
3 Voir également «Lutte de la santé, lutte féministe!», La Santé en lutte, 6 mars 2020 [consultable sur urlz.fr/htVq].

opérés, leurs rémunérations sont laminées, elles sont constamment en sous-effectifs face à des besoins qui s'intensifient, ce qui les expose à des burn-out à répétition alors que les IFI limitent tout nouveau recrutement.

Cette dégradation continue des conditions de travail du secteur de la santé n'est pas sans conséquence sur la qualité des soins et des relations soignant·es-patient·es, ces dernier·es étant également principalement des femmes. Cette détérioration de la qualité des soins et l'augmentation générale des prix (via l'introduction de tarifications là où auparavant elles n'existaient pas) impactent spécifiquement les femmes comme usagères majoritaires, et souvent les plus précaires, des soins de santé. Avec les fermetures de services de proximité ou spécialisés et l'allongement des délais d'attente, disposer pour elles-mêmes et pour les personnes dont elles ont la charge de soins abordables financièrement et accessibles est de plus en plus incertain pour un nombre croissant d'entre elles, particulièrement les femmes âgées des zones rurales. Le manque d'argent les conduit soit à reporter, soit à carrément renoncer aux soins ou aux médicaments essentiels, mettant ainsi leur propre vie en danger.

En Grèce, beaucoup d'hôpitaux ont été fermés ou ont fusionné, et dans ceux qui continuent leurs activités règne un tel manque de personnel et de matériel médical que de nombreux services sont dans l'incapacité d'assurer les besoins médicaux de tou·tes les patient·es. Une partie d'entre elles et eux n'a pas d'autre choix que de se replier sur la cellule familiale (donc sur les femmes) pour obtenir soins et assistance. Une fois de plus, on constate qu'il y a un transfert du coût des soins des personnes malades du secteur public vers l'espace privé, générant une augmentation du travail de soin non rémunéré des femmes.

Au Zimbabwe, après l'ajustement de 1991, de nombreuses filles des milieux pauvres ont dû cesser d'aller à l'école pour s'occuper des membres de leur famille malades avec des conséquences néfastes pour leur santé, leur sécurité et leur éducation[1]. Face au vieillissement de la population, le besoin de soins aux personnes âgées s'accroît alors que les financements publics pour assurer leur prise en charge diminuent. Sans changement de politique, les soins aux personnes âgées incomberont de plus en plus aux soignantes de la famille, accentuant tant leur charge physique et mentale que leur pauvreté temporelle et économique, déjà largement aggravée par les autres mesures menant à une privatisation de la reproduction sociale. Dans l'UE, « 25 % des femmes déclarent que les soins et autres responsabilités familiales et personnelles sont la raison pour laquelle elles ne sont pas sur le marché du travail, contre seulement 3 % des hommes[2] ». Notons que bien souvent, pour beaucoup de femmes précaires, leur santé passe après celle de leur famille ou après la gestion de difficultés financières. Se disant que, le plus important, c'est de tenir le coup, leur propre santé n'a que peu de valeur à leurs yeux...

La petite enfance sous carcan austéritaire

Alors que déjà avant la crise de la dette, très peu de pays considéraient la garde des enfants comme un bien public et un droit universel auquel il faut garantir l'accès, les politiques de rigueur budgétaire signent un désinvestissement massif

1 Shahra Razavi (dir.), *Traduire les promesses en action : l'égalité des sexes dans le programme de développement durable à l'horizon 2030*, New York, ONU Femmes, 2018 [consultable sur urlz.fr/htVt].

2 ONU Femmes, *Les progrès des femmes dans le monde 2015-2016*, *op. cit.*, p. 84.

de l'État de ce secteur. Au vu de l'offre extrêmement faible de structures d'accueil publiques de la petite enfance dans la majorité des pays des Suds, nous nous intéressons principalement ici à la situation en Europe. Dans l'ensemble des pays de l'OCDE, la couverture publique des services d'éducation et de soins pour les enfants de 0 à 2 ans, âges où la charge des soins qui repose sur les femmes est la plus grande, avoisine seulement les 33 %, avec d'importants écarts entre les pays[1]. En Belgique, en Fédération Wallonie-Bruxelles, par exemple, le taux de couverture est de 35,9 % en 2018, ce qui signifie que quasiment deux enfants sur trois de moins de 3 ans n'ont pas de place d'accueil dans une crèche publique[2]. Alors que les besoins sont énormes, ce retrait des pouvoirs publics a bien des fois entraîné la fermeture pure et simple de structures d'accueil, obligeant les parents qui en ont les moyens à s'adresser au secteur privé et les autres à solliciter les grands-parents, et surtout les grands-mères. De plus, cette pénurie de crèches financièrement abordables conduit à réduire l'accès des jeunes mères au marché du travail rémunéré.

La diminution des services offerts, rendant par exemple les horaires d'ouverture des crèches incompatibles avec les besoins des parents ayant un emploi, et l'augmentation des coûts supportés par les parents sont également des conséquences directes de la désertion par les acteurs publics de ce secteur essentiel à la reproduction sociale. Les politiques de la dette sont bel et bien synonymes de déficit structurel des soins à la petite enfance alors qu'un système public d'accueil accessible et de qualité contient de nombreuses potentialités émancipatrices tant pour

1 ONU Femmes, *Les progrès des femmes dans le monde 2015-2016*, *op. cit.*
2 « L'ONE en chiffres 2018 », Office de la naissance et de l'enfant, p. 22. [consultable sur urlz.fr/htVB].

les femmes que pour les enfants et la société en général. De la même manière que dans le secteur de la santé évoqué précédemment, les femmes compensent le désengagement de l'État des services de la petite enfance en augmentant leur travail gratuit et invisible de soins. Elles assument la prise en charge des enfants délaissé·es par la fonction publique. De nouveau s'opère un transfert net de responsabilité d'un secteur fondamental à la reproduction sociale de la sphère publique vers la sphère privée et donc vers les femmes. De fait, face à l'augmentation des frais de garde et la suppression d'allocations soutenant la parentalité, beaucoup de mères des ménages à faible revenu sont amenées à quitter leur emploi de façon temporaire ou permanente, à diminuer leur temps de travail rémunéré, ne pas suivre une formation qualifiante ou encore ne pas avoir suffisamment de disponibilités pour chercher un nouvel emploi afin de pouvoir rester à la maison s'occuper de leurs enfants en bas âge. En Espagne, en 2012, après leur départ en congé de paternité, tous les hommes sont revenus travailler à plein temps, contre seulement 55 % des femmes : 35 % reprennent à temps partiel, 7 % abandonnent leur emploi et 3 % le perdent[1]. Il existe ainsi un lien de causalité directe entre accessibilité des services d'accueil de la petite enfance et accès des femmes à l'emploi non précaire.

Si cette crise des structures de soins et d'éducation de la petite enfance contient des implications importantes pour les femmes et leur autonomie, elle a également des incidences sur les enfants. De fait, la qualité des soins a une influence sur leur développement physique et cognitif, leur épanouissement et leur ouverture au monde et aux autres; donc, à long terme,

---

1 Laura Addati, Florence Bonnet, Ekkehard Ernst, Rossana Merola et Pei Man Jessica Wan, « Les femmes au travail. Tendances 2016 », *op. cit.*, p. 68.

sur leur vie adulte et, par suite, sur toute la société. Un niveau d'investissement adéquat dans les structures d'accueil est non seulement un vecteur puissant d'émancipation des femmes, mais constitue aussi un outil d'égalité des chances entre les enfants.

Les privatisations de l'eau et de l'énergie

Sous l'impulsion des politiques de la dette, l'accès à l'eau et à l'énergie n'est plus considéré comme un besoin vital à assurer de façon solidaire et collective mais comme une niche, un business à accaparer pour réaliser profits et marges bénéficiaires. Les IFI conditionnent prêts et prétendus allègements de dette à la soumission de ces ressources essentielles aux lois du marché. Ainsi, par exemple, la Banque mondiale exigea en 1999-2000 que la ville de Cochabamba en Bolivie accepte de transférer la gestion du réseau d'approvisionnement en eau à des intérêts privés. Cette mesure fit exploser du jour au lendemain le tarif de l'eau, s'approvisionner devenant une dépense équivalant à 20 % du revenu mensuel d'un ménage ! Des révoltes populaires, connues sous le nom de « guerre de l'eau », éclatèrent en conséquence. Violemment réprimées, elles n'en furent pas moins victorieuses : sous la pression de la rue mobilisée autour de la défense de ce service vital, la gestion de l'eau fut rendue à la compagnie publique qui l'assurait précédemment. Au Ghana, en 2002, après la privatisation exigée par les IFI, le prix de l'eau augmenta d'au moins 95 %[1]. Aujourd'hui, la quasi-totalité des pays des Suds ont appliqué les formules néo-

1 « La privatisation de l'eau est une violation des droits de l'homme », Cetim, novembre 2002 [consultable sur urlz.fr/htWb].

libérales du FMI et de la Banque mondiale et ont privatisé, ou sont en voie de privatiser, la gestion de l'eau et de l'énergie.

Ce désengagement des États de la distribution courante de ces ressources, de ces biens communs, en les rendant inaccessibles pour la grande majorité des populations des pays ajustés, contribue à accentuer la pénibilité et la dangerosité du travail gratuit des femmes et des filles. En effet, dans les villes et les campagnes, la division genrée du travail implique qu'elles sont responsables de l'alimentation et de la gestion de l'eau et des combustibles permettant de cuisiner, de se chauffer, de laver le linge, etc. Les corvées de collecte et de transport de ces ressources occupent une telle place parmi leurs obligations quotidiennes que la privatisation de leur distribution amène les féministes africaines à dénoncer le fait que « la tête des femmes soit désormais devenue le tuyau de raccordement des familles[1] ». Dans de nombreux pays des Suds, les femmes et les filles consacrent entre une et quatre heures par jour au ramassage de combustibles (bois, charbon, fumier animal, résidus de culture). Une étude menée auprès de vingt-cinq pays d'Afrique subsaharienne révèle que « les femmes passent, globalement, au moins 16 millions d'heures par jour à collecter de l'eau potable, les hommes 6 millions d'heures et les enfants 4 millions[2] ». Compenser les défaillances des pouvoirs publics dans l'approvisionnement en eau potable et en énergies non polluantes ponctionne les temporalités que les femmes (et les filles) pourraient consacrer à se former, à travailler de façon rémunérée, à se détendre, à avoir

1 Émilie Atchaka, représentant le Bénin dans le Cercle d'autopromotion pour le développement durable lors du second séminaire international « Femmes, dettes, microcrédits » organisé par le CADTM à Ouarzazate (Maroc) en avril 2014.
2 « Progress on Drinking Water and Sanitation », Organisation mondiale de la santé/Unicef, 2014 [consultable sur urlz.fr/hyDG].

une vie sociale, à ne rien faire... En outre, cette responsabilité dégrade significativement la santé des femmes et des filles : les charges portées généralement sur la tête sont lourdes et génèrent souvent des blessures notamment au dos et à la nuque. De plus, en cas de pénurie, leur charge mentale déjà immense est encore alourdie, provoquant un stress considérable. Le fait que les femmes et les filles aient des besoins spécifiques en eau durant leurs menstruations, grossesses, accouchements et soins aux enfants dans des contextes où elle est rare, inaccessible ou de mauvaise qualité multiplie les dangers pour leur santé et leur dignité : avoir accès à de l'eau potable durant le travail et l'accouchement est primordial pour la survie et la santé de la mère et de l'enfant, pouvoir se laver et se changer régulièrement durant les menstruations, entourées encore de nombreux tabous et stigmatisations, est indispensable...

Les liens entre santé des femmes et des filles et une fourniture non déficitaire en énergies non polluantes sont également extrêmement clairs : restant le plus souvent à la maison, elles inhalent les fumées émises par des cuisinières inadaptées et des combustibles issus de la biomasse. D'après l'ONU, les infections des voies respiratoires inférieures (causant pneumonies, affections pulmonaires chroniques et cancers des poumons) résultant de cette pollution de l'air intérieur constituaient en 2013 rien de moins que la principale cause de mortalité des femmes et des filles dans les pays à faibles revenus[1]. Si aucune amélioration n'a lieu d'ici à 2030, « ce type de pollution engendrera chaque année, un nombre de décès plus élevé que le

1 « Un objectif autonome en faveur de la réalisation de l'égalité des sexes, des droits et de l'autonomisation des femmes : impératifs et composantes clés », ONU Femmes, 2013, p. 32.

paludisme, le VIH, la tuberculose et la malnutrition combinées[1] ». Notons encore que, en tant que soignantes de première ligne au sein de leurs familles et communautés, les femmes et les filles doivent augmenter leur charge de soins non rémunérés pour s'occuper des maladies directement provoquées par ces carences en eau et énergies non polluantes. Les maladies d'origines hydriques sont également sources d'une mortalité importante, surtout chez les enfants, et appellent soins, compétences et disponibilité des femmes, le tout gratuitement et en plus de toutes leurs autres tâches et responsabilités. Alors que la majorité de la population mondiale est toujours privée de l'accès à l'eau potable et aux énergies non polluantes, reconnaître la dimension cumulative pour les femmes et les filles des coûts de la privatisation de ces ressources essentielles est une nécessité. Dénoncer et combattre les multiples violences qu'elle implique est une urgence absolue.

Le temps et l'énergie des femmes accaparées par le néolibéralisme

Les politiques de la dette ont détruit ou très fortement dégradé la responsabilité publique de la reproduction sociale. Le remboursement des créanciers et la privatisation des services et soins assurant le bien-être de la collectivité implique, pour toutes les populations ne disposant pas de revenus suffisants pour se payer ces services, d'en transférer la charge aux femmes sans aucune contrepartie. On passe de la notion d'État

1 Alexander Kentikelenis, Lawrence King, Martin McKee et David Stuckler, « The International Monetary Fund and the Ebola Outbreak », *The Lancet Global Health*, vol. 3, n° 2, février 2015 [consultable sur urlz.fr/htXh].

social à celle de « mère sociale ». Le système dette, se servant de la reproduction sociale comme d'une variable d'ajustement, accapare ainsi les ressources, le travail et le temps des femmes, considéré comme extensible à souhait. De plus, en impulsant un recentrage réactionnaire sur la famille et le rôle de la femme au foyer, le système dette renforce les idéologies patriarcales, misogynes, conservatrices. La dette, arme patriarcale au service de la finance, arrive de la sorte à faire payer aux femmes et autres groupes les plus vulnérables le prix de la crise, le tout en épargnant de surcroît les véritables responsables. Verónica Gago propose de comprendre ce véritable hold-up comme une « colonisation financière de la reproduction sociale[1] ». À la recherche de toujours plus de territoires sur lesquels réaliser des profits, le capitalisme financier parvient à s'infiltrer dans le quotidien des individu·es et à exploiter encore un peu plus les femmes, le tout, comme nous allons le voir dans le chapitre suivant, en ponctionnant leurs ressources financières via le remboursement de crédits à la consommation qu'elles ont dû contracter pour assurer le bien-être de leurs proches n'ayant plus accès aux services sociaux et publics. La dette dépossède ainsi violemment les femmes alors qu'usées dans leurs corps et phagocytées dans leurs possibles, elles sont en réalité titulaires d'une énorme dette de soins qui permet rien de moins que la reproduction de la vie et des sociétés.

1 Céline Hequet, « Néolibéralisme et travail de soin », 2017 [consultable sur urlz.fr/htXA].

COMMENT ET POURQUOI LES FEMMES S'ENDETTENT

LA DETTE POUR SURVIVRE

La spirale de l'endettement privé

Se loger, se nourrir, se soigner et s'éduquer font partie de nos droits humains fondamentaux. En démocratie, les cotisations sociales et les impôts ont a priori pour but premier d'augmenter les ressources financières d'un État ou d'une collectivité pour qu'elle puisse garantir aux habitant·es une vie digne et l'accès à leurs droits. La dette publique permet d'augmenter encore ces ressources et peut servir à des investissements pour le logement, l'éducation, la santé, l'alimentation et bien d'autres choses. À l'heure actuelle, pour une trop grande part, elle ne sert pourtant pas à ça.

Alors que les ratios des dettes publiques par rapport aux PIB augmentent dans tous les pays du monde, les gouvernements, sous l'influence de la doctrine et des institutions néolibérales, optent depuis des années pour la réduction des dépenses publiques sociales et la multiplication des aides octroyées au système bancaire. Les privatisations, les coupes budgétaires et le phénomène croissant de financiarisation tendent à faire de l'accès aux droits humains une affaire individuelle. En conséquence, chacun·e est amené·e à surmonter avec de moins en moins de soutien public les difficultés de la vie. Cette situation confère un rôle toujours plus déterminant aux revenus individuels ainsi qu'au patrimoine familial et contribue en ce sens à accroître les inégalités sociales.

Mis à part une minorité qui tire ses revenus d'un patrimoine[1], les ressources financières de la majorité des personnes proviennent des revenus liés au travail. Or, les salaires, pensions, indemnités de chômage et les autres formes de revenus n'augmentent pas aussi vite que le coût de la vie. C'est là qu'interviennent les institutions de crédits aux particuliers. Elles offrent de fausses solutions et les présentent comme salvatrices et donc souhaitables. Souvent, elles ne le sont pas... De nombreux ménages, et en particulier des femmes, qui ont recours au crédit pour subvenir à leurs besoins peuvent se retrouver dans des situations de surendettement dont les conséquences sont extrêmement graves. En Amérique du Sud, en Asie ou encore en Afrique, les situations de surendettement sont souvent synonymes d'atteintes à la dignité, à la liberté et parfois même au corps des personnes débitrices.

Le Nord n'y échappe pas : expulsion, harcèlement, travail précaire, privation de liberté sont quelques exemples de ce que peut subir une personne surendettée. Les femmes sont particulièrement affectées par ce système qui pousse à l'endettement privé. Bénéficiant en moyenne de moins de ressources que les hommes, elles ont accès à des crédits moins avantageux, alors qu'elles en ont souvent plus besoin. Elles peuvent avoir

1 Céline Bessière et Sibylle Gollac, *Le genre du capital. Comment la famille reproduit les inégalités*, Paris, La Découverte, 2019.

beaucoup plus de mal à les rembourser et, parfois, n'y ont tout simplement pas accès, ce qui dans certains cas peut s'avérer tout aussi problématique : par exemple, il n'est pas rare que des femmes seules avec enfants à charge, qui sont le plus souvent locataires, paient un loyer cher tout en vivant dans des logements inadaptés, voire insalubres. Elles ne peuvent pas prétendre à un prêt immobilier alors que, dans certains cas, ce type d'emprunt, octroyé dans de bonnes conditions et avec des taux bas ou nuls, pourrait les aider à faire baisser la part de revenu qu'elles dépensent pour se loger.

À leurs faibles ressources financières s'ajoute le fait que leur travail est trop souvent non reconnu, dévalorisé, voire complètement ignoré et qu'elles détiennent moins de patrimoine ; ce à quoi s'ajoute encore, pour beaucoup d'entre elles, la nécessité d'assumer des personnes à charge. Or c'est justement cette situation qui entraîne un nombre croissant de femmes à recourir à un crédit pour s'assurer de leur survie et de celle de leurs proches, au prix tristement paradoxal d'une augmentation de leur risque d'insolvabilité. Ce cercle vicieux génère une violence sociale non négligeable à l'égard d'un trop grand nombre de femmes dans le monde et perpétue les inégalités de genre. Un crédit abusif ou une situation d'insolvabilité peuvent rendre les femmes dépendantes des autres membres de leur ménage, de leur famille ou de leur communauté, ce qui nuit évidemment à leur autonomie mais peut même aussi s'avérer dangereux pour leur sécurité physique, puisqu'elles auront beaucoup plus de mal à échapper, par exemple, à un homme violent. Elles sont parfois harcelées par leurs créanciers ou subissent des abus sexuels pour rembourser leurs dettes. Des situations où des femmes ont dû vendre des organes ont été dénoncées dans certains pays d'Asie du Sud-Est notamment[1]. Le non-remboursement d'une dette contractée peut aussi aboutir à un processus d'exclusion sociale et même au suicide, comme cela a été observé au Sri Lanka[2]. Face à un système qui met au centre du droit à la vie le recours au crédit, les femmes sont les grandes perdantes. Elles le sont d'autant plus quand elles subissent d'autres formes de discriminations.

Les dettes étudiantes, un piège pour les femmes

Les dettes étudiantes représentent un problème économique majeur dans de nombreux pays. Alors que la privatisation de l'enseignement est accentuée par les logiques austéritaires, les frais d'inscription ne cessent d'augmenter et les ex-étudiant·es ont du mal à rembourser leurs prêts des années après avoir arrêté leurs études. Sous la contrainte du remboursement, ils et elles se voient obligées d'accepter des conditions de travail précaires, des postes qui ne correspondent parfois même pas au champ de leurs formations. Pire, ils et elles sont dans certains cas directement menacées de saisies sur leurs salaires ou leurs aides sociales par leurs créancier·es. Ainsi, l'éducation supérieure, considérée en principe comme un vecteur de mobilité sociale, peut se transformer en un outil de soumission économique quand elle est conditionnée à l'endettement. Les chiffres des prêts étudiants se comptent en milliards : en 2017,

1 Piyumi Fonseka, « Debt-Driven Suicides Continue Unabated in Sri Lanka », CADTM, 3 avril 2021 [consultable sur urlz.fr/huwM].
2 *Ibid.*

le montant global des prêts étudiants chiliens s'élevait ainsi à 2,5 milliards de dollars[1], tandis qu'au Canada le montant total de la dette étudiante culminait à plus de 11 milliards de dollars américains. Aux États-Unis, la situation est encore plus alarmante puisque le montant total des dettes étudiantes était près de cent cinquante fois supérieur à celui du Canada, soit un peu moins de 1 500 milliards de dollars[2] la même année pour atteindre 1 700 milliards en 2020. Dans la catégorie des prêts aux particuliers, le montant total des prêts étudiants états-uniens arrive à la seconde place, devancé seulement par les prêts immobiliers[3]. Les États-Unis comptent 45 millions de débiteur·ices d'une dette étudiante (sachant que le pays compte à peu près 20 millions d'étudiant·es annuellement) et, selon l'Association américaine des femmes diplômées des universités (AAUW), les femmes doivent plus de la moitié de ces dettes et environ deux tiers de toutes les dettes non remboursées.

Les inégalités raciales interviennent également : les femmes noires ont une dette étudiante supérieure d'environ 20 % en moyenne à celle des femmes blanches, qu'elles ont en outre plus de mal à rembourser. À l'obtention de leur diplôme, 57 % d'entre elles font état de difficultés financières lors du remboursement de leur prêt étudiant[4].

---

1 Myriam Bustos, « Presidente de la Federación de Estudiantes de la U. de Chile: "Debe haber una condonación de la deuda del CAE y del Fondo Solidario" », *La Tercera*, 25 avril 2017 [consultable sur urlz.fr/hux8].
2 « Consumer Credit – G.19 », Réserve fédérale, 7 février 2022 [consultable sur urlz.fr/huxx].
3 Zack Friedman, « Student Loan Debt Statistics in 2018: A $1.5 Trillion Crisis » *Forbes*, 13 juin 2018 [consultable sur urlz.fr/huxA].
4 « Deeper in Debt: Women & Student Loans », AAUW, 2017 [consultable sur urlz.fr/huxQ].

La difficulté des femmes noires ou hispaniques à rembourser leurs prêts étudiants est directement liée aux multiples inégalités sociales qu'elles subissent. Les coûts de l'enseignement supérieur pour les femmes non blanches qui vivent aux USA sont trop souvent insurmontables à cause notamment des inégalités salariales qu'elles connaissent (elles touchent en moyenne 63 % de ce que gagnent les hommes blancs pour un travail équivalent[1]). Elles doivent également faire face à un accès plus limité au marché du travail et détiennent une part de patrimoine moins importante. En ce sens, la crise des prêts étudiants s'avère un problème économique racial et genré[2].

Alors que la difficulté à rembourser est directement liée aux inégalités sociales existantes, les prêts étudiants participent à leur reproduction et leur exacerbation au sens où ils constituent souvent un obstacle pour les débitrices. En effet, à cause des dettes contractées pour leurs études, elles ont du mal à couvrir leurs besoins fondamentaux ou ceux de leur famille et à atteindre une certaine sécurité financière. Il est quasiment impossible pour une débitrice en difficulté d'espérer accumuler du patrimoine. Ainsi les écarts de richesses raciaux et genrés sont directement multipliés par les dettes étudiantes. L'accès à l'enseignement supérieur de toutes est pourtant essentiel à la réalisation d'une société plus égalitaire et à la possibilité pour les femmes, et pour toutes personnes subissant des discriminations, de défendre leurs droits.

---

1 Adewale Maye, « The Student Loan Debt Crisis Impedes Black Women's Economic Security », The Center for Law and Social Policy, 6 juillet 2021 [consultable sur urlz.fr/huxU].

2 *Ibid.*

Le droit au logement des femmes menacé par le crédit hypothécaire

Le droit au logement est un droit humain fondamental, reconnu par la Déclaration universelle des droits de l'homme de 1948 et le Pacte international relatif aux droits économiques, sociaux et culturels de 1966 : l'accès à un logement décent est en effet une condition indispensable à la survie, à la liberté, à la dignité humaine, et favorise l'intégration sociale. Il permet également l'accomplissement d'autres droits fondamentaux tels que la santé, l'éducation ou encore le travail.

Si les pouvoirs publics ont le devoir de s'en porter garants pour tou·tes, sans discrimination, en réalité ils n'assument pas cette responsabilité. Depuis plusieurs décennies, la plupart des gouvernements mènent des politiques publiques en matière de logement qui visent à stimuler l'accès à la propriété privée par le crédit alors que les marchés résidentiels se sont libéralisés (absence de contrôle de prix, manque criant de logements sociaux dans la plupart des pays, financiarisation, etc.) et que les prix ont augmenté[1]. Cela a entraîné des conséquences négatives sur les locataires et plus généralement sur l'effectivité du droit au logement. Le système bancaire, dont l'objectif principal est la production de dettes, en a été largement bénéficiaire puisque les crédits hypothécaires aux ménages n'ont cessé d'augmenter, en particulier entre 2000 et 2007, alors que les dépenses publiques pour le logement ont drastiquement diminué là où elles existaient. Aujourd'hui, le crédit hypothécaire représente toujours

1 Éric Toussaint et Eva Betavatzi, «Les crises des dettes privées et publiques exacerbent les problèmes de logement en UE, voici pourquoi», CADTM, 9 juin 2021 [consultable sur urlz.fr/huxY].

l'actif le plus important du portefeuille des services bancaires de détail, et le logement est considéré de plus en plus comme un bien plutôt que comme un droit. L'accès à la propriété résidentielle a peu à peu pris une place importante dans l'imaginaire social et dans la réalité. En France, 58 % des ménages étaient propriétaires de leur logement en 2014 par rapport à un peu moins de 40 % dans les années 1950, les femmes l'étant moins en exclusivité que les hommes[1]. Selon un rapport de 2019, 70 % des ménages de l'OCDE sont propriétaires-occupants (qu'ils aient eu recours à un prêt immobilier ou non). Comme le révèle ce même rapport, dans les pays du Nord comme la Norvège, la Suède, l'Islande, les Pays-Bas, le Canada ou encore les États-Unis, les propriétaires-débiteur·ices sont plus nombreux·ses que les propriétaires sans hypothèque. Le marché des crédits hypothécaires joue désormais un rôle central dans la possibilité d'accéder à un logement décent, adapté et abordable dans la plupart des pays du Nord. Là où le marché locatif n'est pas (ou que trop peu) régulé et où les loyers augmentent rapidement depuis plusieurs années, le coût d'un prêt hypothécaire peut dans bien des cas s'avérer plus bas sur le long terme que le coût de la location. Ainsi, la dette hypothécaire semble être un moyen « sûr » d'obtenir un logement décent, adapté et surtout abordable, faute d'investissement et de politique publique adéquate pour y échapper. Dans certaines villes et campagnes du Nord, les personnes n'ayant pas recours à un crédit et qui ne sont pas propriétaires par l'héritage dépensent une part de plus

---

1 En France, 8,1 % des résidences principales détenues par des couples hétérosexuels sont la propriété exclusive de l'homme contre 4,6 % qui sont détenues exclusivement par la femme. Céline Bessière et Sibylle Gollac, *Le genre du capital*, *op. cit.*, p. 71.

en plus importante de leur revenu pour payer leur loyer[1], ce qui réduit la part du budget disponible pour d'autres dépenses. Les loyers jouent un rôle toujours plus important dans l'extraction des revenus, contraignant les locataires les plus précaires à s'endetter pour d'autres besoins essentiels.

Avec la libéralisation croissante des marchés immobiliers résidentiels, aussi bien acquisitifs que locatifs, cette situation ne cesse de s'amplifier alors que les discriminations à l'octroi des crédits hypothécaires restent une réalité. Elles touchent en particulier les femmes, mais aussi toutes les personnes confrontées au racisme et au classisme ou à l'imbrication de différentes formes de discriminations. Dans son rapport de 2020 intitulé « Dettes privées et droits de l'homme », l'ancien expert indépendant de l'ONU Juan Pablo Bohoslavsky dénonçait les pratiques discriminatoires de certains organismes de crédits, notamment le rejet des demandes de crédits hypothécaires déposées par des personnes LGBTQI+[2]. Ce constat permet d'évoquer les refus que peuvent subir plus largement la plupart des femmes, soit parce qu'elles sont seules, gagnent moins, ont des contrats de travail précaires ou encore parce qu'elles ont des enfants à charge et ne disposent pas de ressources financières ou de patrimoine suffisants pour obtenir un crédit. Elles bénéficient aussi moins souvent d'héritage immobilier que les hommes[3]. Que dire aussi des personnes retraitées non propriétaires, ou anciennement

1 Sauf dans le cas du logement alternatif type habitat léger, habitat groupé ou communautaire, squat, etc., mais il est minoritaire.
2 Juan Pablo Bohoslavsky, « Dettes privées et droits de l'homme », ONU, 2020. Juan Pablo Bohoslavsky était chargé d'examiner les effets de la dette extérieure et des obligations financières internationales connexes des États sur le plein exercice de tous les droits humains, en particulier des droits économiques, sociaux et culturels. Cf. la page 13 du rapport.
3 Céline Bessière et Sibylle Gollac, *Le genre du capital*, *op. cit.*

propriétaires, qui doivent faire face à un marché locatif de plus en plus cher et qui, de par leur âge, ne peuvent plus emprunter. Les veuves propriétaires sont plus souvent contraintes d'abandonner leur résidence principale que les veufs, car la propriété privée implique aussi le besoin de ressources pour la maintenir, et les hommes en accumulent plus au cours de leur vie[1]. Aux États-Unis, une étude récente montre que les femmes seules avec enfants ont beaucoup moins recours à un crédit hypothécaire que les hommes dans la même situation et les femmes sans enfants[2]. Par ailleurs, les femmes s'endettent à des taux plus élevés, d'autant plus si elles ne sont pas blanches, et obtiennent un retour sur leur investissement immobilier beaucoup plus bas[3]. En ce sens, le recours au crédit hypothécaire leur est moins bénéfique économiquement.

En Argentine, les loyers sont extrêmement chers, et toutes les occasions pour devenir propriétaire semblent bonnes à prendre. Le gouvernement Macri[4] a utilisé cette situation de manière odieuse en proposant des crédits hypothécaires à des femmes précaires d'un quartier très pauvre du centre de la capitale argentine. Contraintes par des loyers trop chers, elles ont accepté de s'endetter jusqu'à ce qu'elles se rendent compte qu'elles seraient incapables de rembourser leur dette et qu'elles finiraient par être expulsées de leur logement[5].

---

1 *Ibid.*

2 « 2019 Home Buyers and Sellers Generational Trends Report », National Association of REALTORS Research Group, avril 2019 [consultable sur urlz.fr/huyM].

3 Paul Goldsmith-Pinkham et Kelly Shue, « Single Women Get Lower Returns from Housing Investments », *Yale Insights*, 25 février 2020 [consultable sur urlz.fr/huz4].

4 Mauricio Macri a été président de la Nation argentine de 2015 à 2019.

5 Verónica Gago et Lucí Cavallero, « La dette est une guerre contre l'autonomie des femmes », *art. cit.*

Comme les prêts étudiants, les crédits hypothécaires renforcent les inégalités sociales, genrées, raciales et classistes, et ne constituent que de fausses solutions. Dès lors, le choix des gouvernements de centrer leurs politiques de logement sur l'accès à la propriété par le crédit hypothécaire est une grave atteinte au droit au logement des personnes moins riches. Face aux inégalités patrimoniales et de revenus qui affectent en particulier les femmes, il est nécessaire de réguler les différents marchés résidentiels de location et d'achat, et d'améliorer drastiquement les conditions des locataires, pour qu'ils et elles puissent se loger dignement. Le crédit hypothécaire, tel qu'il est conçu par les organismes de crédit privés et tel qu'il est soutenu par les États, constitue un outil de perpétuation et de multiplication des discriminations, et représente un réel danger pour la sécurité, la liberté et la dignité de la majorité des femmes.

L'Assemblée féministe des villas 31 et 31 bis, Argentine[1]

En octobre 2018, l'Assemblée législative de la ville de Buenos Aires a approuvé le transfert des habitant·es d'une des zones d'un quartier comportant un grand nombre de maisons autoconstruites vers un complexe d'habitation édifié par le gouvernement (grâce à un prêt de 200 millions de dollars accordé par la Banque mondiale). On leur proposa de devenir propriétaires de ces maisons par le biais de crédits immobiliers qui étaient, même à court terme, impossibles à payer pour elles et eux. Les habitant·es des villas du 31 et du 31 bis protestent mais, dans le même temps, sont expulsé·es. Rapidement, les femmes actives au sein de cette assemblée dénoncent non seulement la financiarisation, l'expulsion et l'en-

1 Encadré rédigé par Anaïs Carton et Beatriz Ortiz Martínez.

dettement des habitant·es des villas 31 et 31 bis, mais aussi le fait que ce processus les prive de leurs activités productives (économie autogérée et populaire), qui se déroulent principalement chez elles et eux, les nouveaux logements n'étant pas adaptés (menuiserie, mécanique, forge, blanchisserie, etc.). En outre, dans le cas des villas 31 et 31 bis, le gouvernement a fait valoir que les terres libérées par les expulsions seront vendues pour rembourser la dette contractée auprès des organismes de crédit internationaux, ce qui montre clairement le circuit établi qui lie endettement public, endettement privé et expulsions.

Finalement, les mobilisations menées par l'assemblée féministe des villas 31 et 31 bis, devenues un « laboratoire » des politiques de reconversion urbaine, ont permis de proposer la désobéissance financière en des termes nouveaux et d'affronter la finance du point de vue du mouvement des femmes, des lesbiennes, des travesti·es et des transsexuel·les.

Les prêts à la consommation et les microcrédits

Souvent rattachés à l'image d'une voiture, d'une télévision ou d'un voyage, les prêts à la consommation représentent une part non négligeable du marché des dettes aux particuliers depuis les années 1980. Pour certain·es, ils servent à couvrir des frais essentiels comme ceux liés aux soins de santé ou à l'éducation, faute d'épargne ou de revenus suffisants, et surtout de services publics adéquats, accessibles ou même gratuits. Les frais liés à l'alimentation peuvent également faire l'objet d'emprunts : les grandes surfaces offrent à leur clientèle la possibilité de payer leurs achats en plusieurs mensualités ou avec un certain retard. Pour profiter de ces « facilités de paiement », il suffit de souscrire à une carte client, qui rend possible la collecte d'informations personnelles, ainsi qu'à une assurance-crédit. Il existe également les crédits dits « renouvelables » (*revolving*) liés à un compte ou une carte de crédit, une dénomination qui illustre leur spécificité à entraîner la débitrice ou le débiteur dans un état d'endettement perpétuel.

D'autres formes de crédits à la consommation telles que la location avec option d'achat (*leasing*) sont apparues ces dernières années. S'endetter est devenu si simple qu'il est possible de le faire sans rencontrer un·e employé·e de banque et presque sans s'en rendre compte. Résultat : des crédits se multiplient et pénètrent toutes les sphères de la vie. En Afrique du Sud, les crédits à la consommation ont fortement augmenté entre 2007 et 2016, passant de 17 à 24 millions de dollars. Ainsi, 40 % du revenu mensuel total de tou·tes travailleur·ses d'Afrique du Sud est consacré au remboursement de dettes et 80 % des employé·es du secteur formel sont touché·es par des retenues sur salaire[1]. Dans certaines régions de la Fédération de Russie, jusqu'à 83 % du salaire mensuel des travailleur·ses est destiné au remboursement de crédits[2], les mettant dans une situation impossible pour subvenir à leurs besoins courants. En France et dans d'autres régions du monde, les femmes s'endettent plus souvent que les hommes pour des dépenses courantes (alimentation, éducation, santé, etc.). Les hommes ont majoritairement recours à des crédits à la consommation classiques pour des biens spécifiques dont ils peuvent jouir après rem-

1 « Human Rights Impact of Unsecured Lending and Debt Collection Practices in South Africa », South African Human Rights Commission, mars 2017 [consultable sur urlz.fr/huzm].
2 Max Seddon, « Russians Struggle under Burden of Soaring Consumer Loans », *Financial Times*, 29 août 2019.

boursement (voiture, logement,...). Une étude montre qu'en 2019 47 % des femmes se déclaraient à découvert par rapport à 34 % des hommes alors que leurs dépenses sont en général mieux organisées et planifiées et qu'elles s'endettent moins auprès des banques[1]. Selon les autrices et militantes argentines Verónica Gago et Lucí Cavarello, la dette aurait ainsi « colonisé les espaces de reproduction sociale[2] »; en d'autres termes, le crédit serait devenu indispensable pour subvenir aux besoins fondamentaux d'une personne ou d'un ménage.

De plus en plus de personnes dont une majorité de femmes s'endettent par nécessité. Cela a des conséquences directes sur leur capacité à s'enrichir et à accumuler du patrimoine, puisqu'elles sont contraintes d'hypothéquer leurs revenus futurs pour des dépenses courantes ou ponctuelles souvent nécessaires à leur survie et à celle de personnes dont elles assument la charge. Pire, en s'endettant pour survivre, elles courent le risque de se retrouver en situation de surendettement[3].

Toutes les formes de crédits à la consommation, loin d'être des solutions aux situations de précarité des femmes, constituent ainsi des outils de maintien ou de renforcement des conditions de pauvreté des personnes et en premier lieu des femmes, et ainsi perpétuent les inégalités de richesse. Dans les pays du Nord, les dangers des prêts à la consommation ne font pas défaut : taux variables qui ont tendance à faire augmenter

---

1 « Les femmes : pouvoir d'achat, arbitrages budgétaires et de consommation », Consumer Science & Analytics/Cofidis, 5 mars 2019

2 Verónica Gago et Lucí Cavallero, *Una lectura feminista de la deuda. ¡Vivas, libres y desendeudadas nos queremos!*, Buenos Aires, Tinta Limón, 2021.

3 Nicoletta Berardi, Guillaume Gaulier, Soledad Zignago, Fabienne Monteil et Dominique Nivat, « Le surendettement et les femmes », *Le bulletin de la Banque de France*, n° 224, juillet-août 2019 [consultable sur urlz.fr/huIG].

à terme le coût de l'emprunt, échéances de remboursement de courte durée impossibles à honorer, prêts octroyés à des personnes insolvables, renégociations difficiles en cas d'insolvabilité, caractères trop petits sur les montants des prêts pour être lus, emprunts dans des devises étrangères, etc. Dans les pays des Suds, le marché du microcrédit vient élargir le champ de cette colonisation des espaces de reproduction sociale. Il s'adresse aux personnes qui n'ont pas accès aux marchés classiques de crédits leur offrant la possibilité d'accéder aux services et crédits bancaires.

La Banque mondiale et son Groupe consultatif pour l'assistance aux plus pauvres (GCAP) défendent les projets de microfinance comme étant des outils d'inclusion dans l'économie des personnes qui en sont a priori exclues, à commencer par les deux milliards d'adultes qui n'ont pas de compte bancaire[1]. L'économiste et entrepreneur bengali Muhamad Yunus est pour beaucoup dans le développement, à grande échelle, du microcrédit. Ce dernier apparaît dans de nombreux cas comme un outil de perpétuation et d'accentuation de la pauvreté, ce qui n'a pas empêché Yunus et sa Grameen Bank de recevoir le prix Nobel de la paix en 2006. Yunus lui-même affirmait lors d'une réunion de responsables financiers aux Nations unies quelques années plus tard que le microcrédit avait créé de nouveaux usuriers sans manifester le moindre regret[2]. Ce que Yunus et sa banque ont permis, c'est l'introduction dans le système capitaliste d'un véritable business basé sur l'extraction

1 Éric Toussaint, « Sortir du cercle vicieux de la dette privée illégitime au Sud de la planète », CADTM, 19 avril 2017 [consultable sur urlz.fr/huIS].
2 Neil MacFarquhar, « Finance. Microcrédits mais maxiprofits! », *The New York Times/Courrier international*, 21 avril 2010 [consultable sur urlz.fr/huIU].

du peu de richesse des pauvres et son transfert direct vers les plus riches. Dans une série d'entretiens réalisée au Sri Lanka par deux membres du CADTM[1], on découvre ainsi l'histoire de Manbasa, une femme d'une cinquantaine d'années qui ne parvenait pas à payer son loyer et la garantie locative réclamée par le propriétaire de son logement. Pour l'« aider », la Grameen Bank lui a proposé un microcrédit... au taux d'intérêt annuel exorbitant de 69 % (indemnités de retard incluses) ! Elle ne fut pas en mesure de contester ces conditions abusives d'emprunt car, analphabète, elle avait signé son contrat sans l'avoir lu. Face au poids de son microcrédit, les revenus de son foyer s'avérèrent insuffisants. Acculée, Manbasa se vit alors dans l'obligation de contracter dans l'urgence un second micro-emprunt auprès d'un autre organisme financier. Et elle se retrouva ainsi très vite dans une situation de surendettement.

Le cas de Manbasa n'est pas unique, et des histoires similaires touchent de nombreuses femmes au Sri Lanka, au Bangladesh, en Inde, au Maroc, en Afrique du Sud, en Colombie et dans plusieurs autres pays du monde. Les femmes d'Asie du Sud-Est, d'Amérique du Sud et des Caraïbes mais aussi d'Afrique sont particulièrement affectées par le microcrédit. Elles y ont recours par nécessité, mais aussi parce qu'elles sont spécifiquement ciblées par les institutions de microfinance (IMF). Ainsi, entre 2010 et 2014, sur les 111,7 millions de personnes dans le monde « bénéficiaires » de microcrédits, 81 % étaient des femmes[2]. Dans la plupart des cas, ces crédits servent à payer des

1 Éric Toussaint et Nathan Legrand, « Témoignages accablants sur les abus du microcrédit », CADTM, 18 avril 2018 [consultable sur urlz.fr/huJ7].
2 Simon Ernwein, « La microfinance se porte-t-elle bien ? », banquesenligne.org, 23 mars 2018 [consultable sur urlz.fr/huJc].

besoins essentiels : loyers, frais scolaires, accès à des soins de santé, etc.[1], mais ils sont octroyés à des taux d'intérêt extrêmement élevés, 35 % en moyenne, pouvant dans des cas extrêmes dépasser les 220 %[2]. Au Maroc, comme dans d'autres pays, les IMF ont été soutenues financièrement par l'État à partir du milieu des années 1990 alors que les taux d'intérêt moyens restaient très élevés (35 %) et les taux de non-remboursement pour cause d'insolvabilité des débiteur·ices également (75 %)[3]. En Amérique du Sud, les bénéfices de certaines IMF se sont parfois avérés supérieurs aux résultats de grandes banques telles que Goldman Sachs[4]. La microfinance se révèle donc un moyen extrêmement lucratif pour les institutions privées d'appauvrir les femmes des pays des Suds pour enrichir certains investisseurs. En outre, la microfinance a parfois remplacé des systèmes traditionnels de mutualisation comme celui des tontines, pratiqué dans certaines régions d'Afrique subsaharienne, qui consiste en la mise en commun entre femmes de leur épargne leur permettant de se prêter de l'argent à tour de rôle.

Les pratiques usurières des IMF sont très souvent dénoncées. Comme l'exemple de Manbasa l'illustre tristement, le faible niveau d'études, voire l'analphabétisme des débitrices[5], leur méconnaissance des procédures et la situation d'urgence

1 Chiara Filoni, Eva Betavatzi et Mats Lucia Bayer, « ONU : Contribution du CADTM sur l'endettement privé et les droits humains », CADTM, 15 novembre 2019 [consultable sur urlz.fr/huJi].

2 Juan Pablo Bohoslavsky, « Dettes privées et droits de l'homme », *op. cit.*

3 Cherki Chamame (dir.), « Le microcrédit au Maroc : quand les pauvres financent les riches. Étude de terrain et analyse du système du microcrédit », Attac-CADTM Maroc, avril 2017 [consultable sur urlz.fr/hyEE].

4 Chiara Filoni, Eva Betavatzi et Mats Lucia Bayer, « ONU : Contribution du CADTM sur l'endettement privé et les droits humains », *op. cit.*

5 Rappelons que l'analphabétisme touche 800 millions de personnes dans le monde dont une majorité de femmes.

au moment de l'emprunt permettent aux institutions de microfinance de leur imposer des conditions à la fois abusives et insoutenables : taux d'intérêt élevés, indemnités de retard, réclamation d'une garantie importante avant octroi, etc. De nombreux témoignages de femmes victimes de microcrédits ont montré que les IMF faisaient apparaître les taux d'intérêt mensuels plutôt qu'annuels[1] dans les contrats qu'ils leur faisaient signer, une pratique particulièrement odieuse de leur part.

Les institutions financières internationales, et en particulier le FMI, ont joué un rôle important dans la prolifération des microcrédits. Ils ont imposé la levée des barrières douanières qui protégeaient les productions locales tant dans l'agriculture, la pêche et l'artisanat qu'au sein d'autres secteurs d'activité. Cet impératif a eu des effets dévastateurs sur les revenus des producteur·ices des régions concernées. À cela s'est ajoutée la réduction des dépenses publiques, également imposée par le FMI. Ne pouvant plus subvenir à leurs besoins, les producteurs et productrices locales n'ont eu d'autres choix que de recourir à l'endettement, ouvrant la voie aux institutions de microfinance. Comme si cela ne suffisait pas, la Banque mondiale, le FMI et d'autres IFI ont poussé à la privatisation et à la dérégulation du système bancaire et ont incité les entreprises de microfinance à octroyer des microcrédits aux taux qui les arrangeaient le mieux[2], les incitant à profiter de la

1 Pour comprendre l'arnaque, il suffit d'imaginer qu'un débiteur·ice emprunte la somme de 10 000 euros remboursable sur une période d'un an. L'IMF fait signer un contrat de dette stipulant que le taux d'intérêt du prêt s'élèverait 3 % car tous les mois il s'agirait de payer 3 % de 10 000 euros, soit 300 euros. Or, si pendant 12 mois le débiteur ou la débitrice rembourse chaque mois 300 euros de taux d'intérêt, en un an elle aura payé 3 600 euros, soit 36 % de taux d'intérêt.

2 Éric Toussaint, « FMI : inhumain aux niveaux micro et macro », CADTM, 27 février 2020 [consultable sur urlz.fr/huKd].

précarité des personnes et particulièrement des femmes. Les institutions financières internationales ont et continuent de faire primer la liberté des marchés sur les conditions de vie des personnes et leur possibilité de jouir de leurs droits humains fondamentaux. Leurs injonctions servent à maintenir l'ordre hiérarchisé du monde capitaliste et patriarcal.

Les luttes contre le microcrédit, du Sri Lanka au Mali[1]

Les résistances des femmes contre les institutions de microcrédit prennent de plus en plus d'ampleur. Ainsi, à partir de 2017[2], plusieurs manifestations ont lieu au Sri Lanka, notamment le 27 février 2020 à Colombo[3], lors desquelles de nombreuses femmes endettées dénoncent leur situation, réclament entre autres un moratoire sur le paiement de leurs dettes, un plafonnement des taux d'intérêt à 25 % – ce qui est déjà extrêmement élevé –, voire l'abolition pure et simple du microcrédit. Elles sont parvenues à contraindre la banque centrale à fixer un taux d'intérêt maximum aux prêts des institutions de microcrédit.

Au Mali, les femmes, quand elles ne parviennent plus à payer les intérêts abusifs qui leur sont exigés, font l'objet de pressions et se voient confisquer leurs biens, voire se font emprisonner[4]. En 2017, une

1 Encadré rédigé par Anaïs Carton et Beatriz Ortiz Martínez.
2 Nathan Legrand, « Sri Lanka : la résistance à l'endettement privé, une question stratégique », CADTM, 2 mai 2020 [consultable sur urlz.fr/huKh].
3 « Sri Lanka : les femmes intensifient leurs protestations contre l'exploitation des entreprises de microfinancement dans les zones rurales », Via Campesina, 8 mars 2021 [consultable sur urlz.fr/huKj].
4 Fátima Martín et Femenino Rural, « Femmes africaines unies contre le microcrédit, l'exploitation des plus pauvres », CADTM, 19 juin 2016 [consultable sur urlz.fr/huNg].

rencontre a réuni plus de deux cent cinquante femmes de plusieurs pays aboutissant à un appel à la solidarité internationale[1].

Cet événement fait suite à la Caravane internationale des femmes contre le microcrédit lancée par Attac-CADTM Maroc dans la région de Ouarzazate en 2014[2]. Lors de cette opération, le lien a été fait entre les luttes menées au Maroc et au Mali ou encore au Congo-Brazzaville. Plus récemment, lors de la journée internationale de la femme africaine, le 31 juillet 2021, des mobilisations au Burkina Faso et au Sénégal ont eu lieu. Aux quatre coins du monde, les femmes se soulèvent contre ces institutions et se sont encore réunies dans le cadre du Séminaire international des femmes sur la dette et les microcrédits tenu en novembre 2021, à Dakar, au Sénégal.

Les femmes migrantes paient cher !

Les injonctions des IFI à l'égard des gouvernements des pays des Suds ont imposé un modèle néolibéral ravageur tant sur les plans économique, social, politique et militaire qu'écologique. Des millions de personnes subissent chaque année ces ravages de plein fouet et ont été forcées de migrer vers d'autres pays.

Les personnes qui migrent ont toutes besoin d'argent pour quitter leur pays d'origine, circuler, rester dans des campements, passer des frontières, obtenir certains papiers, parfois aussi pour soudoyer les autorités en cours de voyage, dans certains cas payer des passeurs, et peut-être enfin arriver à destination. Souvent, elles doivent s'endetter pour couvrir leurs frais, et c'est

1 CADTM International, « Déclaration finale du Séminaire "Femmes, dettes et microcrédit" », CADTM, 20 novembre 2017 [consultable sur urlz.fr/huNs].
2 Omar Aziki, « Expérience de lutte contre le microcrédit en France », 2021 (inédit).

généralement l'ensemble de leur famille qui s'endette pour elles[1]. Le contrôle plus strict ainsi que la militarisation des frontières ne font que renforcer le coût de l'exil et donc le poids de la dette, en particulier pour les femmes. En effet, au cours d'un voyage, les personnes migrantes rencontrent des dynamiques locales de rapports de domination sexiste, classiste et raciste, généralement imbriqués. Ces dynamiques jouent sur le prix du voyage. De toutes les formes de discriminations, il apparaît que les discriminations genrées sont les plus déterminantes[2]. Les difficultés que doivent surmonter les migrantes sont dédoublées, car elles disposent à la base de moins de ressources financières et sont vulnérabilisées par un climat patriarcal omniprésent. Beaucoup d'entre elles ont témoigné de violences particulières à leur égard et ont souvent révélé avoir été victimes de viols. La dette d'une personne migrante, quel que soit son genre, est souvent garantie par la famille, et cela parfois au prix de harcèlement psychologique et physique (intimidations, harcèlement sexuel, menaces de mort). Les agents de recouvrement de dettes vont dans certains cas jusqu'à menacer les familles de leur confisquer leurs terres pourtant essentielles à leur survie. De l'autre côté du fil du voyage, les personnes migrantes arrivées dans un pays ont le plus souvent du mal à trouver du travail rémunéré et doivent s'endetter à nouveau pour subvenir à leurs besoins de base. Les familles étant déjà contraintes de rembourser les dettes liées à la migration n'ont plus les moyens de les aider, et ce sont les personnes migrantes elles-mêmes qui

---

1 Comme en témoigne l'interview de Dalia, qui est venue de Kinshasa à Liège, dans un entretien accordé à Laurenne Makubikua (« L'Europe a tout prix », CADTM, 23 juin 2021 [consultable sur urlz.fr/huNE]).

2 Elsa Tyszler, « "Boza !" disent aussi les femmes », *Vacarme*, n° 83, printemps 2018 [consultable sur urlz.fr/8NuA].

doivent se débrouiller. La dette privée est donc présente partout et constitue une frontière de plus à la migration, déjà extrêmement difficile pour les femmes.

DES VIOLENCES ACCENTUÉES PAR LES DETTES

Quand le genre détermine les conditions d'emprunt

Si les femmes ont, dans le cas des prêts immobiliers, plus de difficultés à contracter des crédits que les hommes, cela ne semble pas concerner les crédits à la consommation, les crédits étudiants, les microcrédits ou les autres formes de dettes liées notamment à la migration. En effet, les institutions de crédit, et dans certains cas les usuriers privés, apprécient particulièrement les débitrices pour des crédits à taux élevés, notamment parce qu'elles sont considérées comme de « bonnes payeuses ». Elles ont la réputation de mieux rembourser que les hommes, en premier lieu parce que l'argent qu'elles empruntent ne leur est pas exclusivement consacré, mais sert dans la plupart des cas directement ou indirectement à l'ensemble de leur famille ou à des proches[1]. Le non-remboursement de leur dette peut également être un facteur de stress plus important pour les femmes étant donné qu'elles bénéficient de manière générale de moins de soutien financier que les hommes, tant de la part

1 Lucile Daumas, « Pourquoi la microfinance s'intéresse-t-elle autant aux femmes ? », CADTM, 17 août 2017 [consultable sur urlz.fr/huNW].

de leur entourage qu'à travers l'héritage. De plus, dans les pays des Suds, l'accès au microcrédit se présente comme l'occasion pour certaines femmes d'entrer dans le monde du travail dont elles sont très souvent exclues, notamment en créant une microentreprise – même si les bénéfices qu'elles parviendront à réaliser reviendront ainsi en premier lieu aux créanciers, et que ce type d'activité ne leur offre aucune protection sociale. Dans l'espoir d'atteindre une certaine autonomie financière, elles sont ainsi très souvent prêtes à tout pour rembourser leurs dettes.

Emprunter de l'argent auprès d'une institution de crédit pour poursuivre des études ou acheter un logement ne relève donc pas d'une même réalité que l'on soit femme ou homme, racisé·e ou non, célibataire ou en couple, avec ou sans enfants, pauvre ou riche. Ce constat est particulièrement frappant aux États-Unis, mais de nombreuses chercheuses[1] l'ont également relevé en France, où l'accès à un crédit hypothécaire est toujours plus facile pour un couple (français) avec enfants. Les méthodes d'automatisation qu'utilisent un grand nombre d'organismes financiers, loin d'avoir effacé la sélection pour l'octroi de crédits, ont rendu la remise en question des critères établis plus difficile[2]. La gravité de ce pouvoir sélectif apparaît d'autant plus face au constat que, dans plusieurs pays du monde, il n'est plus possible de vivre sans dette. Patriarcat et capitalisme contemporain s'imbriquent donc dans un système néolibéral qui place en son centre le rapport inégalitaire débiteur·ice/

1 On peut citer notamment Jeanne Lazarus, Céline Bessière et Sibylle Gollac par exemple.

2 Jeanne Lazarus, « L'épreuve du crédit », *Sociétés contemporaines*, n° 76, 2009 [consultable sur urlz.fr/huOc].

créancier·e, modèle hiérarchique sur lequel ce rapport s'appuie. Par ailleurs, tout le système financier repose sur le principe qu'une dette doit absolument être remboursée alors même que cette prétendue nécessité ne semble pas du tout admise par les grandes entreprises.

À l'échelle individuelle, les rapports de force sont très clairs : les débiteur·ices n'ont aucun pouvoir face à leurs créancier·es. À l'échelle collective, cela pourrait se renverser par le combat des femmes qui sont les premières victimes des violences physiques et psychologiques engendrées par toutes les formes de dettes, qu'elles soient privées ou publiques.

La dette, outil de contrôle du corps des femmes

L'esclavage par la dette

Les saisies sur salaires sont pratiquées dans de nombreuses régions du monde pour forcer un·e débiteur·ice à rembourser son prêt. Pour éviter les saisies et continuer à subvenir à leurs besoins essentiels, les débiteur·ices insolvables se dirigent alors vers le secteur du travail informel. Cela les exclut du droit du travail et de la possibilité de s'endetter à nouveau auprès d'organismes légaux. Les saisies sur les salaires, comme d'autres méthodes de recouvrement de dettes telles que les saisies de biens, les menaces d'expulsions, les pressions exercées sur la personne débitrice ou sur ses proches, etc., renforcent les probabilités d'une personne de tomber dans le piège de l'esclavage pour dette et dans celui des réseaux de crédits souterrains, au risque de poursuites et de condamnations[1]. Selon un rapport de l'Organisation internationale du travail publié en 2017[2], la servitude touche 16 millions de personnes à travers le monde ; parmi elles, la moitié le seraient à cause d'une dette impayée. En ce qui concerne uniquement les secteurs agricoles, manufacturiers et celui des services ménagers, le pourcentage est plus élevé et concernerait 70 % des esclaves.

Les formes contemporaines d'esclavage touchent d'abord les personnes discriminées : populations autochtones, personnes appartenant à des minorités, femmes, enfants, personnes migrantes, etc. Dans les monarchies du Golfe, de nombreuses femmes deviennent ainsi esclaves ménagères pour subvenir aux besoins de leur famille et rembourser leur microcrédit contracté en Inde, au Sri Lanka, au Bangladesh et ailleurs, même si pour cela elles doivent s'éloigner quelques mois, voire des années. L'esclavage sexuel est lui aussi possiblement une des conséquences d'un surendettement de la victime ou de sa famille. Au Nord comme aux Suds, la servitude pour dette est une réalité bien ancrée. Elle démontre que les dettes peuvent asservir aussi bien les peuples que les individu·es, car les échelles collectives et individuelles sont intimement liées. Les dominations Nord/Suds se reproduisent ainsi à différents niveaux, dans les sphères financières, étatiques et interindividuelles.

1 Juan Pablo Bohoslavsky, « Dettes privées et droits de l'homme », *op. cit.*

2 « Global Estimates of Modern Slavery: Forced Labour and Forced Marriage », Organisation internationale du travail/Walk Free Foundation, 2017 [consultable sur urlz.fr/huOo].

Accroissement des violences dans les foyers

Si la dette génère une « violence structurelle inhérente à la logique d'accumulation capitaliste » éminemment coloniale, il n'est pas difficile d'imaginer que ses effets traversent les échelles pour se retrouver dans les foyers. Silvia Federici affirme ainsi que la mondialisation aurait exacerbé une perte de valeur de la vie et du travail, instaurant un état de guerre perpétuel contre les femmes[1].

L'humiliation dans les espaces de travail, le stress et la honte engendrées par une dette impayable, le sentiment d'incapacité qui résulte du non-paiement des factures ou de la difficulté à subvenir aux besoins essentiels de son ménage et, plus largement, l'inaptitude à s'auto-assurer de l'accomplissement de ses propres droits humains fondamentaux face au désinvestissement des États et à la perte de la valeur du travail... toutes ces violences sociales sont autant d'éléments qui finissent par s'exprimer dans les foyers. L'espace privé ne permet plus de se soustraire et de se reposer, mais il devient le lieu où le « guerrier » (une des figures classiques de l'ordre patriarcal) fait la guerre, comme un symptôme de son impuissance[2]. Il est difficile, voire impossible, d'échapper à cet espace de violence pour les femmes qui n'en ont pas les moyens et qui de surcroît sont dépossédées par la dette.

Tout comme les crédits aux particuliers sont de manière générale des instruments qui favorisent la servitude et la

1 Silvia Federici, « Reproduction et lutte féministe dans la nouvelle division internationale du travail », dans Mariarosa Dalla Costa et Giovanna Franca Dalla Costa (dir.), *Women, Development and Labor of Reproduction. Struggles and Movements*, Asmara, Africa World Press, 1999 [consultable sur urlz.fr/huOB].

2 Verónica Gago, « Y a-t-il une guerre "dans" le corps des femmes ? », *art. cit.*

reproduction des inégalités sociales, cela se manifeste également dans les familles qui reproduisent en leur sein des rapports économiques hiérarchisés. Rappelons également que, dans de nombreux pays, des millions de femmes sont victimes de mariages forcés, le mariage pouvant être un moyen de recouvrer une dette impayée tout comme peut l'être la servitude des femmes sexuellement exploitées. L'appauvrissement des femmes qui se crée au sein des couples, brillamment décrit par les autrices du *Genre du capital* pour le cas français, révèle lui aussi une violence machiste s'opérant à l'intérieur des espaces intimes[1]. En France, les femmes utilisent ainsi plus d'argent pour des dépenses courantes que les hommes qui, de leur côté, consacrent plus volontiers leurs revenus à réaliser des investissements à plus long terme pouvant leur revenir après la séparation du couple. Les déséquilibres visibles lors de séparations ne sont en général que les révélateurs d'inégalités économiques de genre se développant bien souvent en amont. Et en aval, après la séparation, le revenu médian des femmes se détériore de 31 % et celui des hommes de seulement 6 % ! La situation des femmes de pays moins riches est encore moins avantageuse. La famille est ainsi une institution économique à part entière, un lieu de « production, circulation, contrôle et évaluation des richesses[2] », un lieu de reproduction des violences économiques.

1 Céline Bessière et Sibylle Gollac, *Le genre du capital*, *op. cit.*
2 *Ibid.*, p. 20.

Dettes privées et dettes publiques s'entremêlent

Partout dans le monde, les États – et leurs créanciers – gèrent directement ou indirectement le système de crédit par le biais de leurs banques centrales. Ils peuvent stimuler des flux de crédit, créer des institutions de crédits spécialisées[1], mener des politiques fiscales pour encourager l'endettement, etc. Ils sont donc à la fois directement responsables de la domination que les femmes subissent à travers l'endettement et bénéficiaires de la domination patriarcale qu'ils imposent. Dans leur livre *Une lecture féministe de la dette*, Verónica Gago et Lucí Cavallero montrent comment les violences économiques et machistes s'entremêlent au travers de la dette[2]. Elles révèlent les connexions qui existent entre d'un côté l'endettement privé des femmes et des ménages et de l'autre les dettes reproductive et sociale, des connexions intimement liées à l'augmentation de la dette publique de leur pays.

Le FMI et les mesures qu'il a imposées aux gouvernements argentins successifs depuis le début des années 2000 ont porté une atteinte sérieuse à l'autonomie financière des femmes. Elles ont été directement impactées de différentes manières : elles ont été amenées à réaliser plus de travail reproductif et social non rémunéré pour pallier l'absence de services publics, à accomplir du travail dit productif pour des salaires plus bas qui ne leur permettaient pas de subvenir à leurs besoins ni à ceux de leur ménage, et finalement à s'endetter (elles ou leur ménage) auprès d'institutions de crédits ou de l'État. Ainsi, la

1 David Harvey, *Les limites du capital*, Paris, Amsterdam, 2020.
2 Verónica Gago et Lucí Cavallero, *Una Lectura feminista de la deuda*, *op. cit.*

dette publique à la fois excessive, illégitime, odieuse et insoutenable de l'Argentine a placé les femmes au service de la société à leurs dépens, tout en les appauvrissant et en les soumettant en grande partie par le biais de l'endettement privé. Pour reprendre la métaphore extrêmement parlante de Verónica Gago, la crise de la dette n'a pas explosé vers l'extérieur mais a implosé dans les foyers[1].

Les autrices poursuivent avec l'idée que la colonisation par la dette, longtemps connue et dénoncée dans les pays des Suds, a trouvé un champ d'action dans les espaces de reproduction sociale. Ainsi, les ménages argentins font face à une véritable occupation par la dette de leurs espaces privés, une désappropriation de leurs richesses, une exploitation croissante de leurs forces de travail productif et reproductif. Pour subvenir à leurs besoins de base, ils ne se servent de leurs revenus (salaire, allocation, pension, etc.) que comme garantie pour emprunter. Ainsi, travailler ne permet plus de vivre, mais d'emprunter pour survivre. L'État argentin lui-même a commencé à octroyer des prêts spécifiques aux mères sans emploi à partir de 2017 afin qu'elles aient des ressources pour subvenir aux besoins de leurs enfants, ces prêts remplaçant les allocations préexistantes. Le travail reproductif déjà gratuit peut ainsi s'avérer payant! L'accès au crédit est devenu une condition de survie en même temps qu'il perpétue la dépossession des personnes débitrices et en particulier des femmes.

Cette situation n'est pas sans rappeler – même partiellement – celle que dénonçaient les Gilets jaunes en France. Recevant des revenus insuffisants pour subvenir à leurs besoins,

---

1 Verónica Gago et Lucí Cavallero, « La dette est une guerre contre l'autonomie des femmes », *art. cit.*

beaucoup d'entre eux et elles eurent recours à un ou plusieurs crédits. Ils et elles ont également dû faire face à des politiques austéritaires qui ont contribué à précariser les ménages et les femmes, et à renforcer les dettes sociale et reproductive. Même si les contextes diffèrent, ce qui vaut pour l'Argentine et la France est également vrai ailleurs, car cette imbrication entre dettes privées aux particuliers, dettes publiques, dette sociale et dette reproductive fait système.

La dette des personnes devient non seulement un moyen de survie pour les plus précaires, mais surtout un outil de contrôle au service du capital. Silvia Federici qualifiait ainsi la dette d'instrument de gouvernance. Dans plusieurs pays, les demandeur·ses de crédits sont invité·es à faire preuve de stabilité dans leur vie (emploi, foyer...), mettant à l'épreuve leur intégration sociale[1]. Une des formes de crédit qui peut constituer un outil puissant de gouvernance sociale est le crédit hypothécaire, dont le remboursement s'étale sur des dizaines d'années, voire des générations. Il constitue un moyen de maintenir la main-d'œuvre sous contrôle. En effet, cette méthode a été traditionnellement employée par le patronat et ses complices (banques et pouvoirs publics) pour contrôler la classe ouvrière et prévenir les révoltes. L'augmentation des dettes insolvables et des cas de surendettement a conféré à toutes les formes de dettes aux particuliers une fonction similaire. Le fait que les microcrédits et d'autres formes de dettes placent de plus en plus les femmes dans de telles situations de surendettement ou d'insolvabilité démontre qu'elles sont les cibles prioritaires de ce système de domination par le crédit.

1 Jeanne Lazarus, « L'épreuve du crédit », *art. cit.*

COMMENT SORTIR DU SYSTÈME DETTE

VERS D'AUTRES POSSIBLES (ÉCO)FÉMINISTES : UNE RUPTURE ENVISAGEABLE ET NÉCESSAIRE

En contexte austéritaire ou d'ajustement macroéconomique, les femmes doivent non seulement supporter des régressions socio-économiques et apporter des solutions concrètes au quotidien de leur entourage, mais elles ont aussi à payer de leur propre poche les ingérences des banques et entreprises privées transformées en dette publique. En effet, via leurs contributions fiscales démesurées, des dépenses quotidiennes sans cesse majorées pour parer aux insuffisances de l'État et assurer la (sur)vie de leurs proches, mais aussi les dettes privées qu'elles contractent, les femmes contribuent de façon disproportionnée au remboursement de la dette publique et augmentent involontairement les profits des créanciers (banques, fonds spéculatifs, institutions financières internationales) véritables responsables de la crise. Affirmer que l'illégitimité de la dette publique est encore plus criante lorsqu'on est une femme n'a donc rien d'exagéré.

La crise multidimensionnelle qui a éclaté en 2020 a permis de grandement visibiliser l'importance vitale et sociétale des travaux « essentiels », fortement féminisés. Alors que les femmes prennent soin du monde, le monde ne prend pas soin d'elles. Or ce sont elles les véritables créancières d'une immense dette sociale au niveau national et international. « Nous ne devons rien, nous ne paierons rien », tel est le mot d'ordre derrière la proposition d'un non-paiement féministe de la dette.

Ce chapitre propose d'aller au-delà des constats selon lesquels les femmes sont spécifiquement impactées par les mesures imposées au nom de la dette. Bien que cela suffise amplement selon nous à exiger une annulation immédiate, nous devons aller plus loin pour sortir du système dette, en enclenchant un réel changement de paradigme passant par la reconnaissance des véritables rapports de redevabilité qui traversent l'histoire et le monde.

Nous nous intéressons aux apports des économies féministes, de divers mouvements féministes contre la dette et des écoféminismes pour penser ces autres possibles et fournir des arguments supplémentaires à l'annulation des dettes illégitimes, pour appréhender en quoi nos vies valent plus que leurs crédits, et affirmer l'urgence vitale de réponses féministes.

Si plusieurs mouvements féministes récents ont intégré l'annulation des dettes à leurs revendications, le changement de paradigme nécessaire appelle aussi à réévaluer notre compréhension même de la notion de dette. Nous nous plongerons donc dans d'autres possibles ouverts par les écoféminismes qui, en amenant de nouvelles questions et enjeux, interrogent notre conception de l'économie, notre rapport aux autres et au monde et contiennent des propositions indispensables pour composer un futur (enfin !) désirable pour toutes et tous.

ÉCONOMIE FÉMINISTE ET DETTE DU *CARE*

Et si l'on voyait les choses autrement ?

Les principaux objectifs de l'économie féministe sont de valoriser la contribution des femmes à l'économie mais aussi remettre « la vie au centre » de l'organisation économique de la société. Sa méthode principale consiste à rendre visible l'invisible – ou, plutôt, l'invisibilisé. Ce type de recherche se penche sur le travail, les vécus mais aussi les pratiques inspirantes des invisibles. Comme l'explique Marcela de la Peña Valdivia, sociologue experte en genre,

> ce champ particulier de l'économie remet en question la pensée économique et le capitalisme, revisite les principes de l'économie dominante et questionne les paradigmes androcentriques qui donnent un rôle subalterne et invisible aux femmes dans le système économique. L'économie féministe cherche à rendre visible l'apport des femmes dans l'économie, à en faire des sujets, à légitimer leurs expériences et perspectives ; elle permet aussi de comprendre la multifonctionnalité des pratiques d'économie populaire solidaires. Cette approche plurielle des principes économiques permet d'intégrer les activités liées à la reproduction (les soins aux enfants, aux personnes âgées, la sécurité alimentaire, la santé, etc.), de rendre visible leur coût, généralement assumé par les femmes[1].

1 Marcela de la Peña Valdivia et Melania Giubbilei, « Pourquoi les politiques d'austérité touchent davantage les femmes ? », *op. cit.*

Les théories et pensées économiques classiques (même celles se réclamant du marxisme) ont tendance à se focaliser sur le travail « marchand » et à enlever toute valeur économique et sociale au travail domestique associé à la sphère « privée » et, dès lors, réservé aux femmes[1]. Pour l'économie capitaliste en particulier, seules les activités commerciales et militaro-industrielles contribuent à la croissance, mesurée par le PIB. Il a fallu attendre les années 1970 pour que les secteurs « tertiaires » tels que la santé soient pris en compte par cet indicateur. La « richesse de la nation » serait ainsi indépendante des activités de production et de reproduction domestiques[2].

Cette absence s'explique, d'une part, par le fait qu'elles sont considérées comme difficilement mesurables. De fait, elles ne nécessitent pas que des conditions matérielles mais du soin, de l'affection, du temps... Des chiffres existent pourtant, et les ignorer témoigne d'une grossière indifférence ! D'autre part, c'est précisément dans cette invisibilisation structurelle que réside la clé des profits. Ce déni de l'importance vitale, pour les humain·es et les marchés, de ces activités est à l'origine de crises du *care* à répétition (situations dans lesquelles les ressources mises à disposition ne répondent pas aux besoins en soins) et figure au centre des critiques formulées par les économies féministes. Non seulement l'économie dominante attribue une supériorité à la sphère productive, mais elle la sépare hermétiquement de la sphère reproductive alors qu'elles dépendent l'une de l'autre et qu'un changement dans l'une des sphères impacte systématiquement l'autre. Le déni de ce lien permet

1 Cristina Carrasco, « Women, Sustainability and Social Debt », *Revista de Educación*, 2009.
2 Jean Gadrey, « Le sexe du PIB », alternatives-economiques.fr, « Debout ! Le blog de Jean Gadrey », 19 février 2009 [consultable sur urlz.fr/hv3Q].

aux acteurs financiers de laver leur conscience et leur image en leur enlevant toute responsabilité sociale et morale quant aux conditions de vie des gens.

En rendant insignifiantes ces activités, on en dévalorise et exclut aussi les prestataires principales, en l'occurrence une majorité écrasante de femmes. Et vice versa : le fait qu'elles soient effectuées par des femmes justifie leur dévalorisation. Et c'est notamment autour de ce renforcement mutuel qu'il faut identifier la profonde imbrication des oppressions. Pour Joël Martine, philosophe altermondialiste, « si le *care* se révèle finalement être une dimension universelle, et pas seulement féminine, de l'action humaine, le mépris du *care* est typique de la domination masculine. Et doit être dénoncé comme tel. »[1] Quand surviennent des crises, on assiste en général à un amoindrissement toujours plus important du soutien public à la reproduction sociale, que ce soit sous la forme d'allocations ou de secteurs du *care* efficaces, pour en toute priorité soutenir les acteurs financiers.

Inverser les logiques : la dette du *care*

On parle de dette sociale quand une partie de la société est redevable vis-à-vis d'une autre partie de la société. Cette notion se rapporte souvent à celle due par les tenants du capital aux travailleurs et travailleuses pour la richesse produite dont ils et elles n'ont pas bénéficié, surtout quand les services publics, la sécurité sociale, etc., sont mis à mal et que l'État ne s'en porte plus garant.

1 Joël Martine, « Le débat sur le *care* dans le féminisme nord-américain et sa convergence avec l'écoféminisme », *Les Possibles*, n° 14, été 2017 [consultable sur urlz.fr/hv3Z].

Quand on élargit la notion de travail – ce qui est l'un des apports incontestables des luttes et théories féministes –, on se rend vite compte que la société, et en son sein surtout les hommes et les classes dominantes, est débitrice d'une immense dette sociale envers les femmes, nommée aussi dette « reproductive » ou « du *care* ». Cette invitation à inverser les logiques pourrait nous sauver d'une « condamnation à une loupe productiviste » et androcentrique[1], qui cache les vulnérabilités du système économique. Toute reproduction de la force de travail et du capitalisme hétéropatriarcal est tout simplement impossible sans les activités non rémunérées ou sous rémunérées qui subviennent à des besoins fondamentaux. Sans le travail gratuit des femmes, le système s'écroule.

La dette du *care* se réfère à la « différence entre le *care* donné et le *care* reçu[2] », et, plus précisément, du *care* reçu par celles et ceux qui « pourraient s'occuper d'eux-mêmes mais ne le font pas[3] ». Une différence fondamentale doit en effet être établie entre les personnes qui nécessitent des soins et ne peuvent répondre elles-mêmes à leurs besoins et celles qui profitent des soins donnés pour ne pas avoir à les réaliser elles-mêmes et ainsi disposer de temps supplémentaire. David Graeber parle très justement de l'existence d'une « *caring class* » qui comprend celles et ceux dont le travail a pour objectif de maintenir ou d'augmenter la liberté d'autrui[4]. Plus il permet d'augmenter le

1 Cristina Carrasco, « Women, Sustainability and Social Debt », *art. cit.*
2 Blanca Bayas, « Care Debt: Patriarchy and Capital on the Offensive, Feminist Economics as a Proposal », *Observatori del deute en la globalització*, 18 octobre 2017 [consultable sur urlz.fr/hv49].
3 Amaia Pérez Orozco citée dans *ibid.*
4 Idée développée par David Graeber dans *Bullshit jobs* (Paris, Les liens qui libèrent, 2018) et reprise par Françoise Vergès dans *Un féminisme décolonial* (Paris, La Fabrique, 2019).

confort de certain·es, moins il est rémunéré et valorisé socialement, ce qui est tout à fait absurde et témoigne d'une immense violence. Tant que cette vision du travail reproductif prévaudra, toute tentative de réduction des inégalités restera illusoire. Cette usure légitimée des personnes qui s'occupent des autres a la particularité aujourd'hui d'être assignée aux femmes de façon générale et, lorsqu'elle se rapporte à ce qui est considéré comme « sale » et sous-valorisé dans l'espace public et l'imaginaire collectif, aux personnes racisées. Ces dernières activités sont notamment caractérisées par l'absence de « bénéficiaires directs » (laver les toilettes, le sol, le linge, ramasser les ordures hors des horaires d'ouverture des lieux concernés) contrairement aux soins directs à la personne ce qui facilite d'autant plus leur invisibilisation[1]. Des sociologues pointent du doigt la capacité du capitalisme à fabriquer des vies jetables, au sein d'une économie de l'invisible et du déchet[2]. En outre, quand on regarde qui donne et qui reçoit, l'imbrication des oppressions devient évidente tant à l'échelle individuelle que globale : certains groupes sociaux ne remplissant pas leurs propres besoins les délèguent à des personnes venues d'ailleurs, ce qui crée une dette du *care* aux dimensions non seulement genrées, mais aussi géographiques, raciales et de classe.

Un tel prisme bouleverse la manière d'appréhender l'autonomie, la dépendance, la vulnérabilité. On parle tout le temps d'une « dépendance féminine », des femmes dépendantes des hommes... mais attendez un peu, ne devrions-nous pas parler de la dépendance des hommes envers les femmes ? On va qualifier de « dépendante », d'« assistée » une femme au foyer à temps

1 Jules Falquet et Nasima Moujoud, « Cent ans de sollicitude en France », *art. cit.*
2 Particulièrement Zygmunt Bauman dans *Wasted Lives. Modernity and its Outcasts*, Cambridge, Polity, 2004.

plein qui bénéficie ou souhaite bénéficier d'une quelconque allocation sociale, tandis que le compagnon, père, fils, pour qui elle a travaillé gratuitement toute sa vie et qui ne sait même pas se faire à manger, lui, serait autonome ! Et c'est là la spécificité et l'apport de l'économie féministe : reconnaître que la prise en charge du soin aux autres est un bien sociétal de valeur. Il s'agit d'enlever le caractère péjoratif de la dépendance et de la vulnérabilité, et donc de s'éloigner des notions d'autonomie et d'indépendance glorifiant la liberté individuelle. Dépendance et vulnérabilité font partie intégrante de la condition humaine, certaines personnes nécessitent plus de soins à des moments donnés de leur vie, d'autres sont plus aptes à les donner. Tout le monde, personnes « autonomes » comprises, a constamment besoin de soins émotionnels. Admettre cela implique de revaloriser le soin, ces activités « féminines », et d'en faire une responsabilité collective et partagée. Concevoir qu'assurer la prise en charge des soins implique non pas « juste » du temps ou de l'énergie mais mobilise aussi des compétences spécifiques. Cette assignation des femmes aux soins dépréciés par les logiques capitalistes est autant la source de l'accumulation de patrimoine de certain·es que l'une des causes principales de la pauvreté des femmes et des personnes historiquement invisibilisées.

De l'audit féministe à la socialisation du soin

L'économie féministe propose de voir le soin et la dette autrement. Ses apports alimentent la réflexion sur la mise en place d'un audit féministe, proposé notamment par le CADTM. Cet audit serait un outil pour se réapproprier les finances publiques et, le cas échéant, annuler les dettes illégitimes. Il consisterait à inclure les activités de soin dans le calcul. Mais, au-delà d'une « reconnaissance » sur le plan quantitatif, il faudra aller plus loin et envisager la perspective d'une socialisation du soin. Cela implique de :

- Reconnaître que la gestion actuelle du soin génère mal-être et exclusion sociale : l'accès à des soins dignes ne doit pas se faire au prix de la dignité d'une autre personne !
- Valoriser le soin, sur le plan économique, social et symbolique, rendre visible tout ce qu'il comporte et les différentes dimensions dans lesquelles il s'opère (physiques, psychologiques...), le rôle qu'il joue dans différents contextes, prendre en considération ses multiples contributions à l'économie et la société.
- Socialiser la responsabilité des soins. Pour y parvenir, il faut redistribuer et répartir la responsabilité et la charge de travail au sein des ménages mais aussi au sein du monde du travail et de la société dans son ensemble. De fait, non seulement les sphères privée et publique sont poreuses, mais au sein des foyers cette redistribution des soins n'est pas toujours possible, par exemple dans les familles monoparentales. Il faut donc exiger que l'ensemble des acteurs sociaux contribuent et se responsabilisent face à la socialisation des soins. Notons que la socialisation a des implications plus larges que la redistribution, car elle sous-entend l'existence d'espaces d'échange, de partage de connaissances, de compétences et d'expériences...
- Réformer le marché du travail : ces changements ne seront pas possibles si le marché du travail dans son ensemble n'est pas simultanément transformé afin de s'attaquer aux inégalités structurelles qui le traversent et qu'il renforce.

Ainsi, loin de se limiter à une dimension économique, la dette est éminemment politique. Surtout, elle n'est pas une question individuelle, mais collective. Or, nous sommes conditionné·es socialement à la considérer comme un objet de honte et à la garder secrète alors qu'elle est un problème commun.

Comme nous l'avons analysé dans les chapitres précédents, la dette et l'austérité sont des moyens de contrôle du corps et du travail des femmes (acceptation de boulots ingrats, prise en charge gratuite du *care* du fait de la suppression du soutien à la reproduction sociale, endettement privé qui enferme dans des foyers violents, qui fait taire toute contestation...). C'est un mécanisme qui s'applique partout, qui force à exploiter, qui régit l'intime du quotidien. Or, les dettes dues aux créanciers privés peuvent être un liant puissant pour unir les opprimé·es et faire se rejoindre les luttes contre l'ordre dominant, tandis que la question de la dette sociale pourrait inspirer des mobilisations pour d'autres possibles.

En plus de changer la compréhension de l'économie, l'économie féministe permet de mettre en valeur d'autres pratiques dont on peut s'inspirer pour construire des futurs non capitalistes. Elle nous rappelle aussi que, loin de ne rien y comprendre, les femmes ont souvent bien plus d'expérience que les hommes dans la gestion quotidienne et à long terme des ressources, y compris économiques. Ces propositions contiennent quelques défis de taille : la réappropriation et la recollectivisation des communs compris dans leur le sens « habituel » des territoires, mais incluant aussi la reproduction sociale, le soin, les savoirs, des pratiques solidaires...

LES MOBILISATIONS FACE À LA DETTE ET L'AUSTÉRITÉ

Les féminismes au cœur des révoltes contre les dettes

Depuis des millénaires, « la dette a toujours été moteur de mouvements de révoltes », nous rappelait David Graeber[1]. Des mouvements sociaux de 1999 à Seattle en passant par ceux des Indigné·es dans la seconde décennie des années 2000 et jusqu'aux grèves actuelles, tous ont dénoncé la dette comme un instrument de domination politique et économique. Et ils nous ont bien montré par là qu'un autre monde est possible.

S'il existe aujourd'hui un mouvement social global, riche et divers, qui peut relever le défi de s'organiser à partir de la base dans la micropolitique des lieux du quotidien, c'est celui des féminismes. Ces derniers s'efforcent de penser l'articulation et les interactions entre les différents rapports d'oppression et de dépasser les catégories socialement construites par et pour la domination. Les féminismes parviennent également à déconstruire les rapports de domination dans les pratiques quotidiennes et organisationnelles.

1 David Graeber, *Dette. 5 000 ans d'histoire*, Paris, Les liens qui libèrent, 2013.

Loin d'être uniquement des victimes, les femmes sont également actrices et productrices de savoirs, et s'organisent en mouvements afin de répondre aux violences qui leur sont faites. Les mouvements sociaux que nous allons évoquer sont composés majoritairement de femmes ou de personnes qui s'identifient comme telles, qui vivent directement des situations de minorisation dans les rapports sociaux inhérentes au capitalisme patriarcal et qui les combattent par les féminismes.

Vers un projet global et intersectionnel de transformation féministe

En 1995 naît l'Internationale des femmes, qui rassemble des collectifs, des réseaux nationaux et mondiaux, des groupes locaux, des mouvements de base, etc. Le féminisme autonome a décidé d'agir par lui-même, en dehors de la sphère institutionnelle, pour construire son projet global de transformation sociale. « Ces féministes vont, en questionnant les limites du néolibéralisme, tenter de créer un modèle sociétal où l'émancipation pleine et absolue des femmes ne relèverait plus de l'utopie[1]. » Bien que le mouvement féministe ait été présent dans les sphères officielles de la politique institutionnelle, principalement dans celles promues par l'ONU, le mouvement féministe autonome s'est vite rendu compte que, malgré l'inclusion de certaines demandes fondamentales dans les accords internationaux, l'avancée de la mondialisation néolibérale continuait à empêcher une réelle transformation de la réalité des femmes.

1 Christine Vanden Daelen, « Féminismes en mouvement. Des suffragettes aux "alter-féministes" », CADTM, 13 mai 2019 [consultable sur urlz.fr/hyFh].

Par ailleurs, entre les années 1970 et 1990, divers mouvements féministes, des soulèvements populaires et des mouvements sociaux axés sur la revendication de la répudiation de la dette ont émergé. Le *black feminism*, mené par des femmes afro-américaines, est apparu aux États-Unis au cœur des mouvements sociaux pour les droits civiques. Ses militantes ont développé le concept d'intersectionnalité pour lutter contre la conjugaison d'oppressions fondées sur le sexe, la race et la classe. Ces réflexions sont à l'origine de la dite « troisième vague » féministe, qui s'est développée dans les années 1980.

Les années 1990 ont quant à elles vu émerger deux mouvements importants ayant influencé les mouvements sociaux transnationaux qui ont suivi.

D'une part, le soulèvement de l'Armée zapatiste de libération nationale (EZLN) le 1er janvier 1994 au Mexique : il s'agit d'un mouvement indigène réclamant la terre et la liberté et revendiquant « un monde où plusieurs mondes se retrouvent ». Bien qu'elles durent affronter des discriminations machistes enracinées dans leurs propres communautés et organisations, les femmes ont joué un rôle prépondérant au sein de ce mouvement dès le départ : « Les femmes zapatistes ont été des insurgées, des leaders politiques, des guérisseuses, des éducatrices et des agents importants du développement économique autonome. La participation des femmes à l'EZLN a contribué à façonner le mouvement zapatiste, tandis que le mouvement a ouvert de nouveaux espaces permettant aux femmes de vivre des changements spectaculaires dans leur vie[1]. » Bien avant le mouvement altermondialiste, les zapatistes identifiaient les

1 Hilary Klein, *Compañeras. Historias de las mujeres zapatistas*, Buenos Aires, Tinta Limón, 2019, p. 15 (notre traduction).

rapports d'endettement et les IFI comme des outils centraux des oppressions structurelles et de l'impérialisme.

D'autre part, la grande campagne internationale Jubilé 2000, lancée en 1998, qui a conduit à la formation d'une coalition mondiale de mouvements sociaux pour l'annulation de la dette. Le Comité pour l'abolition des dettes illégitimes (CADTM) et la coalition Jubilé Sud sont nées durant cette période, renforçant le courant le plus radical de ce mouvement, défendant l'annulation totale de la dette illégitime et rejetant les politiques imposées par le FMI, la Banque mondiale et l'OMC plutôt que des revendications en faveur d'allègements et de réformes.

Vers l'autogestion : contribution des féminismes au mouvement altermondialiste

La doctrine néolibérale et le processus de mondialisation ont subordonné l'économie et l'organisation sociale aux marchés, et creusé les inégalités, tant au sein de chaque État qu'à l'échelle mondiale. C'est dans ce contexte que les manifestations de masse de Seattle ont éclaté en 1999, donnant naissance au mouvement altermondialiste, qui s'est articulé au niveau international par le biais des Forums sociaux mondiaux (FSM). La Marche mondiale des femmes (MMF) est l'une des mouvances féministes de l'altermondialisme et l'une de ses principales composantes. La MMF est active dans des campagnes régionales et mondiales pour l'annulation de la dette extérieure, contre le libre-échange, la guerre et la violence envers les femmes. Comme l'indique la MMF, « nous avons pu réaffirmer dans [le mouvement altermondialiste] que le féminisme est, pour nous, au cœur du mouvement global qui affronte l'ordre oppressif (capitaliste) et nous avons pu discuter de la manière dont nous devons renforcer le mouvement depuis la base, dans sa construction, en nous appuyant sur sa capacité à mener des actions concrètes et radicales[1] ».

À cette époque, au sein de la MMF, les féministes étaient déjà conscientes de la nécessité de construire des ponts avec la nouvelle génération de jeunes féministes et avec des femmes issues d'autres mouvements : femmes noires, femmes syndicalistes, mouvements paysans et indigènes, mouvements pour la diversité sexuelle, mouvements *no borders*[2], etc. La MMF a développé des alliances avec le Réseau latino-américain des femmes transformant l'économie (REMTE)[3] et avec des mouvements sociaux mixtes, comme la Via Campesina[4], qui font avancer les propositions et les revendications autour de la souveraineté alimentaire et de l'écoféminisme au sein du mouvement altermondialiste. Aux Nords et aux Suds, les luttes paysannes s'organisent pour défendre les droits des paysan·nes, pour l'accès à la terre et la souveraineté alimentaire. La militante indienne Vandana Shiva est une figure emblématique du mouvement contre la politique agricole mise en place par la Banque mondiale

---

1 Marcha Mundial de las Mujeres, « 1998-2008. Una década de lucha internacional feminista » (notre traduction) [consultable sur urlz.fr/hv79].

2 En juin 2021, la MMF a organisé à Nice une action féministe transnationale, rappelant que les politiques de criminalisation de la mobilité pèsent particulièrement sur les femmes.

3 Réseau transnational d'organisations de femmes latino-américaines qui, dans une perspective féministe, critiquent les accords de libre-échange et développent des propositions basées sur l'économie solidaire.

4 Nom qui signifie « voie paysanne » en espagnol. Ce mouvement international coordonne des organisations de petit·es et moyen·nes paysan·nes, de travailleur·ses agricoles, de fermes rurales, de communautés indigènes d'Asie, des Amériques, d'Europe et d'Afrique.

– la «révolution verte» – dont le but affiché est d'éliminer l'insécurité alimentaire dans les pays des Suds. Elle a démontré comment cette «politique de développement» a en réalité dévasté des pans entiers de l'agriculture paysanne et familiale. Le réseau africain WoMin, fondé dans les années 2020, conteste quant à lui l'extraction destructive à grande échelle des ressources naturelles et propose des alternatives répondant aux besoins de la majorité des femmes africaines, dont l'annulation des dettes publiques et privées.

Malgré les nombreuses batailles au sein de l'altermondialisme pour défendre leurs positions, les contributions des féminismes à ce mouvement ont été très importantes. Tout d'abord, les féminismes ont impulsé une nouvelle militance politique proposant une critique transversale du pouvoir, une pratique de l'autogestion, de l'horizontalité et de la décentralisation, ce qui a eu une influence énorme sur les mouvements sociaux en général et sur le mouvement altermondialiste en particulier. Car si quelque chose a caractérisé le mouvement féministe depuis ses débuts, c'est bien son identité transnationale et son internationalisme. «Le féminisme offre en effet des théories et des pratiques valables pour aborder des questions qui ne sont pas nécessairement liées seulement aux femmes; ainsi, il participe également au mouvement altermondialiste par le biais d'autres thématiques[1].» Les contributions de l'économie féministe à l'analyse critique du libre marché et du développement capitaliste historique ont été nombreuses et très précieuses: en relevant l'existence des systèmes de domination imbriqués dans le capitalisme comme au sein du patriarcat,

1 Iratxe Perea Ozerin, «El papel del feminismo en el movimiento antiglobalización: contribuciones y desafíos», CIFOB, avril 2014 [consultable sur urlz.fr/hv7M].

elle ouvre les portes à des lectures critiques du système liées à la race, à la nationalité, à l'orientation sexuelle, etc., qui n'avaient pas été prises en compte par la gauche classique.

Non-paiement et désobéissance féministes à la dette : « Mettre la vie au centre »

Dans le sillage de la crise financière de 2008, en Islande, de fortes mobilisations sociales (surnommées la « révolution islandaise » ou « révolution des casseroles ») ont abouti à des référendums sur le paiement ou non de la dette contractée par les banques. C'était la graine du mouvement mondial des *indignadxs*, les Indigné·es, qui allait éclater le 15 mai 2011 à Madrid et se propager ensuite dans d'autres pays du Nord (Grèce, Portugal, France, États-Unis, Belgique, etc.).

À Madrid, les féministes de la commission *Feminismos Sol* ont remis en question l'ordre des priorités imposé par les marchés et ont élaboré des propositions pour « mettre les personnes au centre ». Elles ont aussi mis sur la table la nécessité de mener des audits citoyens de la dette : « Pour les féministes, l'audit de la dette doit être un outil non seulement pour désobéir à la dette, mais aussi pour transformer le système dans lequel nous vivons, au niveau micro et macro. Désobéir à la dette doit servir à mettre la vie, les droits et les conditions de vie des personnes au centre, et mettre le marché au service de la vie et non l'inverse[1]. » « Mettre la vie au centre », selon Yayo Herrero, anthropologue et activiste écoféministe, consiste à « construire des politiques, des cultures, des économies et des communautés

1 Feminismos Sol, « Dosier DEUDA », juin 2013 [consultable sur urlz.fr/hv7N].

dont la priorité est de garantir une vie décente, une vie digne d'être vécue pour toutes les personnes. Mettre la vie au centre, c'est faire en sorte de construire des communautés où personne n'a peur de l'avenir, où personne ne souffre en pensant à ce qui lui arrivera demain[1]. » La participation des activistes féministes à ce type d'initiatives a été très importante et a permis l'émergence du concept de non-paiement féministe de la dette, une revendication au cœur du présent ouvrage.

En 2011, l'Initiative des femmes contre la dette et les mesures d'austérité est née en Grèce. Ces féministes grecques ont exigé des audits des comptes publics nationaux et locaux mais aussi des audits d'hôpitaux, de centres sociaux, d'écoles. Elles ont initié et participé aux mouvements « nous ne payons pas », qui refusent de payer les nouveaux péages routiers et les nouveaux impôts injustes imposés aux pauvres et à la classe moyenne , ou encore les transports publics, dont le prix a triplé pour rembourser la dette en Grèce. Inspiré par ces initiatives, le collectif Elles s'en mêlent[2] a lancé publiquement en 2015 en Belgique le comité d'action V'là la facture ! Son objectif consistait à mettre en lumière les impacts spécifiques pour les femmes des mesures d'austérité du gouvernement belge : manque de place pour l'accueil des enfants et des personnes âgées, fin de l'allocation d'insertion illimitée dans le temps, etc. Les militantes de V'là la facture ! refusent la socialisation des dettes des banques et les mesures austéritaires qui coupent les dépenses publiques. Pour elles, l'État a une dette non pas envers les banques mais

1 Cité dans Javier Utrilla, « Poner la vida en el centro como objetivo común », *El Salto*, 13 avril 2019 [consultable sur urlz.fr/hv7R] (notre traduction).
2 Qui regroupe les mouvements Vie féminine Bruxelles, le CADTM Belgique, le Monde selon les femmes, la MMF et la Confédération des syndicats chrétiens (CSC).

envers les femmes qui travaillent gratuitement faute de services publics suffisants et de qualité. Elles mettent aussi en place un outil de calcul indicatif sous forme de facture à envoyer au gouvernement.

En 2021, des mères allemandes reprennent cette idée pour affirmer qu'en temps de crise, elles portent un fardeau démesuré. Dans le même sens, des féministes issues d'organisations et de mouvements centrés sur les droits humains, le développement durable, la justice économique et sociale se sont réunies pour lancer le site web feministcovidresponse.com. À travers celui-ci, elles rappellent comment la crise du Covid-19 entraîne des inégalités qui touchent spécifiquement les femmes et proposent d'intégrer une perspective féministe dans les réponses politiques à la crise sanitaire.

Dans toutes ces commissions, initiatives et espaces féministes, on parle de violence économique, on remet en question les dynamiques de pouvoir (au sein des mouvements sociaux également) et on imagine d'autres façons de concevoir l'action collective. Tout cela a nourri les importants mouvements de grèves féministes, qui se veulent toujours plus transnationaux et inclusifs, des vécus multiples et parfois contradictoires des personnes concernées : travailleuses domestiques, jeunes femmes, retraitées, soignantes, migrantes, travailleuses du sexe, femmes précaires, salariées, personnes trans, queers, non binaires, etc.

Pendant la seconde décennie des années 2000, le monde arabe a également été traversé par des contestations d'ampleur dirigées contre l'État, communément appelées les printemps arabes. En 2011, des soulèvements populaires visent à libérer la région de ses dictateurs. Ces mobilisations, qui ont secoué, à des degrés d'intensité divers, presque tous les pays de la région, expriment leur profond mécontentement à l'égard des effets sociaux, économiques et politiques des gouvernances néolibérales. Les femmes ont pris une part active dans ces contestations, comme le souligne l'historienne Leyla Dakhli, luttant pour la citoyenneté mais aussi contre le patriarcat et pour l'intégrité de leur corps[1]. En Tunisie particulièrement, l'inscription des femmes dans les espaces féministes internationaux a joué un rôle important « dans la construction de liens et de réseaux, dans la prise de conscience d'une condition féminine commune caractérisée par l'inégalité dans l'accès aux ressources et l'exclusion des espaces de pouvoir et de décision dominés par les hommes[2] ». Huit ans après la première vague révolutionnaire, la région a connu une seconde vague, déclenchée par le soulèvement soudanais du 19 décembre 2018. Celui-ci a été suivi en 2019 par les *hirak* algérien et libanais notamment, dont les femmes ont également été la cheville ouvrière. La sociologue Zahra Ali identifie au sein de ces mouvements le signe d'un « féminisme décolonial », critique du féminisme hégémonique libéral occidental qui tend toujours à l'imposition d'un modèle normatif. La lutte des Kurdes dans le territoire au nord de la Syrie appelé le Rojava repose sur des enjeux similaires. Inspiré par le militant et philosophe écologiste libertaire Murray Bookchin, le Rojava tend à la concrétisation du municipalisme libertaire comme alternative au modèle occidental de l'État-nation. Dans cette tentative de confédéralisme démocratique, les femmes occupent une place

1 Leyla Dakhli, « Les femmes ont construit une présence dans les aspirations révolutionnaires du monde arabe », *Le Monde*, 27 février 2020.
2 Amel Mahfoudh et Dorra Mahfoudh, « Mobilisations des femmes et mouvement féministe en Tunisie », *Nouvelles questions féministes*, vol. 33, n° 2, 2014, p. 16, [consultable sur urlz.fr/hv8A].

centrale dans la structuration et la défense d'une société démocratique et égalitaire. Le Rojava tente de mettre en place un projet féministe et écologiste de transformation de la société, par un dépassement de l'État-nation capitaliste. Le confédéralisme démocratique aurait cependant besoin, pour connaître un véritable essor, d'une stabilité qui semble encore lointaine dans le chaos géopolitique actuel de la Syrie.

Dette, violence et travail

Aux Nords, le capitalisme financier continue à se développer au prix du démantèlement des services publics et des ressources communes pour la reproduction sociale. Ces dernières années, nous avons assisté à une nouvelle recrudescence de la « colonisation financière » qui « s'empare désormais des espaces de reproduction sociale, et donc des corps qui travaillent dans ces espaces, comme une mutinerie de guerre[1] ». Comme nous l'avons vu dans les chapitres précédents, la financiarisation de la vie quotidienne et l'accumulation par la dépossession envahissent les ménages. « Endetter le pilier fondamental de la vie, les femmes et leur travail de reproduction et de soins, est le moyen actuel de dépossession du capitalisme financier[2]. » La dépossession des moyens de reproduction de la vie est entendue ici comme « l'une des stratégies promues par le capital, et mise en œuvre par le pouvoir politique, qui consiste en la marchandisation ou la privatisation des responsabilités de l'État

1 Verónica Gago et Lucí Cavallero, « La dette est une guerre contre l'autonomie des femmes », *art. cit.*
2 Xochitl Leyva Solano, « Mujeres que luchan, zapatismo y la grieta pospatriarcal anticapitalista », *El Salto*, 11 janvier 2019 (notre traduction) [consultable sur urlz.fr/hv85].

en matière de services (ou d'affaires) publics, ainsi que le dépôt d'une partie de ses responsabilités reproductives sur les femmes ou du retour des femmes au foyer[1]. »

Face à ce phénomène, des mouvements sociaux et féministes émergent dans différentes zones géographiques pour dénoncer la dette et les processus de précarisation et de dépossession comme outil de domination, avec des revendications concrètes liées à des contextes particuliers, mais aussi avec un caractère transnational. Par exemple, les mouvements des travailleuses domestiques au Liban et le collectif Territorio Doméstico en Espagne, bien qu'ils soient situés dans des régions différentes, dénoncent les conditions de travail et de vie subies par les travailleuses du même secteur. Ce type de correspondances nous rappelle combien le « système dette » est un outil du capitalisme mondialisé.

Relier la dette, la violence et le travail a été une conquête des grèves féministes. En 2016, des mobilisations de masse ont lieu en Pologne (contre l'interdiction de l'avortement) et en Argentine (contre le féminicide). Ces dernières scandent le slogan « *¡Ni una menos! ¡Vivas, libres y desendeudadas nos queremos!* » (« Pas une de moins ! Nous voulons être vivantes, libres et désendettées ! »). « Mais ce n'est que récemment qu'on est parvenues à tracer politiquement les circuits qui relient cette dette publique à ses effets sur la vie quotidienne[2]. » L'appel de la MMF le 24 avril 2019, à l'occasion de la journée d'Action mondiale et de solidarité féministe pour commémorer l'effondrement des

1 Sandra Ezquerra, « Acumulación por desposesión, género y crisis en el estado español », *Revista de Economía Crítica*, n° 14, 2012, p. 126 (notre traduction).
2 Lucí Cavallero et Verónica Gago, « Une grève féminise contre la dette », *Acta.zone*, 6 mars 2020 [consultable sur urlz.fr/hv9k].

bâtiments du Rana Plaza au Bangladesh en 2013, qui a causé la mort de plus de mille ouvrières, va dans ce sens[1]. Il dénonce un modèle d'économie patriarcal basé sur l'exploitation du travail des femmes au profit des entreprises multinationales. L'appel à la grève avait déjà été utilisée auparavant comme un outil de revendication féministe pour la reconnaissance du travail de soin et pour dénoncer les investissements militaires (« Investir pour soigner, pas pour tuer ») par la Campagne internationale pour le salaire des tâches ménagères. Mais c'est entre octobre 2016 et mars 2019 que la grève est devenue un outil capable de galvaniser à nouveau le mouvement féministe au niveau mondial.

Aujourd'hui, c'est dans le contexte des grèves que le mouvement féministe transnational fait de la lutte contre la dette son cheval de bataille, notamment dans les pays hispanophones. « *¡Vivas, libres y desendeudadas nos queremos!* » (Argentine), « *¡Nosotras contra la deuda!* » (Porto Rico), « *¡Nos deben una vida!* » (Chili), « *¡No debemos, no pagamos!* » (Espagne) : autant de chants de manifestation révélateur de l'importance de la question de la dette dans les revendications[2]. C'est un moment historique : le mouvement féministe politise la question financière à une échelle de masse. Et, par ailleurs, cette lecture féministe de la dette permet de repenser la violence économique dans son lien avec la violence machiste. Comme le dit Verónica Gago, « la grève comme horizon pratique et comme perspective analytique des luttes est ce qui a permis de promouvoir un féminisme

1 Marche mondiale des femmes, « 24 avril, journée d'Action mondiale et de solidarité féministe », CADTM, 23 avril 2019 [consultable sur urlz.fr/hv9m].
2 « Nous voulons être vivantes, libres et désendettées ! », « Nous sommes contre la dette ! », « Ils nous doivent une vie ! », « Nous ne devons rien, nous ne payons rien ! »

populaire et anti-néolibéral par le bas, qui a relié les parcelles de violence économique à la violence concentrée contre les corps des femmes et les corps féminisés[1] ».

1 Verónica Gago, *La puissance féministe*, Paris, Divergences, 2021.

LES ÉCOFÉMINISMES POUR PENSER LA DETTE AUTREMENT

Une réponse englobante à un système en crise

Le féminisme ou la mort. Françoise d'Eaubonne, première à utiliser le terme « écoféminisme », posait ce dilemme existentiel en 1974 dans son livre du même nom[1]. On ne peut aujourd'hui, sans exagération, que confirmer ce constat, *littéralement.* En effet, la logique hétéropatriarcale, loin de n'affecter que la vie des êtres humains, a un profond impact sur les écosystèmes et la durabilité de la vie sur Terre. La crise liée à la pandémie du coronavirus n'en est qu'une morbide confirmation : ce système capitaliste, patriarcal et extractiviste est responsable de l'ampleur qu'elle a pu atteindre. Les féminismes sont aujourd'hui rien de moins qu'une question de vie ou de mort. En effet, cette crise, incarnant les contradictions du capitalisme, loin d'être simplement « sanitaire » ou « économique », est liée à notre rapport au soin et plus largement au vivant. Le capitalisme patriarcal n'accordant aucune attention au prendre soin a imposé au nom de la dette et de

1 Myriam Bahaffou et Julie Gorecki, « Préface », *op. cit.*

son remboursement des coupes massives dans les secteurs de la reproduction sociale et notamment de la santé tandis que la mondialisation extractiviste favorise la dissémination de tels virus (déforestation, flux internationaux intensif). Nous avons besoin d'une réponse écoféministe, car ce ne sont pas que les conséquences sur les femmes, mais également le caractère écocidaire du capitalisme moderne qui sont le résultat de la logique patriarcale.

Les écoféminismes, riches de leur multiplicité, intriguent, interpellent, dérangent, inspirent... depuis déjà plusieurs décennies, et encore plus récemment. Quand on s'intéresse à la dette et à ses conséquences genrées, racistes, extractivistes, la pensée écoféministe offre des perspectives fondamentales. En effet, les écoféminismes comblent certains des impensés des grands mouvements sociaux contemporains (l'écologie bourgeoise et/ou transphobe, les féminismes mainstream ou encore les marxismes aveugles aux dimensions écologiques et aux multiples dimensions de la reproduction sociale) qui occultent certains enjeux et risquent ainsi, quand bien même ils atteindraient leurs fins, de simplement déplacer les dominations plutôt que les détruire. Ils proposent ainsi l'une des seules analyses que l'on pourrait réellement qualifier d'intersectionnelle, identifiant les causes profondes de l'imbrication des dominations et proposant une réponse globale (ou, plus précisément, « holistique ») à un système en crise.

Malgré la pluralité du mouvement, les écoféminismes se rassemblent sur le parallèle réalisé entre l'exploitation des femmes et celle du vivant, ce qui n'est pas la même chose que d'établir un parallèle entre les femmes et la nature. L'ordre dominant, en plus de dévaloriser et d'exploiter les femmes et leur travail essentiel de reproduction sociale, enlève toute valeur et invisibilise l'autre pilier de la reproduction de la vie sur Terre : les capacités régénératrices de la « nature », elles aussi pourtant nécessaires à l'accumulation capitaliste. Les écoféminismes proposent donc de remettre en question les principaux piliers économiques et culturels de l'Occident : la domination violente de l'humain sur la nature et des hommes sur les femmes. Celles-ci, évidemment, s'imbriquent avec d'autres rapports inégalitaires : de race, de classe, de sexe, de genre, d'espèce.

Si de nombreuses critiques leur sont adressées, il est fallacieux d'accuser la plupart des écoféminismes d'essentialisme – l'idée selon laquelle, par essence, les femmes seraient plus proches de la nature. Cette critique facile les caricature souvent alors que l'un de leurs enjeux majeurs consiste justement à dénoncer une culture basée sur des divisions binaires et dualistes (hommes-femmes, nature-culture…), sur le lien socialement construit entre les femmes et la nature, et à se demander comment, à partir de cette déconstruction, on travaille à l'émancipation des opprimé·es, à la sauvegarde de la vie sur Terre et aux rôles que les humain·es ont à y jouer.

Bien qu'elle ne soit pas toujours mise en avant, la dette est une préoccupation centrale pour les écoféminismes. Ils nous apportent le triple point de vue – écologique, décolonial, féministe – de « qui doit à qui ? », qui permet de penser les rapports de domination et d'endettement de manière plus complète et moins excluante.

Qui doit à qui : lectures écoféministes de la dette

Dettes coloniales et écologiques

La dette écologique est partie intégrante tant de la pensée décoloniale que de la pensée écoféministe. Cette notion pose dès les années 1990 la question de « qui doit à qui ? », dont la pertinence ne fait qu'augmenter aujourd'hui. De manière non exhaustive, elle s'agence autour de trois axiomes principaux. Elle inclut :

- ce qui est dû « à la Terre » pour ce que nous prenons sans que les cycles écologiques soient respectés, autrement dit pour les dommages infligés (parfois de manière irréversible) ;
- ce qui est dû aux peuples des Suds pour le pillage et la dévastation historique, et l'extraction continuelle des ressources – y compris des savoirs, semences, communs, terres fertiles, la biopiraterie, etc. ;
- ce qu'on appelle aussi la dette climatique, qui est le résultat des injustices environnementales envers les peuples des Suds, mais plus généralement envers les populations pauvres et marginalisées, notamment les femmes noires et indigènes, qui subissent plus durement les conséquences de la pollution et des dérégulations climatiques tout en en étant moins responsables.

La dette écologique a donc une dimension géographique, due des Nords aux Suds, et une dimension historique, tournée vers le passé et le futur : elle est généralement comprise comme due à des êtres humains vivant actuellement, pour des dommages historiques (pillage et destruction des ressources), mais aussi aux générations futures pour l'usage disproportionné des ressources, qui a des conséquences potentiellement irréversibles sur les capacités d'absorption de la planète. Ces deux dimensions sont traversées par des rapports de classe (il s'agit souvent des riches qui doivent aux pauvres), de genre (les femmes sont spécifiquement impactées), coloniaux et de race (les responsables sont disproportionnellement des hommes blancs).

Cette dette a une dimension immatérielle, mais cela n'amoindrit en rien sa puissance politique, au contraire. La prise en compte de la dette écologique permet en effet d'inverser les logiques : la crise de la dette n'est plus interprétée comme la résultante d'une incapacité des pays des Suds à rembourser mais comme étant constitutive précisément d'un défaut de paiement des gros pilleurs et pollueurs face à une dette colossale, à l'origine de leurs accumulations de capital.

Sans entrer ici dans une réflexion sur les différentes tentatives d'estimer la dette écologique, il faut noter que toutes font état d'une dette qui serait bien supérieure aux dettes financières réclamées aux pays des Suds. La dette écologique, outre le fait qu'elle participerait à restaurer une justice environnementale, est un puissant outil politique permettant de confirmer l'invalidité des dettes illégitimes réclamées au Sud global. De plus, en introduisant le concept de dette écologiquement insoutenable (car son remboursement impose de s'engager dans des pratiques qui ne respectent pas les rythmes et cycles naturels nécessaires à la régénération et à la durabilité de la vie), la dette écologique enrichit l'argumentaire des dettes non remboursables.

La dette écologique contient la proposition d'arrêter de tout marchandiser et d'ignorer les liens entre l'humain, le non-humain, l'économie et l'écologie. Elle appelle à reconnaître que la vie est inestimable et qu'à moins de radicalement changer notre rapport au vivant et nos modes de production, de distribution et de consommation, nous fonçons droit dans le mur.

La dette financière, cause de l'augmentation des dettes écologiques et reproductives

Depuis des millénaires, les paysan·nes entretiennent des pratiques qui respectent les cycles naturels, s'inscrivant ainsi dans ce que la sociologue écoféministe et militante antinucléaire australienne Ariel Salleh nomme l'équilibre métabolique. L'entretien de la fertilité des sols, le transfert de nutriments entre ceux-ci et les animaux, humains compris, l'utilisation de compost, de fumiers, la sélection de semences adaptées, riches et résilientes, sont, pour Vandana Shiva, la base même de la vie, et c'est précisément ce que détruisent la mondialisation et les « politiques de développement ». Les plans d'ajustement structurel sont constitutifs de cette destruction en imposant au vivant une obligation de rentabilité totalement hors sol. Au nom d'une dette financière pourtant illégitime sont extraites de la nature, via toute une série de pratiques n'étant rien d'autre que la continuité du pillage néocolonial, des ressources inestimables.

Tout cela n'est pas sans conséquence directe sur l'augmentation de la dette écologique, mais aussi des violences sexistes. De fait, les femmes sont disproportionnellement et spécifiquement impactées par les politiques (notamment agricoles), ce qui motive de nombreuses activistes et chercheuses à penser les violences à l'égard de la nature et à l'égard des femmes de manière analogue. Les femmes en lutte contre des projets miniers au Guatemala développent ainsi les puissantes notions de « corps-territoire » et de « territoire-terre », tous deux violés, utilisés, mutilés, contrôlés pour les profits, désirs et besoins des (néo)colonisateurs. Les femmes subissent partout d'immenses violences, notamment sexuelles mais aussi psychologiques, pour les forcer à quitter ces territoires convoités par les intérêts capitalistes, violences qui ne font que continuer une fois qu'elles migrent vers les villes ou d'autres pays.

La dette financière fait ainsi augmenter la dette écologique et permet l'accentuation conjointe de l'exploitation des femmes et du vivant.

Les écoféminismes sont une invitation à décoloniser nos analyses et à appréhender conjointement la « colonisation de la nature, des peuples, des femmes et de tous les corps marginalisés[1] ».

Concevoir l'endettement autrement : nouvelles compréhensions et perspectives

Le déni du prendre soin et des interdépendances

Certaines pensées écoféministes proposent une tout autre interprétation de la dette que celle qui a cours généralement. Au sein des sociétés occidentales, toute dette implique un lien de « devoir », ou au moins de redevabilité, d'un débiteur envers un créancier. À la place de cette conception qui induit pouvoir d'un côté et culpabilité de l'autre, les écoféminismes proposent de privilégier la notion d'échanges, de mettre en pratique une reconnaissance et une réciprocité, de penser

1 , Myriam Bahaffou et Julie Gorecki, «Préface», *op. cit.*

en termes d'interdépendances, d'interconnexions, de gratitude[1]... Ils invitent à prendre de la distance face à des notions marchandes et quantifiables qui ne s'intéresseraient qu'à des choses tangibles (services, argent, ressources) pour privilégier les équilibres écologiques, les procédés biologiques et métaphysiques, les relations intergénérationnelles, entre espèces, etc.

Le lourd passé et présent d'exploitation, de destruction et d'extraction sans prise en compte des cycles et rythmes naturels a créé ce qu'Ariel Salleh appelle un « déséquilibre métabolique[2] ». Il découle de la pensée occidentale dominante et de l'organisation sociale qu'elle génère, basée sur des divisions et catégories hiérarchisées entre elles. Sont ainsi considérées comme supérieures les valeurs dites « masculines », comme la compétitivité, qui permettent d'obtenir du pouvoir. Cette pensée qui se développe au XVIe siècle légitime la séparation et la hiérarchisation entre hommes et femmes, l'humanité et le non-humain, la culture et la nature, la production et la reproduction, l'économie et l'écologie... De même, des parallèles explicites sont formulés entre les femmes et la nature, ou encore entre les peuples colonisés et la nature, qui sont toutes considérées comme « sauvages » et « inférieures ». Cette façon d'envisager le monde provoque l'invisibilisation de toute une série de pratiques, dont le prendre soin, y compris du non-humain.

---

1 Margaux Le Donné (chercheuse en sciences politiques) lors du cycle « L'endettement vu par les écoféministes » organisé par le CADTM et le lieu alternatif Barricade (Liège) en février 2020.

2 Ariel Salleh, « Social Debt : Ecological Debt : Embodied Debt », dans Ariel Salleh (dir.), *Eco-Sufficiency & Global Justice: Women Write Political Ecology*. London & New York, Pluto, 2009 [consultable sur urlz.fr/hyGl].

Pyramide des valeurs et chaîne d'appropriation

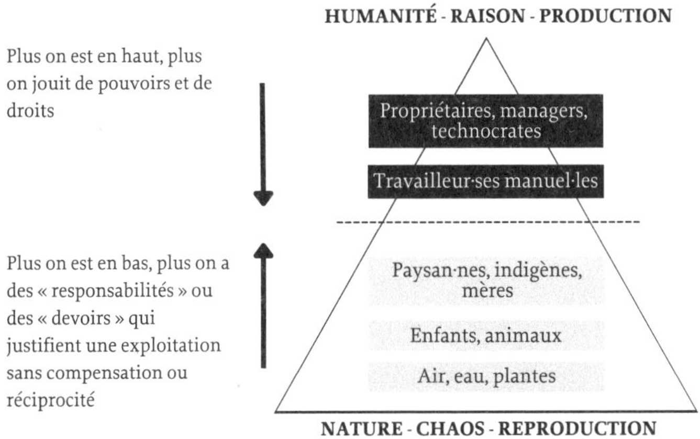

Ce graphique est tiré d'une présentation donnée par Ariel Salleh aux rencontres d'été du CADTM en 2019.

Plus on descend dans la pyramide, plus la dévalorisation est grande. Peu importe où l'on se situe, on profite du « travail » effectué par ce qui est plus bas, souvent sans redevabilité aucune. Dans la même lignée que l'économie féministe, la pensée écoféministe dénonce cette invisibilisation, mais en prenant en compte les processus non humains de reproduction de la vie sur Terre.

Ce renouvellement conceptuel amène en outre à de nouvelles lectures de la dette. Ariel Salleh théorise l'existence d'une dette incarnée, due aux « travailleur·ses reproductif·ves » et à tout ce qui prend soin du monde et régénère ainsi les conditions de production et de vie. Il s'agit des peuples indigènes, des petit·es paysan·nes et de toutes celles et ceux qui travaillent et fertilisent la terre, des personnes – notamment les mères – qui élèvent des enfants et prennent soin des proches et des communautés, qui s'engagent dans des activités de subsistance, qui conservent des savoirs... Pour Vandana Shiva et Ariel Salleh, ces personnes entretiennent un lien quotidien avec les procédés biologiques de régénération. Ce soin aux écosystèmes et aux communs fait partie des tâches invisibilisées que la catégorie sociale des femmes effectue. De par cette attribution historique et socialement construite, celles-ci ont une expérience du lien humanité-nature dont il faut reconnaître la valeur, sans pour autant lui attribuer une dimension innée.

L'un des problèmes centraux de nos sociétés est d'avoir nié l'importance de ce «prendre soin», qui devrait être une responsabilité collective et partagée. Le projet néolibéral consiste entre autres à invisibiliser et externaliser les processus régénératifs et essentiels au bien-être, ce qui a détruit – notamment via les ajustements structurels – notre capacité à faire face aux crises multiples qu'il engendre. Les sociétés capitalistes, qui ne donnent pas de valeur aux aspects émotionnels, relationnels, affectifs du prendre soin, ne pouvant être réduits à une série de tâches matériellement quantifiables, sont en réalité d'une pauvreté accablante.

Un audit écoféministe de la dette ?

La plupart des dettes financières sont illégitimes et ont, pour toute une série de raisons explorées dans ce livre, déjà été remboursées. L'audit populaire de la dette, évoqué précédemment, est proposé comme un outil pour invalider les dettes réclamées. Afin de confirmer cette invalidité, mais aussi tout simplement pour prendre en compte les dimensions écologiques, coloniales et reproductives, cet audit devrait être écoféministe. Cela signifie qu'il devrait impérativement inclure les dimensions explorées dans les pages précédentes : par exemple, intégrer la soutenabilité de la vie à l'argumentaire des dettes non remboursables, se demander si des budgétisations sensibles au genre ont eu lieu, ou encore considérer les dettes écologiques, incarnées...

L'audit écoféministe suscite toute une série de questions : faut-il payer, rembourser pour les torts causés ? Si oui, qui doit le faire ? Des pays ? Les riches ? Les hommes ? Les humains ? À qui ? Les peuples colonisés ? Les paysan·nes ? Les femmes (et lesquelles parmi elles) ? La Terre ? Sous quelle forme ? De l'argent ? Des initiatives de dépollution ?

Nous lançons ici ces questions sans prétendre y avoir les réponses ; elles sont cependant primordiales, et nous espérons que les mouvements sociaux et personnes concernées se les approprieront et les alimenteront. Sans non plus pouvoir dessiner les contours exacts d'à quoi pourrait ressembler un audit écoféministe ; ce qui est certain c'est qu'il s'agirait d'un outil à la portée politique puissante, dont l'objectif premier serait d'exiger l'arrêt immédiat du massacre. L'annulation des dettes est une première étape essentielle pour repartir sur de nouvelles bases, repenser les rapports d'endettement et changer de paradigme. Comme nous allons le voir, certaines idées avancées par différent·es penseur·ses permettent de commencer à imaginer ce à quoi pourrait ressembler le monde d'après, un monde sans dette.

Propositions écoféministes pour un monde sans dette

En finir avec la monoculture : vers des économies plurielles

L'une des contributions certainement les plus importantes à l'économie politique de ces dernières années, et qui fait écho à la pensée écoféministe, est le concept de l'*accumulation par dépossession* développé par David Harvey, qui, selon nous, s'apparente et/ou est complété par la notion d'*extractivisme financier* avancée par la chercheuse et militante féministe argentine Verónica Gago.

Ces deux notions, qui tentent de décrire de manière englobante le fonctionnement du néolibéralisme, mettent en avant qu'aucune croissance, accumulation ou profit ne s'effectue sans avoir appauvri, dépossédé... Harvey se référait principalement à l'accaparement des terres, prétendument « vides », et des ressources naturelles, prétendument « sous-utilisées », comme une répétition sans fin d'accumulations primitives mais qui, en somme, s'applique à tous les champs de la vie : dépossession des moyens de subsistance, de ressources matérielles et financières, de droits... De même, Gago nous signale que l'extractivisme est une notion qui doit être appliquée bien au-delà des sphères « écologiques ». L'extraction de valeur est par définition le mode de fonctionnement de la finance. Elle extrait tout ce qu'elle peut : temps, argent, énergie, ressources naturelles, etc., pour augmenter ses profits, se dévoilant comme une formidable machine à détruire. Une de ses armes de mise en pratique privilégiée est la dette, notamment privée.

La dette est ainsi loin de se limiter à n'être qu'une question «simplement» économique, réservée à des personnes qui en saisissent les jargons, ou une source de honte individuelle. Elle contient une dimension politique, sociale, de survie. Il faut dès lors changer la manière dont nous en parlons, s'approprier ces questions, faire des dettes un enjeu collectif face à la pensée économique dominante et le monde morbide et individualiste construit en son nom. Ce changement dans la façon de concevoir et de vivre les rapports d'endettement contient des potentialités en matière de liens entre les oppressions et entre nos luttes.

C'est à l'extrême opposé de ce fonctionnement fondamentalement violent et inégalitaire inhérent au capitalisme hétéropatriarcal et extractiviste que se situent les possibles, sur le plan économique notamment, ouverts par les écoféminismes et une riche littérature, australienne en particulier, dite «postcapitaliste». Les auteur·ices de cette mouvance partent du principe que de nombreuses formes d'organisation sociale, économique, de production et de subsistance existent dans le monde, autant dans que hors des sociétés capitalistes – certaines ont disparu, d'autres perdurent, d'autres encore émergent. Et que ces personnes et communautés, précisons-le pour les sceptiques, subviennent sans difficultés à leurs besoins matériels comme émotionnels.

Ce courant de pensée parle par exemple d'«économies diverses», prenant ainsi radicalement ses distances avec les théories économiques classiques, dont l'une des caractéristiques principales est de faire croire ou de partir du principe qu'il n'y a qu'une seule économie, en l'occurrence capitaliste[1].

1 J. K Gibson-Graham, «Diverse economies: performative practices for other worlds», *Progress in Human Geography*, 32 (5), 2008, p. 613-632.

Ce n'est pourtant pas parce qu'un ordre a réussi à dominer les autres que c'est le seul ou le plus désirable. De nombreuses pratiques écosuffisantes, relativement égalitaires, aux économies circulaires ne produisant pas de dette, existent, que cela soit dans des pratiques ancestrales ou des communautés très modernes. Dans certaines plus désirables que les autres, l'intérêt premier est de refuser la pensée unique, la « monoculture de l'esprit[1] », qui ne voient pas au-delà du monde capitaliste, et de reconnaître la multiplicité de la réalité, ce qui constitue une première étape pour valoriser et crédibiliser ces « utopies réelles », s'en inspirer et penser les alternatives.

Ces démarches de visibilisation sont éminemment politiques et féministes dans leurs méthodes. En effet, elles invitent à prendre en compte le point de vue et l'expérience de l'opprimé·e et à leur (re)donner de la crédibilité. Il s'agit de les valoriser, de les mettre en avant car elles ont tout simplement du sens. Partout, les personnes les plus marginalisées (les pauvres, les indigènes, les femmes, etc.) ont développé des connaissances approfondies et des modes de fonctionnement qui entretiennent un lien durable et inclusif avec le monde, humain et non humain, dont nous profitons tou·tes et dépendons vitalement[2]. Ces pratiques ne découlent pas forcément d'une remise en cause des dominations, mais résultent de la nécessité de survivre, et elles sont précisément peut-être le seul moyen de nous sortir des crises multidimensionnelles qui nous aspirent. Les

1 Expression inventée en 1993 par Vandana Shiva dans son livre du même nom.
2 Michael Löwy, « Environmentalism of the Poor », *Capitalism Nature Socialism*, 2013 [consultable sur urlz.fr/hyGo].

combats des peuples indigènes, des femmes au foyer, des paysan·nes sont, de ce point de vue, absolument fondamentaux.

Passer de la pyramide au cercle

Pour Ariel Salleh, la première étape indispensable est de décoloniser les esprits afin de considérer les invisibles et les colonisé·es, de repenser notre place dans le monde afin de passer d'une économie extractiviste et manufacturière à une économie régénérative où les acteur·ices – êtres vivants et entités naturelles – sont considéré·es pleinement et où le but n'est pas le profit. Les coûts environnementaux et humains[1] pourraient ainsi être nuls, et le principe même de la dette aboli. L'autrice s'intéresse notamment aux parallèles entre les modes d'organisation égalitaires et les processus thermodynamiques de nos écosystèmes[2] afin de préciser sa proposition d'une organisation où la «production» se baserait aussi sur ces modes, et où la séparation entre les «sphères» serait non pas rigide et hiérarchisée, mais poreuse et interconnectée. Rappelons que ce qui sépare actuellement ces sphères, et peut toujours évoluer, sont précisément les rapports de domination, qui définissent les contours de qui exerce quelle activité. Les grandes lignes en sont données dans le tableau suivant.

---

1 Si on peut les comprendre de manière similaire aux « externalités environnementales » et « dommage collatéraux » des économistes classiques, ils font aussi référence ici à la dette écologique, du *care*, etc.

2 C'est-à-dire les séries de transformations chimiques et physiques partant d'un état d'équilibre initial pour aboutir à un état d'équilibre final : photosynthèse, régénération du vivant, interdépendances, transfert d'énergie, cycle de l'eau, etc.

Caractéristiques des « sphères » usuellement considérées comme distinctes[1]

	Production : secteur extractiviste manufacturier	Écosystème : secteur thermodynamique	Reproduction : secteur régénératif meta-industriel
Acteur·ices	Entrepreneur·ses, travailleur·ses salarié·es	Sol, eau, plantes, animaux	« *Care-givers* » (personnes qui prennent soin), paysan·nes, indigènes
Objectifs	Accumulation (profit), pouvoir	Régénération et reproduction	Santé, autosuffisance, diversité culturelle
Logique	Linéaire, accent sur la quantité	Relationnelle et cyclique, complexité	Relationnelle et cyclique, complexité
Bénéfice/ fruit/gain	Valeur marchande	Valeur métabolique : vie, eau propre, oxygène, etc.	Valeur d'usage et métabolique
Coûts	Triple : – exploitation des travailleur·ses et de leur production – usure des travailleur·ses domestiques et paysan·nes – dégradation des processus naturels et métaboliques	Nuls	Nuls

Il serait selon elle pertinent de s'inspirer des deux dernières colonnes pour mettre en place une économie non extractiviste – dans tous les sens du terme – qui reproduise la nature :

- en redonnant de la fertilité au sol et en maintenant l'eau et l'air propres ;
- en protégeant la diversité génétique plutôt qu'en la brevetant ;

1 Ce tableau a été présenté par Ariel Salleh lors de l'atelier « L'écoféminisme pour s'attaquer aux racines de l'exploitation » à la VIe université d'été du CADTM Europe, de septembre 2019.

- en utilisant des technologies qui ne demandent pas beaucoup de ressources.

Et qui reproduit des individu·es et des communautés ;

- en subvenant aux besoins de base (santé, épanouissement individuel, nourriture de qualité…) sans passer par des services marchands ;
- en mobilisant la coopération pour prendre soin, notamment de la part de toutes les personnes valides ;
- en considérant comme égales toutes personnes, peu importe leur genre, origine, âge ou capacités physiques ou mentales ;
- en minimisant la séparation entre le « privé » et le « public/travail productif » ;
- en éliminant les privilèges de classe ;
- en impliquant tout le monde dans les prises de décisions ;
- en célébrant la communauté, le collectif et les communs en tant que tels, comme objectifs politiques et économiques.

Les valeurs socialement valorisées dans ce nouveau paradigme seraient la patience, la diversité, le dialogue, la coopération, l'écoute, et non plus, par exemple, la compétitivité. En d'autres termes, plutôt que de se fonder sur des hiérarchies, des dominations, des rapports d'appropriation, les communautés se baseraient sur des échanges contribuant à entretenir des conditions de vie dignes pour tou·tes et surtout, à entretenir les communs (les savoirs, écosystèmes, l'air, l'eau, les sols, mais aussi les soins et la reproduction sociale…).

Cela nécessite de non seulement donner leur juste valeur aux procédés et pratiques de soin des communautés et écosystèmes, mais aussi de repenser radicalement notre place dans le monde : passer de la pyramide au cercle. Cette proposition invite à pousser un peu plus loin les thèses formulées par les (éco)féministes (plutôt francophones et hispanophones) : remettre le soin, la durabilité de la vie au centre.

Des communautés organisées autour de la durabilité de la vie

Pour la chercheuse écoféministe Jeanne Burgart Goutal, « l'écoféminisme ne se contente pas d'attaquer le patriarcat : il autorise aussi à croire dans la puissance de l'imagination[1] ». C'est là sa force : et si on osait ?

En mélangeant de nombreux apports de différentes penseuses écoféministes d'origines variées (Marie Mies, Vandana Shiva, Ariel Salleh, Mary Mellor[2]), on peut imaginer plus concrètement des éléments de tels modes d'organisation. Cristina Carrasco parle de la nécessité de prendre en compte le soin et la reproduction sociale dans les budgets, de choisir la condition de durabilité de la vie humaine comme point de référence à toute décision[3]. Dix ans plus tard, Yolanda Vargas s'intéresse à la vie au sens large : elle propose « l'écoféminisme comme alternative aux coupures budgétaires » et estime qu'il faut « penser la réalité de notre monde actuel avec les clés que nous donnent le féminisme et l'écologisme : changer le paradigme, arrêter de considérer le marché comme mesure de

1 Thibaut Sardier, « Jeanne Burgart-Goutal : "L'écoféminisme ne se contente pas d'attaquer le patriarcat : il autorise aussi à croire dans la puissance de l'imagination" », *Libération*, 12 juin 2020.
2 Marie Mies, sociologue féministe allemande née en 1931 ; Vandana Shiva, conférencière et militante indienne née en 1952 ; Ariel Salleh, sociologue australienne née en 1944 ; Mary Mellor, théoricienne britannique née en 1946.
3 Sandra Ezquerra, « Acumulación por desposesión, género y crisis en el estado español », *art. cit.*

valeur et mettre au centre des politiques publiques la durabilité de la vie[1] ».

Cela signifie, premièrement, faire du soin une responsabilité collective, partagée, sociale. Pour cela, il faut prendre en considération la totalité des travaux contribuant à la qualité et à la durabilité de la vie, et donc à la subsistance et à la reproduction sociale. Si comme l'économie féministe on « revendique la vulnérabilité et l'(inter)dépendance comme inhérentes à la vie humaine et l'on défend la centralité des soins comme un aspect fondamental et indispensable de l'économie, des besoins humains et du tissu de la vie[2] », alors on laisse tomber le mythe de l'individu autonome, on reconnaît la valeur des interdépendances et on réfléchit à une organisation économique ancrée dans le réel qui valorise les liens entretenus avec les autres et avec le vivant. Il serait nécessaire, dans cette logique, d'une part de s'éloigner de ce qui est uniquement mercantile et d'autre part de repenser nos hiérarchies de valeurs, de se demander ce qui compte vraiment et de radicalement repenser la manière dont les ressources sont attribuées.

Il faudrait, par exemple, dans une démarche intersectionnelle, systématiquement prendre comme point de référence et objectif le bien-être des personnes dépendantes, marginalisées, ayant la charge d'autrui, mais aussi le maintien des écosystèmes, l'autosuffisance et la transmission des savoirs, plutôt que la valeur marchande, le profit ou encore la « reproduction de la force de travail ». Cela irait de pair avec des formes d'organisation circulaires,

---

1 Yolanda Vargas, « Un modelo ecofeminista frente a los recortes », *El Salto*, 19 avril 2018 [consultable en français sous le titre « Propositions écoféministes comme alternatives aux coupures budgétaires » sur urlz.fr/hNaU].
2 Sandra Ezquerra, *art.cit*

coopératives, équitables et solidaires entres pays, villes et campagnes, entre genres. Cela implique de baser les échanges locaux comme internationaux sur le principe de l'entraide, sans hiérarchiser les aspects multidimensionnels nécessaires à celle-ci (sociaux, écologiques, culturels...). Par exemple, des échanges de savoirs, de compétences, de vivres, sans relations de pouvoir, d'endettement et de redevabilité causant l'exploitation d'êtres humains ou la surexploitation de ressources naturelles.

Dans de telles organisations sociales, la technologie deviendrait un outil pour soutenir la vie, le soin, le partage et la coopération plutôt qu'un instrument de domination dont les conséquences doivent ensuite être guéries. Le commerce à longue distance ne devrait plus être systématiquement pratiqué pour obtenir les marchandises satisfaisant les besoins de base, qui seraient produites localement ! De manière générale, les répercussions des activités humaines sur les écosystèmes et les inégalités devraient être systématiquement évaluées pour pouvoir les limiter, voire les annuler. Les liens intergénérationnels et interespèces imposeraient des précautions quant aux impacts dans l'espace et dans le temps. Les décisions seraient prises sur la base de critères multiples et non hiérarchisables, et les diverses compétences, manuelles, intellectuelles, créatives, seraient toutes également valorisées, ce qui favoriserait la coopération, l'estime de soi et l'émancipation.

Donc, en somme, des organisations décentralisées régies par une éthique du *care*, du soin, de la durabilité, du respect des limites naturelles, du bien commun et de la régénération.

L'importance sur le long terme réside dans le respect de ces limites et principes (souveraineté énergétique et alimentaire locale, suffisance plutôt que surplus, respect des cycles naturels, égalité…) afin de les mettre réellement au centre de nos fonctionnements. Alors, la création d'« externalités environnementales » (autrement dit des dégradations écologiques), l'exploitation par le travail et les dettes – qu'elles soient financières, écologiques, sociales, reproductives, incarnées – seraient extrêmement limitées. C'est pour cela que nous parlons de l'esquisse d'un monde sans dettes.

Pour conclure, il n'est pas inutile de rappeler que ceci n'est qu'un fragment des possibles pratiqués par tant de communautés et luttes et que nous devrions prendre à bras le corps le projet de les visibiliser et de les crédibiliser, de leur donner une voix. Que, de fait, tout cela n'est pas de l'utopisme irréaliste, bien au contraire. Ces idées s'inspirent autant de pratiques millénaires, qui perdurent précisément car elles sont efficaces, que de (re)découvertes quasiment identiques.

Plus précisément, c'est vers les travaux de nombreux·ses anthropologues, vers les luttes et communautés indigènes, les ZAD, les camps féministes, les territoires et collectifs autogérés ou anarchistes ou encore les écovillages qu'il faut se tourner pour réaliser que toutes ces pratiques existent déjà, de manière certes imparfaite mais qui peuvent être considérées comme des points de départ indispensables et riches d'expériences sur lesquelles se baser. Elles se développent souvent contre, mais aussi et surtout en parallèle au monde capitaliste, formant des alter-économies, des contre-cultures, autant à l'échelle locale qu'au sein de réseaux internationaux de solidarité et d'échange. Nous n'avons donc rien à inventer, mais tout à renforcer. Mais pour commencer à généraliser des modes de vie soutenables et désirables, commençons par annuler toutes les dettes illégitimes !

GLOSSAIRE[1]

Actifs

En général, le terme « actif » fait référence à un bien qui possède une valeur réalisable, ou qui peut générer des revenus.

Banque centrale

La banque centrale d'un pays gère la politique monétaire et détient le monopole de l'émission de la monnaie nationale. C'est auprès d'elle que les banques commerciales sont contraintes de s'approvisionner en monnaie, selon un prix d'approvisionnement déterminé par les taux directeurs de la banque centrale.

Banque mondiale

La Banque internationale pour la reconstruction et le développement (BIRD) a été créée en juillet 1944 à Bretton Woods (États-Unis), à l'initiative de quarante-cinq pays réunis pour la première Conférence monétaire et financière des Nations unies. Elle compte cent quatre-vingt-neuf pays membres, les mêmes qu'au FMI. Son but initial était de fournir des capitaux publics pour la reconstruction de l'Europe occidentale après la deuxième guerre mondiale. Dans le contexte du financement fourni par le plan Marshall, elle se tourne vers les pays du Sud global pour constituer un nouveau marché.

Quatre autres organismes sont créés, qui forment le « Groupe Banque mondiale » :

- 1956 : Société financière internationale (SFI) : financement du secteur privé des pays du Sud;
- 1960 : Association internationale de développement (AID) : prêts aux pays les plus pauvres;
- 1966 : Centre international de règlement des différends relatifs aux investissements (CIRDI) : sorte de tribunal où une entreprise privée peut attaquer un État si elle s'estime lésée par une décision;

1 Certaines de ces définitions sont empruntées ou inspirées des glossaires du CADTM et du *Monde diplomatique*.

- 1988 : Agence multilatérale de garantie des investissements (AMGI) : favoriser l'investissement au Sud.

Rappelons que tout cela s'opère dans le contexte de la guerre froide, où la « pauvreté » est considérée comme terreau du communisme.

L'expression « Banque mondiale » (BM) regroupe la BIRD et l'AID. Elle est présidée par un·e Étatsunien·ne et chacun des pays membres nomme un gouverneur pour le représenter, en général le ou la ministre des Finances (exceptionnellement, celui ou celle du Développement). À la Banque mondiale, un dollar = une voix, ce qui donne aux États-Unis une influence démesurée et très peu de pouvoir décisionnel aux pays des Suds.

Capital[1]

Le sens du terme « capital » varie en fonction des contextes et des théories économiques.

1. Le plus souvent synonyme de patrimoine, le capital d'un individu désigne un ensemble d'actifs réels et financiers qui sont sources de revenus (intérêt, profit, dividende, loyer...).

2. Le « capital social » d'une entreprise correspond à l'ensemble des apports des propriétaires (actions ou parts sociales).

3. Le capital est également un facteur de production au même titre que le travail.

4. Dans la théorie marxiste, le capital n'est pas seulement l'ensemble des équipements productifs, c'est un rapport social. Appartenant à une classe sociale particulière, il n'est accumulé que grâce à l'exploitation de la force de travail des salariés, contraints de vendre leur force de travail pour vivre. Cette relation sociale inégale est reconnue comme telle par le droit du travail, selon lequel le contrat de travail constitue un lien de subordination.

Care et travail de soin[2]

Le concept de « *care work* » (travail de soin) fait référence à un ensemble de pratiques matérielles et psychologiques destinées à apporter une réponse concrète aux besoins des autres et d'une com-

---

1 Définition proposée par *Le Monde diplomatique*.

2 Définition élaborée dans le cadre du livre d'Éric Toussaint, *Banque mondiale. Une histoire critique*, Paris, Syllepses, 2021.

munauté (dont des écosystèmes). On préfère le concept de *care* à celui de travail « domestique » ou de « reproduction » car il intègre les dimensions émotionnelles et psychologiques (charge mentale, affection, soutien), et, pour nous et comme utilisé ici, ne se limite pas aux aspects « privés » et gratuits en englobant également les activités rémunérées nécessaires à la reproduction de la vie humaine.

Créancier·e et débiteur·ice

Une somme d'argent est prêtée par un créancier à un débiteur. Il y a trois types de créanciers : les créanciers bilatéraux lorsque le créancier est un pays, les créanciers multilatéraux lorsque le créancier est une organisation multilatérale et les créanciers privés lorsque le créancier est une banque, un fonds de pension, un fonds d'investissement.

Défaut de paiement

Non-paiement par un·e débiteur·ice, à une échéance donnée, du capital et/ou de l'intérêt de sa dette. Contrairement à une entreprise, un État ne peut pas faire faillite. Il fait défaut lorsqu'il annonce à ses créanciers qu'il ne peut les rembourser.

Dette coloniale

Dettes contractées par les anciennes puissances coloniales et destinées aux intérêts coloniaux. Ces dettes des métropoles coloniales ont ensuite été transférées, pour la plupart, sur le compte des ex-pays colonisés au moment de leur indépendance. Ce transfert de dettes est interdit par le droit international puisque l'article 16 de la convention de Vienne de 1978 régissant le droit des traités postule qu'« un État nouvellement indépendant n'est pas tenu de maintenir un traité en vigueur ni d'y devenir partie du seul fait qu'à la date de la succession d'États, le traité était en vigueur à l'égard du territoire auquel se rapporte la succession d'États ».

Dette publique

La dette publique est l'ensemble des emprunts contractés par l'État (dette souveraine), les collectivités publiques et les organismes qui en dépendent directement. Elle résulte en outre du financement des dépenses publiques par l'emprunt plutôt que par l'impôt.

Dette extérieure publique

La dette extérieure publique est due à des créanciers situés dans un autre pays. Elle peut être bilatérale (due à un créancier) ou multilatérale (due à des institutions multilatérales telles que la Banque mondiale, le Fonds monétaire international ou à des banques de développement régionales comme la Banque africaine de développement).

Dettes non remboursables

Une dette est **illégitime** lorsqu'elle a été contractée pour servir l'intérêt d'une minorité et non l'intérêt des populations.

Selon la doctrine élaborée au XXe siècle par le juriste Alexander Sack, une dette est **odieuse** lorsqu'elle a été utilisée contre l'intérêt des populations, et que les créanciers ne peuvent pas démontrer qu'ils ne savaient pas que la dette avait été contractée contre les intérêts de la population.

Sont **illégales** toutes les dettes contractées en violation du droit international et des règles nationales en vigueur (Constitutions, lois, règlements) à la fois de l'État débiteur et de celui du siège du créancier. Elles regroupent aussi celles qui ont été marquées par une faute grave du créancier (par exemple via le recours à la corruption, à la menace ou à la coercition) ou issues de prêts assortis de conditions violant le droit national (du pays débiteur ou de celui du créancier) et/ou international, dont les principes généraux du droit, ainsi que toutes les dettes réclamées par les prêteurs n'ayant pas respecté leurs obligations contractuelles.

Une dette est **insoutenable** lorsque la poursuite de son paiement empêche les autorités de garantir aux citoyen·nes l'exercice de leurs droits fondamentaux notamment en matière de santé, d'éducation, de logement, de revenu minimum et de sécurité. Si la poursuite du paiement de la dette empêche les autorités publiques de respecter leurs obligations fondamentales envers les citoyens·nes, le paiement en question peut être suspendu même si la dette est légitime et légale.

Nous proposons d'ajouter la notion de dette **insoutenable écologiquement**, c'est-à-dire dont le remboursement force à s'engager dans des pratiques écologiquement non durables, une accélération de l'extraction des ressources à un rythme insoutenable.

Dette privée

La dette privée est la dette contractée par des emprunteur·ses privé·es. Dans ce livre, le terme fait référence à la dette privée des ménages ou individu·es, qu'il faut différencier de la dette des entreprises.

Équivalent temps plein (ETP)

Un salaire équivalent temps plein est un salaire converti à un temps plein pendant toute l'année, quel que soit le volume de travail effectué. Cela revient à comparer le salaire par heure et non le salaire mensuel réel. En d'autres termes, combien cette personne gagnerait-elle, comparée à une autre, si avec la même rémunération horaire elle travaillait à temps plein ?

Extractivisme

Processus d'extraction de matières premières et modèle de développement économique basé sur cette pratique dans l'objectif d'en tirer du profit. La valeur de ces « ressources » ne serait donc pas intrinsèque, mais définie par la plus-value marchande qui peut en être tirée. Le terme s'applique de plus en plus à la pratique d'extraire d'autres formes de ressources : financières, humaines, etc.

Fonds monétaire international (FMI)

Institution sœur de la Banque mondiale, le FMI est également créé à Bretton Woods en juillet 1944. Son but initial était de garantir la stabilité du système financier international. Après la crise de la dette en 1982, le FMI est plus particulièrement chargé d'intervenir auprès des pays des Suds et de certains pays des Nords (par exemple Grèce, Portugal, Chypre, Irlande dans les années 2010) ayant des difficultés de remboursement. Il impose des réformes structurelles de l'économie dans un sens néolibéral : austérité aux Nords, ajustements structurels aux Suds. Son mode de décision est le même que celui de la Banque mondiale et se base sur une répartition des droits de vote en fonction de la puissance économique des États membres. Son ou sa président·e est Européen·ne. Il faut 85 % des voix pour modifier la charte du FMI (les États-Unis possèdent donc une minorité de blocage, vu qu'ils possèdent plus de 17 % des voix).

Institution financière internationale (IFI)

Une institution financière internationale (IFI) est une institution financière, généralement non privée, qui apporte des financements aux gouvernements des pays en difficulté ou au secteur privé de pays où l'on veut favoriser l'investissement. Les principales IFI sont la Banque mondiale et le FMI.

Macroéconomie et microéconomie

La microéconomie se distingue de la macroéconomie, qui étudie des phénomènes économiques globaux, à l'échelle d'une nation, au niveau international ou au niveau d'un secteur d'activité, en n'utilisant que des indicateurs agrégés.

Les IFI ont tendance à réaliser des analyses macroéconomiques et prescrire des politiques macroéconomiques sans se soucier des conséquences microéconomiques, c'est-à-dire à l'échelle d'un ménage, d'un groupe social, etc.

Salaire d'appoint

Salaire qui vient en complément, qui s'ajoute au revenu considéré comme principal, à savoir le salaire d'un homme censé assurer un niveau de vie suffisant pour lui et sa famille. Dans cette logique, le salaire d'une femme ne permettrait que d'assurer la satisfaction de ses besoins propres (et encore, si elle est mariée, il s'agirait de son argent de poche !). Cette notion de salaire d'appoint systématiquement féminin perdure encore aujourd'hui sous différentes formes et donne lieu aux ségrégations professionnelles et à l'éternelle différence de salaires. Or dans les faits, des études démontrent en réalité combien c'est bien souvent le salaire féminin, loin d'être un appoint, qui sert de base aux dépenses du ménage. L'homme transfère une part de ce qu'il gagne pour les dépenses communes mais dispose d'un « pré carré » bien à lui et cela se voit : un euro donné à l'homme ira plus souvent aux dépenses personnelles alors qu'un euro donné à la femme sera plus souvent attribué à l'éducation et aux soins des enfants par exemple.

Secteur de la santé

Le secteur de la santé regroupe les métiers et les formations du médical et du paramédical qui participent à la chaîne des soins. Cette série d'acteur·ices ne se réduit pas à l'hôpital mais inclut les maisons médicales, les centres psycho-médico-sociaux (PMS), les soins à domicile, les maisons de retraite, les assistant·es sociales ou familiales qui exercent dans ces structures, les psychologues, les kinésithérapeutes, les sages-femmes, l'assistance technique, etc. Ces professionnel·les prennent en charge des publics très variés comme les personnes malades ou dépendantes (âgées ou handicapées).

Service de la dette

L'ensemble des montants qu'un emprunteur rembourse chaque année pour honorer sa dette, qui comprend donc le capital et les intérêts.

Spéculation/bulles spéculatives

Une bulle se forme sur un marché lorsqu'un afflux de liquidités pousse à la hausse les prix des actifs qui y sont cotés. Dans l'euphorie créée par ce mouvement, les opérateurs achètent pour revendre rapidement. Les plus-values retirées de la vente renforcent alors l'optimisme ambiant. Si les comportements spéculatifs se répandent suffisamment, on parle de « bulle spéculative ».

Sud (ou Suds), Nord (ou Nords)

Schématiquement, le Sud regroupe l'Amérique latine, les Caraïbes, le Moyen-Orient, l'Afrique du Nord, l'Afrique subsaharienne, l'Asie du Sud, l'Asie du Sud-Est et du Pacifique, l'Asie centrale, la Turquie, et parfois les pays d'Europe centrale et d'Europe de l'Est non-membres de l'UE, ainsi que la Bulgarie et la Roumanie qui sont membres de l'UE. Le Nord regroupe quant à lui les pays appartenant à l'Europe occidentale, les États d'Europe centrale et d'Europe de l'Est membres de l'UE, les États-Unis, le Canada, le Japon, la Corée du Sud, l'Australie, la Nouvelle-Zélande et une quarantaine de pays se situant sous des latitudes variées[1].

1 Voir aussi, dans l'introduction, le paragraphe consacré à ces deux termes.

Surendettement

Situation dans laquelle un·e débiteur·ice ne peut jouir durablement de ses droits humains fondamentaux à cause d'une dette dont le coût du remboursement est trop élevé par rapport à ses ressources financières.

Taux directeurs

Les taux directeurs sont les taux d'intérêt au jour le jour fixés par la banque centrale d'un pays ou d'une union monétaire, et qui permettent à celle-ci de réguler l'activité économique.

Titres de la dette

De nombreux pays émettent eux-mêmes des bons du Trésor public ou titres de la dette sur les marchés financiers sous forme d'obligations. Pour financer son déficit (la différence entre ses recettes et ses dépenses), l'État émet différents titres (bons d'État, certificats de trésorerie, bons du Trésor, obligations linéaires, notes, etc.) sur les marchés financiers qui lui verseront de l'argent en échange d'un remboursement avec intérêts après une période déterminée (pouvant aller de trois mois à trente ans). Il existe un marché primaire et un marché-secondaire de la dette publique. Une fois émis, ces titres s'échangent sur ce dernier, où leur valeur fluctue. Les principaux détenteurs de titres de dettes souveraines sont les banques, les investisseurs internationaux (fonds de pension, assurances), les entreprises et les particuliers.

POUR CREUSER

Il existe une pléthore d'outils (livres, articles, podcasts, documentaires, BD, magazines...) géniaux sur les questions féministes. Beaucoup nous ont nourries dans l'écriture de ce livre. Pour des raisons de place, nous n'en mettons ici en avant que quelques-uns pour approfondir les enjeux féministes liés aux rapports d'exploitation capitaliste et d'endettement. Mais en creusant, vous tomberez sur bien d'autres !

Liens entre capitalisme, racisme et patriarcat

Cinzia Arruzza, Tithi Bhattacharya et Nancy Fraser, *Féminisme pour les 99 %. Un manifeste*, Paris, La Découverte, 2019.

Angela Davis, *Femmes, race et classe*, Paris, Des femmes-Antoinette Fouque, 2007.

Jules Falquet, « Le patriarcat au centre des migrations : une analyse structurelle et imbricationniste », *AVP – Les autres voix de la planète*, n° 80, mai 2021, 2021 [consultable sur urlz.fr/hzT6].

Silvia Federici, *Caliban et la sorcière. Femmes, corps et accumulation primitive*, Genève, Entremonde/Senonevero, 2017.

Silvia Federici, *Le capitalisme patriarcal*, Paris, La Fabrique, 2019.

Verónica Gago, *La puissance féministe*, Divergences, 2021.

Natalia Hirtz, « Classe, sexe et race. Aux racines des mouvements migratoires », Groupe de recherche pour une stratégie économique alternative, décembre 2018 [consultable sur urlz.fr/hzT8].

Travail, reproduction sociale et économies féministes

Blanca Bayas, « Care Debt: Patriarchy and Capital on the Offensive, Feminist Economics as a Proposal », *Observatori del deute en la globalització*, 18 octobre 2017 [consultable sur urlz.fr/hv49].

Céline Bessière et Sibylle Gollac, *Le genre du capital. Comment la famille reproduit les inégalités*, Paris, La Découverte, 2019.

Tithi Bhattacharya (dir.), *Social Reproduction Theory: Remapping Class, Recentering Oppression*, Londres, Pluto Press, 2017.

Cristina Carrasco, « Women, Sustainability and Social Debt », *Revista de Educación*, 2009.

Noëmie Cravatte, « Travail et féminisme. Chroniques d'un conflit stratégique », Barricade, 2021 [consultable sur urlz.fr/hzUH].

Sandra Ezquerra, « Production, reproduction : de l'économie féministe à la démocratisation des soins », ESSF, 2018 [consultable sur urlz.fr/hzUQ].

Silvia Federici, « Reproduction et lutte féministe dans la nouvelle division internationale du travail », *Cahiers genre et développement*, n° 3, 2002 [consultable sur urlz.fr/hyfQ].

Julie Graham and Katherine Gibson, « Diverse Economies: Performative Practices for "Other Worlds" », *Progress in Human Geography*, vol. 32, n° 5, octobre 2008 [consultable sur urlz.fr/ hzV6].

Nathalie Lapeyre, Jacqueline Laufer, Séverine Lemière, Sophie Pochic et Rachel Silvera (dir.), *Le genre au travail. Recherches féministes et luttes des femmes*, Paris, Syllepse, 2021.

Amaia Pérez Orozco, *Subversión feminista de la economía. Aportes para un debate sobre el conflicto capital-vida*, Traficantes de Sueños, 2014 [consultable sur urlz.fr/hzVw].

Camille Robert et Louise Toupin (dir.), *Travail invisible. Portraits d'une lutte inachevée*, Montréal, Remue-ménage, 2019.

Maud Simonet, « Les "valeurs" du travail gratuit », entretien avec Laura Raim, Hors-Série, novembre 2018 [consultable sur urlz.fr/hzTM].

Françoise Vergès, *Un féminisme décolonial*, Paris, La Fabrique, 2019.

Dette publique, PAS, IFI et austérité

Emma Bürgisser and Sargon Nissan, « The IMF and Gender Equality: A Critical Analysis », Bretton Woods Project, juin 2016 [consultable sur urlz.fr/htSC].

Camille Bruneau, « La farce de la "prise en compte du genre" : une grille de lecture féministe des politiques de la Banque mondiale », dans Éric Toussaint, *Banque mondiale. Une histoire critique*, Paris, Syllepse, 2021, p. 416 [consultable sur urlz.fr/htqF].

Comité pour l'abolition des dettes illégitimes (CADTM) : www.cadtm.org.

Denise Comanne, « Quelle vision du développement pour les féministes ? », *AVP – Les autres voix de la planète*, 2005 [consultable sur urlz.fr/hzXO].

Jules Falquet, « Femmes, féminisme et "développement" : une analyse critique des politiques des institutions internationales », dans Jeanne Bisilliat (dir.), *Regards de femmes sur la globalisation. Approches critiques*, Paris, Karthala, 2003.

Aline Fares, « Chroniques d'une ex-banquière », conférence gesticulée, 2017 [consultable sur urlz.fr/hzZI].

Aline Fares, Chiara Filoni, Patrick Saurin, Jean-Marie Harribey, « Socialiser les banques et reconnaître leur responsabilité dans la crise », *Cahier de revendications communes sur la dette et la nécessité d'un réel contrôle citoyen sur la finance au niveau européen*, 2020 [consultable sur urlz.fr/hqvQ].

Iolanda Fresnillo, « Le non-paiement féministe de la dette », CADTM, 13 décembre 2017 [consultable sur urlz.fr/hzXd].

Verónica Gago et Lucí Cavallero, *Una lectura feminista de la deuda. ¡Vivas, libres y desendeudadas nos queremos!*, Buenos Aires, Tinta Limón, 2021.

Verónica Gago et Lucí Cavallero, « La dette est une guerre contre l'autonomie des femmes », entretien avec Beatriz Ortiz Martínez, CADTM, 20 mai 2021 [consultable sur urlz.fr/htVg].

David Graeber, *Dette. 5 000 ans d'histoire*, Paris, Les liens qui libèrent, 2013.

Maria Karamessini et Jill Rubery (dir.), *Women and Austerity: The Economic Crisis and the Future for Gender Equality*, Abingdon-on-Thames, Routledge, 2013.

Ni Una Menos , « La dette est une autre forme de violence qui met nos vies en danger », *Contretemps*, 6 juin 2017 [consultable sur urlz.fr/hzX4].

Éric Toussaint, *Le système dette*, Paris, Les liens qui libèrent, 2017.

Neuf essentiels sur la dette, le surendettement et la pauvreté, Culture & Démocratie, 2019.

Christine Vanden Daelen, « Les femmes d'Europe face à l'austérité et à la dette publique », CADTM, 2 février 2017 [consultable sur urlz.fr/hzWX].

Dettes privées (dont microcrédits)

AAUW (American Association of University Women) : www.aauw.org.

Majdouline Benkhara, « Micro-crédit dégage ! Sur la luttes de femmes de Ouarzazate », Attac-CADTM Maroc, 23 septembre 2014, [consultable sur urlz.fr/hA04].

Cherki Chamame (dir.), « Le microcrédit au Maroc : quand les pauvres financent les riches. Étude de terrain et analyse du système du microcrédit », Attac-CADTM Maroc, avril 2017 [consultable sur urlz.fr/hyEE].

Thomas Lafarge et Xavier Harel, « BNP Paribas, dans les eaux troubles de la plus grande banque européenne », France Télévisions, 2018 [consultable sur urlz.fr/hA3F].

Éric Martin, « Luttes & dettes étudiantes au Québec : "Tant qu'on n'aura pas renversé le capitalisme, on ne pourra pas sauver l'éducation", entretien avec Maud Bailly », CADTM, 13 janvier 2017 [consultable sur urlz.fr/hA0X].

Fátima Martín et Femenino Rural, « Femmes africaines unies contre le microcrédit, l'exploitation des plus pauvres », CADTM, 19 juin 2016 [consultable sur urlz.fr/huNg].

Hedwige Peemans-Poullet , « La miniaturisation de l'endettement des pays pauvre passe par les femmes », dans *Genre et économie : un premier éclairage*, Genève, Graduate Institute Publications, 2001 [consultable sur urlz.fr/hA0i].

Anouk Renaud et Chiara Filoni, « Ne pas payer pour étudier, mais être payée pour étudier ! », CADTM, 27 septembre 2017 [consultable sur urlz.fr/hA0O].

Éric Toussaint et Eva Betavatzi, « Les crises des dettes privées et publiques exacerbent les problèmes de logement en UE, voici pourquoi », CADTM, 9 juin 2021 [consultable sur urlz.fr/huxY].

Elsa Tyszler, « "Boza !" disent aussi les femmes », *Vacarme*, n° 83, printemps 2018 [consultable sur urlz.fr/8NuA].

Dette écologique, extractivisme et écoféminismes

Myriam Bahaffou, « L'écoféminisme, porteur d'une nouvelle puissance politique », entretien avec Julien Didier, Mycelium, décembre 2020 [consultable sur urlz.fr/hA3a].

Charlotte Bienaimé, « Écoféminisme » (2 volet), *Un podcast à soi*, n°s 21-22, Arte radio, novembre-décembre 2019 [consultable sur urlz.fr/fH3M et urlz.fr/cwew].

Camille Bruneau, « Écoféminismes : une réponse holistique à un système en crise », CADTM, 26 septembre 2019 [consultable sur urlz.fr/hA2S].

John Dillon, « Deuda ecológica : El sur dice al norte : "Es hora de pagar" », *Ecología política*, n° 20, 2000 [consultable sur urlz.fr/hA2t].

Jules Falquet, Pascale Molinier et Sandra Laugier, *Genre et environnement*, Paris, L'Harmattan, 2015.

Silvia Federici, Verónica Gago y Luci Cavallero (dir.), *¿Quién le debe a quién? Ensayos transnacionales de desobediencia financiera*, Buenos Aires, Tinta Limón, 2021 [consultable sur urlz.fr/hA3y].

Margaux Le Donné et Jeanne Burgart Goutal, « Dettes multiples et dettes invisibles », Les Laboratoires, septembre 2018 [consultable sur urlz.fr/hA2W].

Daniela Russi, Ignasi Puig Ventosa, Jesús Ramos Martín, Miquel Ortega Cerdà et Ariel Salleh, *Eco-Sufficiency & Global Justice: Women Write Political Ecology*, Londres/New York, Pluto Press/Palgrave Macmillan, 2009.

Vandana Shiva et Maria Mies, *Ecofeminism*, réédition avec préface d'Ariel Salleh, Londres, Zed Books, 2014.

Paula Ungar, *Dette écologique. Qui doit à qui ?*, Collectif de diffusion de la dette écologique, Observatoire de la dette et de la globalisation, 2003 [consultable sur urlz.fr/hA18].

TABLE DES MATIÈRES

Ce livre a été imprimé en France par les imprimeries Corlet sur un papier certifié PEFC provenant de forêts gérées de façon durable et sous le label Imprim'Vert, qui garantit des pratiques respectueuses de l'environnement au sein de l'imprimerie. Nos publications sont diffusées par Harmonia Mundi, diffuseur et distributeur indépendant situé à Arles. Le passager clandestin est une Scop (société coopérative et participative) qui réunit trois éditrices. Ce livre est le résultat de leur travail organisé de manière collaborative, horizontale et joyeuse entre l'Ardèche, le Morbihan et le 18e arrondissement parisien.

Certifié PEFC

Ce produit est issu de forêts gérées durablement et de sources contrôlées.

PEFC 10-31-1510

pefc-france.org

IMPRIM'VERT®

IMPRIMÉ EN FRANCE

Dépôt légal : 2e trimestre 2022

Achevé d'imprimer en avril 2022

sur les presses de l'imprimerie Corlet en Normandie.

Numéro d'impression : 22010243

ISBN : 978-2-36935-510-6

Remerciements

Ce livre n'aurait pas été possible sans l'initiative de Denise Comanne, à qui nous le dédions. Sans sa persévérance pour renforcer la prise de conscience féministe du CADTM, il n'aurait pas vu le jour.

Nous le dédions aussi aux femmes du réseau et remercions toutes celles et ceux qui nous ont inspirées, qui ont contribué à notre dé-re-construction, toujours en cours.

Nous le dédions enfin à toutes celles qui ne le liront probablement jamais, à toutes ces travailleuses invisibles qui font tourner le monde, à toutes les personnes qui, plus que d'affirmer que nous pouvons l'arrêter, s'adonnent à le changer.

Nous tenons à remercier le CADTM, espace qui a permis à ce livre d'évoluer pendant plusieurs années, et les nombreuses personnes qui y ont contribué. Comme tout projet féministe, ce livre a été empli tant d'apprentissages partagés que de défis. Nous remercions celleux qui ont cru en nous et ont soutenu cette rocambolesque aventure ! Spéciales dédicaces à Anaïs, Anouk, Bea, Chiara, Eva, Gillou, Silvia, Tina, Verónica, ainsi qu'à nos ami·es et êtres chers à quatre pattes à la compréhension et à la patience remarquables.

Nous remercions nos mamans, aimantes inconditionnelles et « guides de valeurs », certainement non anodines dans notre engagement féministe. Elles nous ont encouragées à questionner le contrôle des corps, de nos sexualités, de nos désirs.

Pensées toutes particulières de Christine à son fils, Anton, qui l'a fait naître à un amour intarissable jalonné de questionnements (souvent féministes mais pas que...) et de merveilleuses découvertes. Sa si tendre magie l'a soutenue dans l'écriture de chacune de ces pages.

Enfin, nous remercions de tout cœur les éditions le passager clandestin dont la confiance et la critique constructive nous ont permis, alors que nous étions à deux doigts de l'abandonner, de faire aboutir ce projet. Énormes mercis à Lucie !